駿台受験シリーズ

システム英熟語
SYSTEM 英熟語
改訂新版

駿台予備校講師
PRODIGY英語研究所　霜 康司／刀祢雅彦　共著

駿台文庫

進化した『システム英熟語〈改訂新版〉』

　『システム英熟語』の出版からすでに 20 年が経ち,『システム英熟語 Ver. 2』からも 10 年が経つ。その間,大学入試問題も大きく変わり,TOEIC などの受験生も年々増加している。こうした試験では単なる丸暗記ではない英熟語の運用力が問われ,口語的な表現も数多く出題されている。最先端の試験問題と英語情報に寄り添うべく,本書は『システム英熟語〈改訂新版〉』として生まれ変わった。主な改善点は次の通りだ。

●＜動詞や前置詞のイメージから覚える＞コンセプトを補強
　イラストやイメージの説明など,熟語を理解して覚えるためのヒントを大幅に改善した。本書を通して単語や熟語のイメージを広げ,単なる丸暗記ではない英語のネットワークをつかんでほしい。

●データを見直し,エントリー・頻度表示を変更
　今回も PRODIGY 英語研究所のデータを徹底的に分析した。利用した英文データは,入試(18 年分,8000 回分),映画のシナリオ,小説,TIME 誌など様々な分野に及ぶ。そこから得られた最新の試験の傾向と英語のトレンドに対応して,記事やエントリーなどを見直した。

●例文を大幅に増強
　例文を大幅に増やして,チェックに役立つよう工夫した。言うまでもなく,複数のコンサルタントにチェックを受けているので,安心して利用してほしい。

●レイアウトを一新
　頻度の高い熟語,熟語の中のポイントなどが直感的にわかるようにレイアウトを全面的に改めた。また,赤シートを使いやすくするため,ポイントとなる単語を赤字にするなど,チェックしやすくした。

　改訂作業にあたっては,今回も多くの方々のご尽力と温情に支えられた。言うまでもなく,これまでの読者のあたたかいご支持がなければ,『システム英熟語〈改訂新版〉』は存在しえなかったわけで,まずはこれまでの読者の皆さんに御礼申し上げたい。

　また,全ての英文を校閲して頂いた Preston Houser 先生には,いつもながらていねいなご教示を受けた。編集の斉藤千咲さん,上山匠さんには,緻密きわまる仕事で本書を仕上げて頂いた。他にも駿台文庫の方々にはひとかたならぬお世話になった。この場を借りて感謝したい。

　今回も気心の知れた仲間に囲まれて仕事ができたことは,この世の至福と言うほかない。

2013 年　初春

著者しるす

熟語の頻度／重要度の表示

本書では熟語の頻度や入試でポイントとなる重要度に応じて、下の3種類の表記で熟語を掲載している。

① 最重要熟語 490

次のレイアウトのような熟語は、頻度も高く最重要の熟語だ。必修の熟語であるばかりか、動詞や前置詞のイメージをつかむコアになる熟語だ。解説・例文などを通して、その用法をしっかり覚えよう。

1 出現の come と bring

1 A come about 〔同単？〕	A が生じる、起こる ☞ p.105 = happen A
2 bring A about 〔同単？〕	A をもたらす、引き起こす = cause A

② 重要熟語 700

次のレイアウトの熟語は、①の次に重要な熟語だ。センター試験でも出題されうる表現だから、意味を覚え、赤シートで隠したときに、赤字部分を補充できるようにしよう。

◀関連表現▶

715 play a part in A	A において役割を演じる
716 play a role in A	A において役割を演じる
717 join in A *	A(活動)に参加する

③ 難熟語 240

次のレイアウトの青字で表記されている熟語は、やや頻度が低いものだ。滅多に見かけないかもしれないが、難問では急所になることもある。ここまでやれれば、最難関大の入試問題も怖くない。

1536 pull A's leg	A(人)を(冗談で)だます、からかう ★「(じゃまをして)足をひっぱる」の意はない。
1537 be all ears [eyes]	非常に注意深く聞く[見る]
1538 turn a deaf ear to A	A に耳を貸さない、無視する

本書の効果的な利用法

1．グループからネットワークへ

本書では動詞や前置詞などのイメージで熟語を分類している。これを最大限に活用して，すでに知っている熟語から，未知の熟語へと知識を広げていこう。

たとえば go on Ving「V し続ける」という熟語を知っていたとしよう。この熟語は本書では次のように提示されている。→ p.18

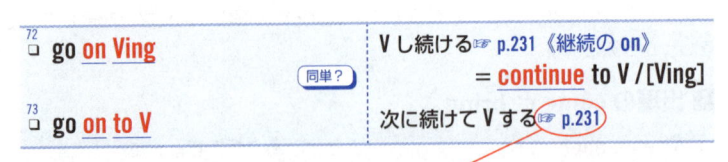

72 go **on Ving**	V し続ける ☞ p.231 《継続の on》
[同単?]	= **continue** to V /[Ving]
73 go **on to V**	次に続けて V する ☞ p.231

ここで Ving と to V の違いを学習し，次に参照ページ（p.231）を見てみよう。すると，go on Ving が次のようなグループになっているのがわかる。

2 継続の on

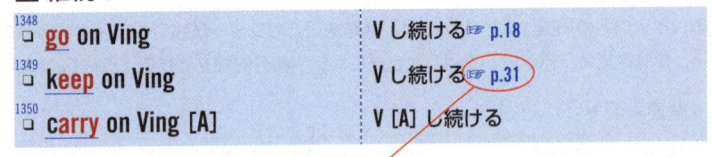

1348 **go on Ving**	V し続ける ☞ p.18
1349 **keep on Ving**	V し続ける ☞ p.31
1350 **carry on Ving [A]**	V [A] し続ける

このように〈動詞＋ on ＋ Ving〉で，「V し続ける」という熟語が並んでいる。これなら，簡単に3つをまとめて覚えられるだろう。さらにここにある keep on Ving の参照ページ（p.31）を確認すると，次のようなグループが現れる。

2 継続の keep

140 **keep Ving**	V し続ける
141 **keep on Ving**	V し続ける ☞ p.231 《継続の on》
142 **keep up with A**	A に遅れずついていく ☞ p.226 《到達の up》

これを見れば，keep にも継続の意味があることが一目瞭然だし，ここでも keep on Ving だけを覚えようとするより，〈継続の keep〉のグループ全体を把握した方がかえって覚えやすい。

go on Ving という簡単な熟語から始めて，本書の参照ページを追っていくだけで，さらに6つの熟語が整理できるという仕掛けだ。

こうして覚えるべきことをグループ化し，複数のグループをつないでゆくのが本書の戦略だ。バラバラに一つずつの熟語を丸暗記するのではなく，まずは動詞や前置詞などの意味をとらえ，そのグループの特徴を理解しよう。さらにそのグループを別のグループとつなげて，大きなネットワークを構築できれば，もう忘れる心配もなくなるだろう。なぜなら，何かを覚えるときに，できるだけ多くの項目と結びつけることが，長期に記憶を保持する秘訣だからだ。

2．知らない熟語もイメージでわかる！

もう一つ，おすすめの利用法がある。本書を常に身近に置いておき，未知の熟語に出会ったり，すでにおぼえたはずの熟語の意味を忘れたりしたとき，本書で調べてみるのである。その熟語が意外なグループに入れられていたり，目からウロコの解説に出会ったり，きっと得るところがあるだろう。また，もしある表現が本書に熟語として収録されていなくても，キーワードを意識して類推すればズバリわかることがあるだろう。たとえば次の表現はどんな意味だろう？

Standard English will fragment into a lot of dialects.（大阪市大）

下線部には fragment into A という熟語がふくまれている。たとえ fragment を知らなくても，p.209, 210（特に change into）を理解している人ならピンとくるにちがいない。（これは「ばらばらになって A になる」という意味である。）

こんなふうに，この本は応用と発展がきく英語力の養成にも役立つのである。「これは○○の make だ！」とか「この熟語は××の for の仲間じゃないか？」というふうに考える習慣がつけばシステムでカバーできる範囲は大きくひろがっていくだろう。

(Ver.2 はしがき)

最新データリサーチで飛躍的パワーアップ！ 使いやすさも進化！

システム英熟語 Ver. 2.0 で君の英語にイディオム革命を起こそう！

「システム英熟語」が生まれてもう 10 年。「打倒丸暗記！」めざして私たちが試みた，「意味と形による英熟語の体系化」が支持をいただき，本当に多くの受験生から愛され，すいせんされ，合格作戦本で「参考書 of the year」に選ばれたりと，好評を得ることができた。「TOEIC や英検の対策にとても役立った」という社会人の方が多くおられたのも予想外の喜びだった。

しかし，今度の改訂で，PRODIGY 英語研究所で収集した最新 7 年（約 4500 回分）の入試英語や，TIME 誌や映画のシナリオなど現代英語のデータベースを，コンピュータを駆使して細かく分析してみると，驚くような事実がいろいろ判明した。有名な"あの"熟語集に載っているのに，ほとんど出現しない熟語，意味，用法や，逆に載っていないのに意外と数が多いものがいくつも見つかったのだ。システム英熟語 Ver. 2.0 ではこのリサーチで得た最新のデータをもりこみ，収録熟語からその意味用法，例文，分類法まで徹底的に吟味しなおした。その結果，旧版とは比べものにならないほどのクオリティと情報量になっている。そのほんの一部を見てみよう。

☆出ないものはのせない──受験英語の常識のウソをあばく

今まで受験英語の常識のように思われていたのに，実際には驚くほど頻度が低い熟語が見つかった。次にあげるようなものは，有名ないくつかの熟語集には収録されているが，入試対策としては記憶する価値がほとんどないので本書には収録しない。（カッコ内は入試データベースでの出現回数）

> 例　wide of the mark (0), in high spirits (1), feel for「～に同情する」(2), behind time (2), in behalf of (2), be all thumbs (2), make a beeline for (2), (be) at one's wits' end (3), to the best of A's knowledge (3)

逆に，たとえば次のものは，他の熟語集になくても覚える価値がある。

> 例　define A as B (194) → p.206, give A away (70) → p.37, go into A「A になる」(35) → p.23, get hold of A (27) → p.25, fall behind (A) (26) → p.97

☆意味も出るものからおぼえよう！

熟語の意味もたんねんに調べた。意味の配列も原則として頻度で決めた。

> 例 1　pick A up　①車に乗せる（361 例中 192 例），②買う（15 例），③身につける（10 例）→ p.229

> 例2 at large の「逃走中で」の意味は入試 47 例中 3 例のみなので「まれ」と表示
>   → p.149
> 例3 make A up の最もよく出る意味は「A（割合など）を占める」。→ p.60
> 例4 sum (A) up は 68 例すべてが「(Aを) 要約する」で，「A を合計する」はゼロなので載せない。→ p.229

用法・構文・コロケーション（熟語と単語の結びつき）の特徴をリサーチし，その情報をきめ細かにもりこんだ。

> 例1 associate A with B → 468 例中 267 例が受け身なので (be) associated with A の形でエントリー。→ p.196
> 例2 for sure は否定文の know を修飾する頻度が高い（73 例中 38 例）ので例文は Nobody knows for sure ～. とした。→ p.158
> 例3 no sooner ～ than は 50 例のうちほとんど倒置→「倒置形がほとんど」と記し，例文も倒置形にした→ p.253, 254

☆チェック・暗記サポート機能が飛躍的に向上！　ポイントチェッカーとスピードチェックリスト

　旧版に寄せられた意見として「記憶のチェックがしにくい」というものがあった。新版では，赤シートを採用し，また「システム英単語」で好評の「ポイントチェッカー」（→この本の使い方）を採用して，熟語問題のほとんど半数をしめる単語や他の熟語への言い換えをバッチリチェックできるようにした。また巻末のスピードチェックリスト（INDEX）には訳語や重要な言い換えも収録，全熟語のスピードチェックが可能になった。INDEX でも赤シートを活用できる。

　最後になりましたが例文・訳語のチェックでは，駿台コンサルタントの先生方にご協力いただきました。また山手女子短期大学の David Lehner 先生，元大手前女子短期大学の Frederick Arnold 先生に内容面で貴重なご意見をいただきました。また駿台文庫の方々，特に本書を担当いただいた平田明美さんには，大変な御苦労をおかけしました。よりよい本にするためとはいえ，原稿を再三修正加筆するなどしたにもかかわらず，いつも快く応じていただきました。厚く御礼申し上げます。

この本を手にする人に

　まともな知性をもつ人間なら，意味もわからぬ丸暗記には苦痛を感じるはずだ。意味のわかる勉強には，苦痛どころか発見とひらめきの喜びがある。「英熟語の学習にまさかそんなものが…」と思う君にこそ，この本を読んでもらいたい。

　中学校の先生は「look for は『さがす』だ。おぼえとけ」と言ったかもしれない。確かに初歩

の段階ではひたすら暗記することも必要だろう。私たちも幼いころそうやって日本語を身につけていったのだから。しかし、丸暗記するしかない無秩序なイディオムが何万もあるとしたら、それは馬鹿か天才の言語だろう。人間はそんな言葉を作るほどおろかではないし、そんなものをおぼえられるほど頭がよいわけがない。ばらばらにおぼえる作業をすでにかなりやった人もいるだろう。しかし、それは知識をただ山積みしたにすぎない。そんなものはいつくずれるかわからないし、おぼえればおぼえるほど頭の中はますます混乱していくだろう。

この本が目指したもの、それは必要かつ十分な英熟語の徹底的な体系化だ。つまり「熟語」という名のもとに無視されていた法則性、カオスの中のかくされた秩序に光をあて、意味と形の共通性や関連によって熟語をネットワークのように結び合わせ、まとめてしまうのである。

この方法──システム戦略──によって、3つのすばらしい効果があらわれる。

1 ばらばらに覚えていた熟語が頭の中でたがいに固く結びつき、忘れにくくなる。
2 新しい熟語もシステムの中に位置づけてラクにおぼえられるようになる。
3 未知の熟語に出会っても、するどい類推がきくようになる。

これらの効果は、愛読者である受験生のみなさんの声からも、すでに保証ずみだ。

この方法によって苦手だった英熟語の学習が一転して楽しくなるかもしれない。いや、それどころか私たちは、この本を読んで英語嫌いが直ったり、英語に対する考え方が変わる人さえ出てくるのではないかと、ひそかに期待している。

この本は熟語集である。しかしただの熟語集ではない。この本を愛用してくれる人にはそれがわかるだろう。

There is a royal road to learning English idioms.
英熟語の学習に王道あり

2002年 春 著者しるす

この本のねらいと構成

★熟語＝イディオムとは何か

「idiomとは、馬鹿（idiot）のように、ひたすらおぼえるしかない語句である」という珍説がある。確かにそういう熟語もある。たとえばkick the bucketは「死ぬ」、get the sackは「クビになる」という意味だが、いくらbucket「バケツ」、sack「袋」という単語を知っていても、そんな意味がわかるわけはない。（これはアメリカ人であっても同じだ。）この手のものは入試にはあまり出ないし、この本があつかうのもこういうシロモノではない。

ズバリ、入試対策で最も重要なのは、基本的な動詞（give, get, have, make, doなど）・前置詞（on, in, at, forなど）・副詞（out, up, downなど）を中心とする熟語群だ。そのなかでも特に動詞と前置詞・副詞の組み合わせによってできる数多くの熟語動詞は入試の花形といっ

てよい。たとえば look 一語だけでも，look for にはじまり，look over, look after, look into, look on … とたくさんある。主にこういう熟語群を，動詞・前置詞・副詞などをキーワードとして体系化してしまおうというわけだ。

☆なぜおぼえられないのか？

このような熟語を一つずつ丸暗記しようとしても，なかなか頭には入らないものだ。おぼえたつもりでもすぐ忘れたり混同したりする。これは別に頭が悪いせいではない。人間の頭のしくみはそもそも無秩序な情報をつめこむのには適していない。そこで生まれたのが「システム戦略」だ。

☆これがシステム戦略だ

英熟語＝無秩序という固定した考えを打破し，必要な熟語のすべてをシステム＝秩序の中でとらえるため，この本の各章では次のようなアプローチを採用している。

> 1　まずキーワード（動詞・前置詞など）の「基本義」をつかむ。
> 2　「基本義」を発展させ，イメージをふくらませる。
> 3　1, 2 をふまえ，熟語を意味・用法によりグルーピング。

まず 1 の「基本義」とは何なのかを説明しよう。単語を辞書で調べると，意味が一つしかのっていないものは少ない。特に基本的な動詞や前置詞などでは，何ページにもわたってときには 10 をこえる「意味」に分けて解説されている。たとえば，ある辞書で on をひくと次のようになっている。

1（場所）〜の上に，〜に乗って　2（接触）〜に接して　3（所持）〜の身に着けて　4（所属）〜の一員で　5（従事）〜に従事して　6（状態）〜の状態で……

しかし，on のような一見単純そうな語にはたしてこれほどたくさんの意味が本当にあるのだろうか。

☆基本義とその発展

本書では，辞書に分類されているこれらの「意味」は，実は孤立したものではなく，すべて中心的な一つの意味——基本義——から派生・発展した「用法」であると考える。基本義（on の場合は「接触」p.116 参照）から考えることで，はじめて一つの語が多彩な用法をもつことが理解できる。ネイティヴ・スピーカー（英語を母国語とする人）が基本動詞や前置詞を自在にあやつれるのも，彼らが（たとえ無意識的にであれ）その基本義を知っているからだ。

☆空間から抽象へ

つぎに 2 について,基本義がどのように発展していくか,である。これには「具体的・空間的な意味から抽象的な用法へ」という原則がある。基本動詞にしろ,前置詞にしろ,基本義はほとんどの場合空間的な動作や位置関係にすぎない。人間の偉いところは,それを比喩(メタファー)的に用いて抽象的なことがらを表してしまうという点だ。そして熟語のシステマティックな理解にはこの具体⇒抽象の発展をおさえることが大切なのだ。この本ではあちらこちらでこの意味発展のプロセスをとりあげている。(たとえば p.50 の put や p.126 の in の解説を見てみよう。)

さて,1 と 2 を足がかりとしていよいよ本書の目指す熟語のシステム化にとりかかろう。一つのキーワードをふくむ熟語群は,意味の共通性によりいくつかのグループに分けられ,それぞれのグループにはその共通性が一目でわかるように明解なタイトルがつけられている。(例 p.56「開始の set」)この「意味によるグルーピング」は,「どう分類すれば最もわかりやすく,おぼえやすいか」ということを徹底して追究した結果得られた「秘伝」である。これだけをとってみても,羅列式の多くの熟語集とは一線を画している。もちろん語の意味にははっきりとした境界線などない。赤とオレンジ色にはっきりした境目がないのと同じだ。それでも人は赤とオレンジを区別しようとする。人間は分類する生き物なのである。

ただ,分類するだけではシステムの名に値しない。グループ相互の連続性も忘れてはならない。そこで本書では,熟語のグループを,キーワードの基本義とその発展のプロセスにそって配列し,スムーズに学習できるように注意をはらった。またキーワードの基本義とそのグループをつなぐため,意味の発展の説明やイメージ作りに気を配った。(たとえば p.218「out のイメージ」を参照)

最後に,この本では一つ一つの熟語の説明までもがシステマティックに行なわれていることも見落とさないでほしい。

まず「〜」や「…」などの見にくい記号を用いず,ABC を用いた,ひと目でわかる表し方を採用している。

  例 □ name A B after C 「C にちなんで A を B と名づける」

このやり方により,書きかえ可能な表現や関連する表現が的確につかめる。

  例 □ A come about 「A が起こる」

    □ bring A about 「A を引き起こす」

その他,ねらわれる同じ意味の単語・熟語,まぎらわしい熟語,語法上の注意,コロケーション(どんな語と結びつくか)なども,くわしく書いてある。なお同じ熟語が違ったセクションでくりかえし出現することがあるが,これは違った角度からとらえなおすことにより,記憶をしっかり定着させることをねらったものだ。

◆ミニ・レクチャー

これは英熟語の学習に関する興味深い話や注意すべきことがらをまとめて解説したコーナーである。勉強の合間に読んでもらいたい。

この本で用いた記号について

熟語およびその意味のなかに用いられている A, B, C は, その位置に名詞または代名詞が来ることを示す。ただし一部で形容詞的なものもふくむ場合がある。(例 regard A as B の B には形容詞も来る。)

● 熟語にふくまれる所有格は次のように区別されている。

・その文の主語と同じものが所有格になる場合 —— one's

例 make up **one's** mind to V : I've made up **my** mind to go there alone. (I = my)

・その文の主語と同じものが所有格になるとは限らない場合 —— A's

例 to A's surprise : To my surprise, Tom succeeded in the exam. (my ≠ Tom)

● Ⓒ は可算名詞, Ⓤ は不可算名詞を表す。
● ⾃ は自動詞, ⽥ は他動詞を表す。(自動詞と他動詞の区別については p.114)
● ( ) の部分は, それがない形でも用いられることを示す。

例 to say the least (of it) は of it がない形でも使う。

● [ ] の部分は, その直前の語と言い換え可能であることを示す。

例 fall ill [sick] は fall sick の形もあるという意味。

● V は動詞の原形, to V は to 不定詞, Ving は動詞の ing 形を表す。
● ⇐ は原義 (文字通りの意味) から熟語の意味への発展を示す。

例 look down on A「A を軽蔑する (⇐ A を見下ろす)」

● 熟語の種類を次のように語順で表す。

   ⎧ <動詞+前置詞+名詞>型の熟語:V +前置詞+ A   例 depend on A, result in A
   ⎩ <動詞+名詞+副詞>型の熟語:V + A +副詞   例 carry A on, turn A in

<動詞+名詞+副詞>型の熟語のほとんどは動詞+副詞+名詞の語順でも用いる。(頻度的にはむしろ後者が多い) (p.238 ミニレクチャー「どこが違う? 前置詞と副詞」参照)

●「ポイントチェッカー」は特に重要な言い換え表現をチェックするためのマーク。

   同熟? ほぼ同じ意味の熟語   同単? ほぼ同じ意味の単語
   反熟? ほぼ逆の意味の熟語   同? ほぼ同じ意味の語句

「ポイントチェッカー」があったら, 上のような単語・熟語を覚えているかどうか確認しよう。

CONTENTS 目　次

はじめに
本書の効果的な利用法
この本のねらいと構成

Part 1　基本動詞でとらえるイディオム　　1
　1　come と bring のイディオム 48 ……………………………… 2
　2　go と get のイディオム 74 ……………………………………… 13
　3　keep と hold のイディオム 44 ………………………………… 28
　4　give と take のイディオム 20 ………………………………… 36
　5　take でとらえるイディオム 41 ………………………………… 41
　6　put と set でとらえるイディオム 35 ………………………… 50
　7　make でとらえるイディオム 52 ……………………………… 58
　8　have でとらえるイディオム 46 ……………………………… 69
　9　do でとらえるイディオム 18 ………………………………… 77
　10　感覚の動詞のイディオム 36 …………………………………… 81
　11　「話す」のイディオム 27 ………………………………………… 89
　12　動詞の重要表現 67 ……………………………………………… 94
　13　意味でまとめるイディオム 21 ……………………………… 105
　14　動詞の語法整理 32 …………………………………………… 109

Part 2　前置詞でつかむイディオム　　115
　1　on でつかむイディオム 74 …………………………………… 116
　2　in でつかむイディオム 115 …………………………………… 126
　3　at でつかむイディオム 64 …………………………………… 141
　4　for でつかむイディオム 81 …………………………………… 150
　5　to でつかむイディオム 95 …………………………………… 162
　6　of でつかむイディオム 74 …………………………………… 176
　7　from でつかむイディオム 31 ………………………………… 186
　8　with でつかむイディオム 66 ………………………………… 191
　9　by でつかむイディオム 20 …………………………………… 202
　10　as でつかむイディオム 25 …………………………………… 205
　11　その他の前置詞でつかむイディオム 60 …………………… 209

Part 3　副詞でつかむイディオム　　217
1　out でつかむイディオム 35 ……………………… 218
2　up でつかむイディオム 39 ……………………… 224
3　その他の副詞のイディオム 61 ………………… 230

Part 4　数と量のイディオム 107　　240

Part 5　名詞でまとめるイディオム 79　　259

Part 6　形容詞の文型とイディオム 48　　270

Part 7　助動詞のイディオム 22　　278

Speed Check List（INDEX）　　284

ミニ・レクチャー

- ◆「いま行きます」は I'm coming! …………………………………… 12
- ◆make O C と let O C はどう違う？ ……………………………… 68
- ◆〈前置詞 + that ～〉は例外的！ …………………………………… 76
- ◆〈[名詞] + that ～〉は「～という[名詞]」ばかりじゃない！ ……… 76
- ◆感覚動詞は同時体験 ………………………………………………… 88
- ◆自動詞と他動詞 ……………………………………………………… 114
- ◆期間の for も「対応」でわかる？ ………………………………… 161
- ◆接頭語と前置詞の怪しい関係 ……………………………………… 175
- ◆agree with と agree to はどう違うか？ ………………………… 201
- ◆どこが違う？　前置詞と副詞 ……………………………………… 238

イラスト／刀祢雅彦・芝野公二

基本動詞でとらえる
　　　　イディオム

Part 1

Chapter 1

come と bring のイディオム 48

◆ come は「来る」だけではない！ ～出現，接近，到達など～

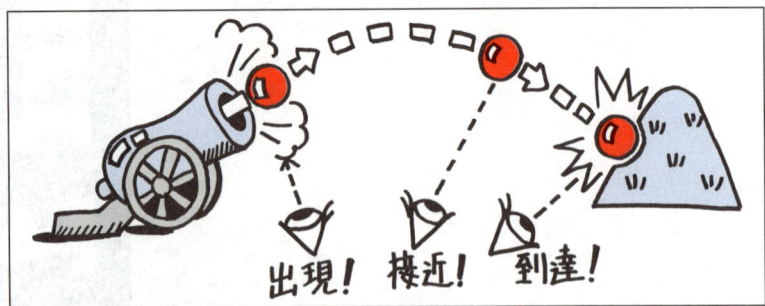

come は「出て来る」，「近づく」，「達する」などの空間的な移動の意味 a) から，ある状態の出現，接近，到達などの抽象的な意味 b) に広がる。

①出現の come
a) The moon came up.（月が**出た**。）
b) A new topic came up in the session.（会議で新しい話題が**出た**。）

②接近の come
a) He came close to the wall.（彼は壁**の近くに寄った**。）
b) He came close to dying.（彼は死に**かけた**。）

③到達の come
a) She came to the top of the hill.（彼女は丘の頂上**にたどり着いた**。）
b) We'll come to a conclusion at the next meeting.（次の会議で我々は結論**に達する**だろう。）

◆「～になる」の come と go
　come も go も，単に移動を表すだけでなく，「～になる」という状態の変化も表す。一般に，come は望ましい状態への変化を，go は悪い状態への変化を表すことが多い。（☞ p.20 **5**）
　次のペアを見て，イメージをつかもう。

come right「うまくいく」	vs	go wrong「うまくいかない」
come to「意識をとりもどす」	vs	go mad「気が変になる」
come alive「活気づく」	vs	go dead「(電話が)切れる」

基本動詞

◆ イメージをひろげよう！
〜 bring は come の他動詞形〜

a) The girl **came** to the party.

b) I **brought** the girl to the party.

a)は「その娘がパーティーに来た」という意味だが，b)は「私がその娘をパーティーに連れて来た」ということになる。つまり"S bring A."は，「Sによって"A come."となる」ということだ。これは「Aが来る」⇒「Aを連れて来る」という移動の意味のときだけではない。たとえばA come about は「Aが起こる」という意味だが，**bring** A about は「Aを引き起こす」という意味だ。このように come のイディオムと bring のイディオムは対応している。ここでは come のイディオムしか取り上げていなくても，その多くに対応する bring のイディオムがあると考えよう。

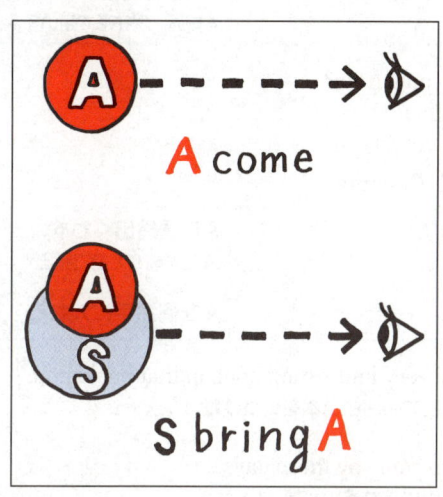

come と bring のイディオム

1 出現の come と bring

¹ A come **about** 同単？	A が生じる，起こる ☞ p.105 = A **happen**
² bring A **about** 同単？	A をもたらす，引き起こす = **cause** A

★この about は副詞。bring A about は bring about A の語順にもなる。
(☞ p.238 ミニ・レクチャー どこが違う？ 前置詞と副詞)

How did the changes come about?
(この変化はどのようにして**生じた**か。)

The liberalization of imports will bring about great changes in the Japanese social system.
(輸入の自由化が日本の社会制度に大きな変化**をもたらす**だろう。)

◀関連表現▶

³ come **from** A	A の出身である，A に由来する ★普通，現在形で用いる。

Where do you come from?
(どこの**出身**ですか。)

◆「偶然出会う」の come

⁴ come **across** A	A に偶然出くわす ★空所補充問題で頻出！
⁵ come **by** A	A を偶然手に入れる

I came across a very interesting book in that bookshop.
(私はあの書店でとても面白い本**を見つけた**。)

Jobs are hard to come by these days.
(この頃は仕事**を手に入れる**のが難しい。)

◆《出現の come と bring》のペア

6 **A come into being**	A が出現する，生まれる ☞ p.209
7 **A come into existence**	A が出現する，生まれる ☞ p.209
8 **bring A into existence [being]**	A(物)を生み出す

Dogs came into being through a process of artificial selection.
(人為的な選択の過程を経て，犬は**生まれた**。)

The railway came into existence in the 19th century.
(19 世紀に鉄道が**出現した**。)

Do you know who brought the theory of relativity into being?
(あなたは誰が相対性理論**を生み出した**か知っていますか。)

9 **A come to mind**	A が思い出される
10 **bring A to mind**	(物事が)A を思い出させる，A を思い出す
11 **A come into one's mind**	A(考えなど)が人の心に浮かぶ

When I saw the picture, a lot of memories came to mind.
(その写真を見た時，たくさんの記憶**が思い出された**。)

That story brings to mind someone I met in New York.
(その話は私がニューヨークで会った人**を思い出させる**。)

★上の例のように，bring の目的語である A が長いと後ろに置かれる。(bring A to mind ⇒ bring to mind A)

12 **A come out**	多義	① A が出版される ② A が明らかになる
	同単? ☞ p.219	= A **be published**
13 **bring A out**		① A を出版する，A(新製品など)を出す
		② A(才能など)を引き出す，A を明らかにする ☞ p.219
	同単?	= **publish** A

come と bring のイディオム ● 5

The secret will come out in the end.
(その秘密は，結局**明らかになる**だろう。)

His book will come out soon.
(彼の本はすぐに**出版される**だろう。)

He'll bring out a new book soon.
(彼はまもなく新しい本**を出版する**だろう。)

14 **A come to light**	A が明るみに出る
15 **bring A to light**	A を明るみに出す

Her secret life came to light at last.
(彼女の秘密の生活がついに**明るみに出た**。)

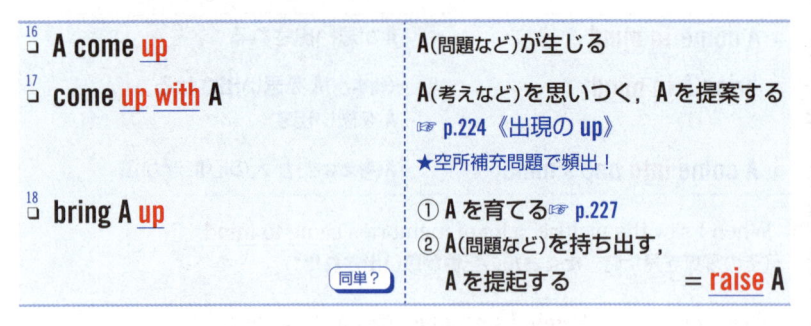

16 **A come up**	A(問題など)が生じる
17 **come up with A**	A(考えなど)を思いつく，A を提案する ☞ p.224 《出現の **up**》 ★空所補充問題で頻出！
18 **bring A up**	① A を育てる ☞ p.227 ② A(問題など)を持ち出す， 　A を提起する　　　= **raise** A

A new topic came up in our conversation.
(新しい話題が**出た**。)

He couldn't come up with a good solution.
(彼はよい解決策**を思いつく**ことができなかった。)

They didn't bring up their children themselves.
(彼らは，自分では子供**を育て**なかった。)

The question brought up ever more difficult questions.
(その問題は，もっと難しい問題**を提起した**。)

| 19 come into view | 見えてくる = come in sight |

★ bring A into view という形もあるがまれ。

2 接近の come と bring

| 20 A come home to B | A が B(人)に痛切に感じられる |
| 21 bring A home to B | A を B(人)に痛切に感じさせる |

★ come は空間的な接近だけでなく，心理的な接近も表す。
★ bring A home to B は，しばしば bring home to B A の語順になる。

The story finally came home to her.
（最後にはその話が彼女に**しみじみと感じられた**。）

We should bring home to children the value of reading.
（我々は子供達に読書の価値**を痛切に感じさせる**べきだ。）

◀関連表現▶

| 22 come close to Ving | V しそうになる |
| 23 come near to Ving | V しそうになる |

★ bring A close to Ving もあるが少数。

He came close to losing his life.
（彼はあやうく命を落と**しそうになった**。）

He came near to being run over by a car.
（彼はもう少しで自動車にひかれる**ところだった**。）

| 24 A come back | A(記憶など)が思い出される |
| 25 bring A back | A(記憶など)を思い出させる |

The scent brought back memories of a night spent in London some years before.
（その香りが数年前ロンドンですごした夜の記憶**を思い出させた**。）

3 到達の come と bring

26 come to terms with A	① A(不快な事実など)を受け入れる ② A と合意に達する
27 A come to an end	A が終わる
28 bring A to an end （同熟?）	A を終わらせる = put an end to A ☞ p.53

★ an end の代わりに，a stop, a standstill「(一時)停止」などが来ることもある。

She has to come to terms with the fact that jobs are difficult to find.
（彼女は仕事が見つけにくいという事実**を受け入れ**ざるを得ない。）

The talk came to an end.
（話は**終わった**。）

He tried to bring the argument to an end.
（彼はその議論**を終え**ようとした。）

◀関連表現▶

29 come to one's senses	自制心 [意識] を取り戻す
30 come to	意識を取り戻す　★to は副詞。
31 come to the conclusion that ~	~という結論に達する

The boxer finally came to his senses after he had been knocked out.
（そのボクサーはノックアウトされた後にようやく**意識を取り戻した**。）

They came to the conclusion that he was guilty.
（彼らは彼が有罪だ**という結論に達した**。）

32 **A come to life**	A が生き返る,活気づく
33 **bring A to life**	A を生き返らせる,活気づかせる

Colors come to life in 3D.
(3D で色彩が**生き生きとなる**。)

The actress brought the whole silly play to life.
(その女優はつまらぬ芝居**を活気づけた**。)

4 come と bring + to V／Ving

34 **A come to V**	A が V するようになる
35 **bring oneself to V**	V する気になる

★ become to V とは言わない。
★ come to V の V は,普通,状態を表す動詞(be, think, etc)である。約 1700 例中で最も多いのが come to be の形で約 20％を占める。(come to be + Ved の形が多い。) be の他には see, realize, understand, think, believe, know と続き,ここまでで約 55％を占めている。

The time after retirement came to be called the "second life."
(退職後の時間は「第2の人生」と呼ばれる**ようになった**。)

I couldn't bring myself to dance with him.
(私は彼とダンス**する気になれ**なかった。)

◀関連表現▶

36 **come to think of it**	そう言えば,もう一度考えると

I hear that he is in France now. Come to think of it, he was always interested in French films.
(彼は今フランスにいるそうだ。**考えてみれば**,彼はいつもフランス映画に興味を持っていた。)

5 「〜になる」 状態の変化を表す come

37 come true	実現する
38 come of age	大人になる，成人する

The dream he has had for years has come true.
(彼の長年の夢が**実現した**。)

When did your daughter come of age?
(娘さんはいつ**成人され**ましたか。)

◀関連表現▶

39 come alive	活気づく
40 come right	うまくいく
41 come easy	やさしくなる

The actor came alive in the eyes of his audience.
(観客の目にふれて，その俳優は**活気づいた**。)

42 come into [in] contact with A	A に接する，接触する

★ come 以外に be や keep を使うことも多い。

Japanese travelers rarely come into contact with the true American culture.
(日本の旅行者は，めったに真のアメリカ文化**に接する**ことはない。)

6 come と bring を用いるその他のイディオム

43 when it comes to A	A のこととなると
44 Come on! (多義)	①よせよ ②はやくしろ ③まさか
45 come down with A	A (病気)にかかる ☞ p.235

46	**How** come ～?	なぜ～か，どうして～か ★ Why ～? より口語的。
47	come **off**	①(取っ手・ボタンなどが)とれる，はがれる ②**成功する**
48	bring A **in**	A(収入・収穫)をもたらす，稼ぐ A を持ち込む

When it comes to baseball, no one is a bigger Tigers fan than he is.
(野球**のこととなると**，彼ほどのタイガースファンはいない。)

A: I'm sorry I can't go out.
B: Oh come on! It's the weekend.
(A「残念ながら，外出できないんだ」　B「**そんなこと言うなよ**。週末だよ」)

She came down with the flu.
(彼女はインフルエンザ**にかかった**。)

How come you were absent yesterday?
(昨日**なぜ**休んだの？)
★このように How come の後の語順は平叙文と同じであることに注意。

The top button of his shirt came off.
(彼のシャツの上のボタンが**とれた**。)

Income-earners bring in a certain amount of money.
(所得者はいくらかのお金**を得る**。)

> ミニ・レクチャー

◆「いま**行き**ます」は **I'm coming**!

come は，日本語の「来る」とは必ずしも対応しない。come は，自分が今いる所から離れる時にも用いる。たとえば，以下の母と子の会話を見てみよう。

Mother：John, dinner is ready.

John ：OK, I'm coming.

日本語では「今行くよ」となるところだが，英語では go ではなく，come を使う。come は，日本語の「来る」のように，自分の方に誰かがやってくる時にも使うが，相手を中心にして，相手の言う場所(ここでは夕食の場)に行くことも表す。もし，"I'm going" とすれば「これからごはんなのにどこ行くの?」と母さんは心配するだろう。なぜなら go を使うと，この夕食から離れてどこか別の所へ行くことになるからだ。

Chapter 2
go と get のイディオム 74

◆ go／get のイメージ

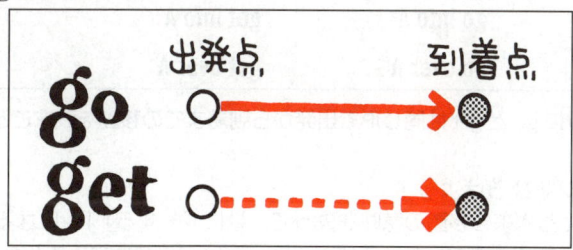

まず，移動を表す go を考えてみよう。

　He goes to school on time.（彼は遅刻せずに学校に**行く**。）

この go は，「到達する」という意味だが，

　It is time for us to go.（**出発する**時間だ）

の go は「出発する」という意味である。また，go by bus の go は，移動の途中に重点が置かれている。このように，go という動詞は出発点も途中も到着点もすべて含んだ動作全体を表せる。

　一方，自動詞の get も移動を表すが，get は普通，到着点に重点がある。だから get to school（学校に着く）と言えるが，（×）get by bus とは言えない。この違いは go と get のイディオムでも見られることで，たとえば，go through A は動作全体を表すから「A を経験する」という意味になり，get through A は到着点に重点があるから「A を終える」という意味になる。

　また，get を使う場合，努力・困難の後に到達することが多い。

　a）As the door was open, he went into the room.

　b）As the door was closed, he got into the house through a window.

a）では，ドアが開いていて，入るのに苦労しないから go を使い，b）では窓から入るという苦労をしているから get を使っている。

「出発する」	go off	—	get off
「離れる」	go away	—	get away
「進む」	go along	—	get along
「入る」	go into A	—	get into A
「越える」	go over A	—	get over A

★このように go と get は同じ形で出発から到着までの移動を表すことが多い。

◆イメージをひろげよう！

go も get も本来の移動の意味を失って，単に「～する」「～になる」という動作・状態の変化も表す。たとえば，get into A は，「A の中に入る」から，「A(状態)になる」に発展する。

1 出発・開始の go と get

49 go **off**	同単？	立ち去る，爆発する	= **explode**
50 get **off** (A)	反熟？	(バスなどから)降りる	⇔ **get on** (A)

The bomb went off by accident.
(偶然爆弾が**爆発した**。)

I got off at the wrong station.
(私はちがう駅で**降りた**。)

◀関連表現▶

51 go **about** A	A(仕事など)に取りかかる
52 get **down to** A	A(仕事など)に取りかかる

He went about his work.
(彼は仕事**に取りかかった**。)

Now let us get down to a serious talk.
(では真剣な話**を始め**よう。)

◆ go + Ving「V しに行く」

53 go **shopping**	買い物に行く
54 go **fishing**	釣りに行く

★ Ving にくるものは，下のようにスポーツ・娯楽のような活動が多い。
  fishing, hunting, swimming, skiing, drinking, jogging,
  hiking, sailing, sightseeing, etc.
  （working, teaching, studying などは不可）

★約 1000 例の go + Ving のうち，shopping が約 25%，fishing が約 10%だ。

I'll go shopping this afternoon.
（今日の午後，**買い物に出かける**つもりだ。）

We went fishing in the river.
（私たちはその川に**釣りに行った**。）

> （発展）
>
> go Ving は，単に移動を表すだけではなく，実際に Ving することを意味する。たとえば，go fishing は，ある場所で釣りをすることに重点があるので，go fishing **to** the river とは言わず，go fishing **in** the river とする。

◆「〜に出かける」の"go for ＋名詞"

55 go **for** a **walk**	散歩に出かける
56 go **for** a **drive**	ドライブに出かける

★これらの他動詞形が take A for 〜「A を〜に連れていく」（☞ p.43）である。
また，for の後には次のような名詞も使える。a ride, a picnic, a swim, etc.

She went for a walk with her English friend.
（彼女は，イギリス人の友達と**散歩に出かけた**。）

Let's go for a drive this weekend.
（今週末**ドライブに行こうよ**。）

◆「～しに行く」「～する」の "go on ＋名詞"

57 go **on** a **trip**	旅に出る ☞ p.123
58 go **on** a **picnic**	ピクニックに行く ☞ p.123
59 go **on** a **diet**	ダイエットをする

★ on の後には以下のような名詞も使える。
　a tour, a journey, an excursion, a hike, a visit, etc.
★ go on a picnic の方が go for a picnic よりよく使う。（どちらも正しい表現。）
★ go on a diet の go には移動の意味はなく、「～する」という意味になっている。

We often go on a trip overseas.
（私たちはよく海外**旅行をします**。）

We went on a picnic last Sunday.
（私たちはこの前の日曜日に**ピクニックに行った**。）

Sometimes I think I should go on a diet.
（私は時々**ダイエットをする**べきだと思うことがある。）

2 「離れる」の go と get

60 go **away**	立ち去る，出かける
61 get **away**	立ち去る，逃げる

He wants her to go away and leave him in peace.
（彼は，彼女が**立ち去って**そっとしておいてくれることを願っている。）

While she was out a thief got away with her jewels.
（彼女が留守の間に泥棒は宝石を持って**逃げた**。）

◀関連表現▶

62 **go by**	(時などが)過ぎる，通り過ぎる ☞ p.237
63 **let go of** A	A を放す，離す ☞ p.65, 101, 183
同単？ = **let** A **go**	= **release** A
64 **go out**	(火・明かりが)消える ☞ p.221
65 **get away with** A	A のとがめを受けない

Two years went by before I could find a good job.
(良い仕事を見つけるまで2年が**過ぎた**。)

She would not let go of my hand.
(彼女は私の手**を離そう**としなかった。)

The fire went out at night.
(夜に火が**消えた**。)

You can't be rude to everyone and expect to get away with it forever.
(みんなに無礼な振舞をして，その**とがめをずっと受けない**でいられるとは考えられない。)

3 進行・継続の go と get

66 **go along with** A	A に賛成する，A と協力する
67 **get along with** A	A と仲良くする，A とやっていく ☞ p.195 = **get on with** A

★ go along も get along も，もともとは「進んで行く」の意味だ。

She can't go along with you on this point.
(この点で彼女はあなた**に賛成する**ことはできない。)

I think he gets along with his neighbors.
(彼は近所の人達**と仲良くする**と思う。)

◀関連表現▶

68 get along	暮らす，やって行く（= get on）
69 go out with A	A(異性)と交際する，付き合う

How are you getting along?
（いかがお**過ごし**ですか。）

I asked her to go out with me.
（彼女に私**と付き合って**くれるよう頼んだ。）

◆ 継続の go と get

70 go on with A	同単?	A を続ける☞ p.231 = continue A
71 get on with A	同単?	① A を続ける = continue A
	多義	② A(人)と仲良くする☞ p.231
	同熟?	= get along with A

Please go on with what you're doing.
（どうぞ今やっていること**を続けて**ください。）

Stop wasting time and get on with your work.
（時を無駄にしないで，自分の仕事**を続け**なさい。）

応用

Please get on with your work.
① forget ② continue ③ stop ④ concentrate on

解答 ②「どうぞ仕事**を続けて**下さい」

---

72 go on Ving	V し続ける☞ p.231 《継続の on》
同単?	= continue to V [Ving]
73 go on to V	次に続けて V する☞ p.231

He went on reading while he ate.
（彼は食べながら読書**を続けた**。）

Henry Miller didn't start writing professionally until after age 40 and then went on to write more than 50 books.
(ヘンリー・ミラーは，40 を過ぎてから作家として書き始め，その後**続けて** 50 冊以上の本を書いた。)

4 「うまくいく，機能する」の go と get

74 go with A	同単?	A と調和している ☞ p.195 = match A
75 go together		調和している
76 get together (on A)		①集まる ②(A について)意見が一致する

★ A and B go together = A go with B の関係だ。前置詞を使って，主語の名詞を後ろに回しているわけだ。

The tie goes with my suit.
(このネクタイは僕のスーツ**に合う**。)

The color of her dress and that of her shoes go well together.
(彼女の服の色と靴の色はよく**似合っている**。)

We got together for a short meeting after dinner.
(我々は夕食後に簡単な会合のため**集まった**。)

◀関連表現▶

77 go without A	同熟?	A なしですます = do without A
78 go too far		度を超す，やりすぎる
79 go far		成功する
80 go a long way toward [to] Ving		V するのに大いに役立つ

We'll go without lunch today.
(今日は昼食**なしですます**つもりだ。)

He just went too far.
(彼は，ちょっと**やりすぎた**。)

This will go a long way toward improving your health.
（これは，あなたの健康状態を改善**するのに大いに役立つ**だろう。）

5 go + C ／ get + C 「～になる」 状態の変化

| 81 go wrong | | (事が)うまくいかない，失敗する |
| 82 get angry | 同熟? | 怒る　　　　　　　　　　　= get mad |

The mission went wrong.
（任務は**失敗した**。）

My father often gets angry over nothing.
（父は何でもないことにしばしば**腹を立てる**。）

応用

Everything seemed to go (　) at the same time.
　① bad　② ill　③ mistaken　④ wrong

解答　④ 「同時にすべてのことが**うまくいかない**ように思えた」

◀関連表現▶

◆ 「～になる」 悪い状態への変化を表す go

　go は継続的な悪い状態を表すことが多い。たとえば go mad は「気が狂う」という意味で，気が狂った状態はしばらく続くだろう。一方，get mad は「かっとなる，怒る」という意味で，これは一時的な状態だ。get は一時的な状態への変化を表す時に使うことが多い。

83 go blind	目が見えなくなる
84 go bankrupt	倒産[破産]する
85 go out of business	倒産[破産]する，廃業[閉店]する
86 go astray	迷う

He went blind from the accident.
（事故で彼は**目が見えなくなった**。）

His company will go bankrupt sooner or later.
（彼の会社は遅かれ早かれ**倒産する**だろう。）

The restaurant is going out of business.
（そのレストランは**閉店する**ことになっている。）

87 go mad	気が狂う
88 go bad	腐る
89 go dead	（電話が）切れる，（機械が）動かなくなる

I will go mad if it continues.
（こんなことが続くと，私は**おかしくなり**そうだ。）

All the eggs went bad.
（卵が皆**腐った**。）

◆「〜になる」 状態の変化を表す get

　get ＋ C（形容詞など）は，瞬間的な状態の変化を表す時によく使われる。たとえば，get angry，get excited などは，通常，一瞬で起こる変化で，一時的な状態を表していると考えられる。

90 get ready (for A)	（Aの）用意をする ★＋ to V も多い。また，進行形も多い。
91 get excited	興奮する，わくわくする
92 get sick [ill]	病気になる＝ become sick
93 get wet	濡れる

She was getting ready to go home.
（彼女は家に帰る**準備をしていた**。）

He got excited about the news.
（彼はそのニュースを聞いて**興奮した**。）

基本動詞

go と get のイディオム

Children get sick at night.
(子供は夜に**病気になる**。)

I don't mind if I get wet.
(**濡れても**かまわない。)

94 get lost	道に迷う	
95 get married to A 〔同単?〕	A と結婚する	= marry A
96 get rid of A	A(不要物)を捨てる，取り除く ☞ p.178 ★空所補充・整序問題で頻出！	

★ be ＋過去分詞［形容詞］の be の代わりに get を使うと，状態の変化［動作］を表す。たとえば be married は「結婚している」という状態を表し，get married は「結婚する」という状態の変化［動作］を表す。

They got lost at the entrance.
(彼らは入り口で**道に迷った**。)

She got married to an American.
(彼女はアメリカ人**と結婚した**。)

When Tom told Chris he did not like her scarf, she got rid of it.
(トムがクリスに彼女のスカーフを好きでないと言うと，彼女はそれ**を捨てた**。)

97 get to V	V するようになる
98 get in touch with A	A と連絡を取る ☞ p.129 ★会話などで頻出！
99 get into trouble	めんどうなことになる，問題を起こす ☞ p.209

★ get to V の V は，普通，状態を表す動詞で，know，be が非常に多い。（come to V より口語的。）
★ get in touch with A は，get の代わりに，keep や be なども使える。

We got to know her at the party.
(私たちは，パーティーで彼女のことを知る**ようになった**。)

In a crisis you should get in touch with someone you trust.
(危険なときには信用できる人**に連絡を取る**べきだ。)

If you get into trouble, give me a call.
(もし**めんどうなことになった**ら，私に電話して。)

◆「A を〜にする」 変化を引き起こす get A 〜

100 get A to V	A に V させる，してもらう
101 get A into trouble	A をめんどうなことに巻き込む

★ "A get 〜" の他動詞形が "get A 〜" と考える。たとえば，A get wet「A が濡れる」があれば，get A wet「A を濡らす」があると予想したい。

We got her to make some sandwiches for lunch.
(私たちは，彼女**に**サンドウィッチのランチをつくって**もらった**。)

6 「調べる」などの go

102 go over A	同単?	A をくわしく調べる	= examine A
103 go through A	同単?	① A を経験する	= experience A
		② A を調べる (少数) ☞ p.212	
104 go into A	多義	① A (状態)になる	
	同単?	② A を調べる	= investigate A
		③ A をくわしく述べる	
		④ A (職業など)につく	

We went over the documents before the meeting.
(会議の前にその文書**をくわしく調べた**。)

It is necessary for a young painter to go through a period of imitation.
(若い画家は模倣する期間**を経験する**必要がある。)

The parents go into a depression every time their kids have to take an exam.
(その両親は，子供が試験を受けなければならないたびに，憂うつ**になる**。)

Toward the end of this chapter, we will go into the details of this process.
(この章の終わり頃に，この過程の細部**をくわしく述べる**つもりだ。)

◀関連表現▶

105 go through with A	A を成し遂げる，終える

7 「(わざわざ)〜する」の go

106 go out of one's way to V	わざわざ V する
107 go so far as to V	V しさえする

He went out of his way to help me when I was in trouble.
(私が困っているとき彼は**わざわざ助けてくれた**。)

He even went so far as to lie to his own mother.
(彼は，自分の母親にうそをつくこと**までした**。)

◀関連表現▶

108 go in for A	① A (趣味)を始める，(職業として)やる ② A を好む (まれ)
109 go to the trouble of Ving	V しようと骨を折る = trouble to V
110 go to extremes	極端なことをする [言う]

They went in for tennis.
(彼らは，テニス**を始めた**。)

8 「達する」の get

111 get through (with) A	同単？	A を終える ☞ p.212　= finish A
112 get over A	同熟？	A を乗り越える，A を克服する = recover from A
113 get on A's nerves	同単？	A の神経にさわる，A をいらいらさせる ☞ p.120　= irritate A
114 get hold of A	多義	① A を手に入れる，つかむ ② A に連絡をとる
115 get A across (to B)		(B に)A を理解させる

When I get through my exams, I'll take a long vacation.
(試験**を終え**たら，長期休暇を取るつもりだ。)

I had stage fright at first, but I got over it quickly.
(最初，私は舞台であがってしまったが，すぐにそれ**を克服した**。)

His way of speaking got on my nerves.
(彼の話し方が，私**をいらいらさせた**。)

I've called Bill several times, but I haven't got hold of him.
(何度かビルに電話をしたが，彼**に連絡する**ことができなかった。)

I'm trying to get a message across to a lot of people.
(私は多くの人達にメッセージ**を伝え**ようとしている。)

応用

The boys get on my nerves with that noise they make.
① amuse me　② irritate me　③ surprise me　④ encourage me

解答　②「あの少年達は音を立てるから，**神経にさわるよ**」

◀ 関連表現 ▶

116 **get to A**	① A に達する ② A を始める ☞ p.165
117 **get the better of A**	A に打ち勝つ，勝る
118 **get at A** *	A をほのめかす，言おうとする ☞ p.145 = **mean A**
119 **get nowhere**	うまくいかない，成功しない

* get at A は，下の例文のように，普通 what と共に進行形で使う。
★ get nowhere と同じ意味で，否定語＋ get anywhere の形もよく使う。

Let's get to work.
（仕事**を始め**よう。）

My curiosity got the better of me.
（好奇心が私**に打ち勝った**。）

What are you getting at?
（**何が言いたい**んですか。）

You'll get nowhere like that.
（それでは**うまくいかないよ**。）

9 会話で使う go

120 **go ahead**	いいですよ，どうぞ (許可)
121 **What's going on?**	何が起こっているのか

"May I smoke?" "Sure. Go ahead."
（「タバコを吸ってもいいですか」「はい，**どうぞ**」）

What's going on? Your room is a mess.
（**何が起こっているの**？　あなたの部屋はめちゃくちゃだ）

◀その他の表現▶

122 **to go**	持ち帰りの

★イギリスでは to take out [away] と言うこともあるが，アメリカでは to go が普通。会話のために覚えておこう。

Is this for here or <u>to go</u>?
（ここで召し上がりますか，それとも**お持ち帰り**ですか。）

Chapter 3

keep と hold のイディオム 44

◆ keep と hold のイメージ

　keep と hold は類義語で、どちらも「持つ、保つ」という意味だ。ただし重要な違いがある。keep は、動いていても止まっていてもそのままの動作・状態を保つという意味だが、hold は動きを止めた状態を保つという意味だ。たとえば「〜し続ける」という動作の継続を表す場合に、keep on 〜 ing とは言えるが、hold に同じような用法はない。一方、hold one's tongue は「舌を動かぬようにする」という意味から「黙る」という意味になる。
(☞ p.32 **3**「動きを止める」の hold)

◆ keep は、自動詞も他動詞もあり
　keep の熟語を覚えるとき、keep には自動詞用法も他動詞用法もあることを知っておくと便利だ。たとえば、次のペアを見てみよう。

{ A keep away from B「A が B から離れておく」

　keep A away from B「A を B から離しておく」

　つまり、Chapter 1 で見た come と bring の関係を、keep は単独で作ることができるのだ。

1 keep, hold ＋名詞

123	keep an [one's] eye on A	Aから目を離さない ☞ p.121, 259
124	hold one's tongue	黙る ☞ p.261

Keep an eye on the girls since they are poor swimmers.
(その女の子達**から目を離さない**で。彼女達は泳ぐのが下手だから。)

Hold your tongue in front of your guests.
(お客様の前では**黙っていなさい**。)

◀関連表現▶

◆ keep ⇔ break のペア

125	keep one's promise (to A)	(Aとの)約束を守る
126	break one's promise (to A)	(Aとの)約束を破る
127	keep one's word	約束を守る
128	break one's word	約束を破る

★ keep はそのままの状態を保つという意味で，突然の変化を表す break と反対の意味で使われることが多い。☞ p.101《突然の行為を表す break》

He always keeps his promises.
(彼はいつも**約束を守る**。)

She broke her promise.
(彼女は**約束を破った**。)

129	keep a secret	秘密を守る
130	keep A secret	Aを秘密にしておく
131	keep silent	黙っている
132	keep (one's) silence	黙っている
133	break (one's) silence	沈黙を破る，口を開く

You know she can't keep a secret.
(彼女が**秘密を守れ**ないのは知っているだろ。)

He kept all the information secret.
(彼はすべての情報**を秘密にした**。)

She kept silent about the problem.
(その問題について彼女は**黙っていた**。)

◆ keep ＋名詞

134 keep one's temper	怒りを抑える, 平静を保つ
135 lose one's temper	腹を立てる
136 keep a diary	日記をつける
137 keep early hours	早寝(早起き)する

He loses his temper over nothing.
(彼はつまらないことに**腹を立てる**。)

He keeps a diary on the Internet.
(彼はインターネットに**日記をつけている**。)

Keeping early hours makes you healthy.
(**早寝早起きする**と健康になります。)

◆ hold ＋名詞

138 hold one's breath	息を凝らす, かたずをのむ
139 hold the line	電話を切らずに待つ = hold on ☞ p.32

She told me to stand still and hold my breath.
(じっとして**息を止める**よう彼女は私に言った。)

Please hold the line a moment.
(しばらく**電話を切らずにお待ち**ください。)

2 継続の keep

140 keep Ving	V し続ける
141 keep on Ving	V し続ける ☞ p.231《継続の on》
142 keep up with A	A に遅れずついていく ☞ p.226《到達の up》

★ keep on Ving と on を入れると，継続の意味が強まる。

He kept talking on the phone.
（彼は電話で話し**続けた**。）

Emily kept on waiting in the heavy rain with no coat on.
（エミリーはコートを着ずにひどい雨の中で待ち**続けた**。）

The supply can't keep up with the demand.
（供給が需要**についていく**ことができない。）

◀関連表現▶

143 keep A up	A を維持する，続ける ☞ p.225
144 keep pace with A	A（進歩など）に遅れずについて行く
145 keep track of A	A を見失わない，A の跡をたどる
146 keep in touch with A	A と連絡を保つ ☞ p.129
147 keep in contact with A	A と接触を保つ
148 keep company with A	A と同行する，交際する = keep A company

We can't keep up the payments on the car.
（我々はその車の支払い**を続け**られない。）

People rely on clocks and calendars to keep track of time.
（人々は，時間**をわかるようにする**ために，時計やカレンダーに頼っている。）

Try to keep in touch with me, just in case.
（万一に備えて，常に私**に連絡を取る**ようにしてください。）

◆ 「離れない」の keep, hold

149 keep <u>to</u> A	A(規則・約束など)を守る ☞ p.166
150 hold (on) <u>to</u> A	A に固執する，A にしがみつく ☞ p.167 《付着・固執の to》

He didn't <u>keep to</u> the speed limit.
(彼は制限速度**を守ら**なかった。)

They <u>hold on to</u> their traditional ways of living.
(彼らは，伝統的な生活様式**に固執する**。)

151 keep <u>to</u> <u>oneself</u>	他人から離れる，人と交際しない (←自分自身から離れない) ☞ p.167
152 keep A <u>to</u> <u>oneself</u>	A を人に話さない，秘密にしておく

George doesn't mix much; he likes to <u>keep to himself</u>.
(ジョージは人とあまり付き合わない。彼は**他人から離れる**ことを好む。)

He <u>kept</u> the information <u>to himself</u>.
(彼は，その情報**を秘密にしておいた**。)

3 「動きを止める」の hold

153 hold <u>on</u>	電話を切らずに待つ ☞ p.232
154 hold (A) <u>up</u> 　多義　同単?	他① A を支える，持ち上げる ② A を遅らせる　= **delay** A 自(理論などが)真実である，持ちこたえる

★ keep A up は「動作を続ける」という意味だが，hold A up は「動きを止める」となる。

If you <u>hold on</u> a moment, I'll get Jane on the phone.
(少し**待って**くれたら，ジェーンを電話に出させます。)

The traffic accident held up the cars last night.
（昨晩その交通事故が，車を**遅らせた**。）

The theory holds up pretty well.
（その理論は，十分に**真実である**。）

◀関連表現▶
◆ SVC 型で使う hold

155 hold true	真実である，当てはまる
156 hold good	有効である，当てはまる

★ SVC の文型で使うときも，「動きを止める」ことを表す hold は「状態」を表し，「変化」を表さない。たとえば，hold true と come true「実現する」とを比べよ。

The rule holds true in that case.
（その規則はその場合**当てはまる**。）

4 「止めておく」の keep, hold

157 keep A back	A(涙・感情など)を抑える，A(もの・お金など)を取っておく
158 hold A back	A(感情・病気など)を抑える，A を止める

They struggled to keep back their tears.
（彼らは涙**を抑え**ようと苦心した。）

Gene therapy changes a patient's genes in order to hold back the development of AIDS.
（遺伝子治療はエイズの進行**を抑える**ために患者の遺伝子を変える。）

◀関連表現▶

159 **keep A in mind**	A を覚えている，心にとめておく
160 **keep one's eyes open**	目を開けておく，油断なく警戒する ☞ p.259

★ keep A in mind は，keep in mind that ～の形も多い。

You should <u>keep in mind</u> that she is only a little girl.
（彼女は小さな女の子にすぎないということを，あなたは**覚えておく**べきだ。）

I'm sleepy and I can't <u>keep my eyes open</u>.
（私は眠くて，**目を開けて**いられない。）

5 否定を表す keep のイディオム

161 **A keep from Ving**	圓 A が V しないでおく ☞ p.189
162 **keep A from Ving**	他 A に V させないでおく ★頻出！
163 **keep off A**	A に立ち入らない

★ keep を away, from, off, out などの否定を表す語（句）と共に使うと，「～から離れている，～しない [させない] でおく」という意味になる。（☞ p.188《禁止と妨害の from》）

She <u>kept from</u> smoking during the meeting.
（彼女は会議中タバコを吸わ**ないようにした**。）

Can't you <u>keep</u> your dog <u>from</u> coming into my garden?
（犬を私の庭に入れ**ないようにする**ことができませんか。）

The notice in the park said "<u>Keep off</u> the grass."
（公園の掲示にはこう書かれていた。「芝生**に入るな**」）

◀関連表現▶

164 **keep away from A**	A に近づかない，A を避ける ☞ p.186
165 **keep (A) out**	自 中に入らない 他 A を中に入れない
166 **keep out of A**	A(いたずら・けんかなど)にかかわらない

You should keep away from guns.
(銃**に近づかないでいる**べきだ。)

They put a fence around the farm to keep wolves out.
(狼**を中に入れない**ように，彼らは農場の回りに柵をつくった。)

You had better keep out of quarrels.
(君はけんか**にかかわらない**ほうがよい。)

Chapter 4

give と take のイディオム 20

◆ give と take はペアにせよ！

give と take の基本義(「与える」⇔「取る」)は対照的だ。たとえば，give and take というイディオムは，「与える」＋「取る」なので，「互いに妥協する，意見交換する」という意味になる。

A willingness to give and take is necessary in marriage.
(**お互いに妥協し**ようという気持ちが結婚には必要だ。)

give を使うイディオムと take を使うイディオムの多くはペアをなす。たとえば，give A over が「A を引き渡す」という意味であることから，take A over が「A を引き継ぐ」という意味であることが自然と予想される。つまり，give のイディオムを知っていれば，それに対応する take のイディオムはその反対の意味だと推理できる。

give A away	⇔	take A away
give A over	⇔	take A over
give place to A	⇔	take the place of A
give A up	⇔	take A up

1 give ⇔ take

167 **give (A) up**		① (Aを)やめる ② A をゆずる ☞ p.228
168 **take A up**	多義	① A(趣味・仕事など)を始める ② A(考え・問題など)を取り上げる ③ A(空間・時間)を占める (take up A で)

I have <u>given up</u> smoking more than twenty times.
(私は 20 回以上もたばこ**をやめた**ことがある。)

If I were you, I'd <u>take up</u> swimming or jogging.
(もし私が君の立場だったら，水泳かジョギング**を始める**だろうね。)

◀関連表現▶

169 **give A away**	多義	① A をただでやる ② A(秘密など)をばらす， 　A の正体を思わず現す
170 **take A away**		A を持ち去る，奪い去る

He <u>gave away</u> his bicycle to a stranger.
(彼は見知らぬ人に自転車**をただで与えた**。)

He <u>took</u> the newspaper <u>away</u> from George.
(彼はジョージから新聞**を取り去った**。)

応用
We knew he wasn't an American because his accent <u>betrayed him</u>.
　① did him away　② gave him away　③ knocked him down
　④ took him down　⑤ turned him down

解答　②「言葉のなまりで彼の**正体がわかった**ので，彼がアメリカ人でないことを私たちは知っていた。」

2 give ⇔ take で交代

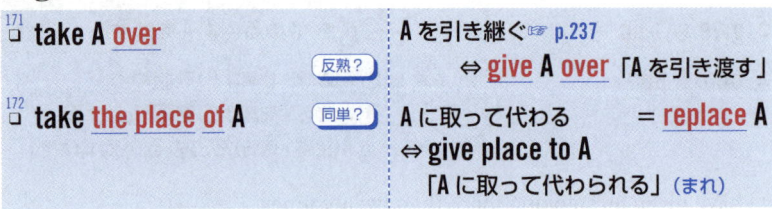

171 take A over 〔反熟?〕 A を引き継ぐ ☞ p.237
⇔ **give A over** 「A を引き渡す」

172 take the place of A 〔同単?〕 A に取って代わる = **replace** A
⇔ **give place to A**
「A に取って代わられる」(まれ)

★上の2つの熟語は，見事に give と take が反意熟語を作っているが，take の熟語の方がはるかに頻度が高い。

★ take the place of A と give place to A は能動態と受動態の関係に似ている。下のように，AとBの位置がひっくり返ったと考えて良い。

$\begin{cases} \text{A take the place of B} = \text{A replace B}\text{「A が B に取って代わる」} \\ = \text{B give place to A} = \text{B be replaced by A}\text{「B が A に取って代わられる」} \end{cases}$

★ take the place of A = take A's place

John will <u>take over</u> the business when his father retires.
(ジョンは父親が引退したら，その仕事**を引き継ぐ**だろう。)

Plastics have <u>taken the place of</u> many conventional materials.
(プラスチックは多くの従来の素材**に取って代わった**。)

3 give + A + 名詞

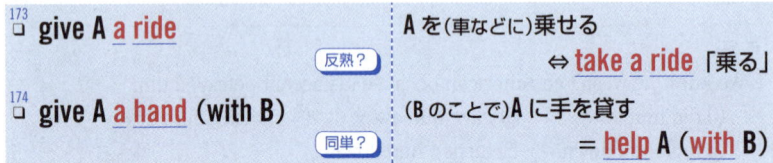

173 give A a ride 〔反熟?〕 A を(車などに)乗せる
⇔ **take a ride**「乗る」

174 give A a hand (with B) 〔同単?〕 (B のことで)A に手を貸す
= **help** A (**with** B)

I <u>gave</u> him <u>a ride</u> in my car last night.
(私は昨夜車に彼**を乗せた**。)

Please <u>give</u> me <u>a hand with</u> this case.
(この事件のことで私**を手伝って**ください。)

◀関連表現▶

175 give A a **try**	Aを試す
176 give A a **call** [**ring**]	Aに電話する　★ ring は主に《英》。
177 give A a **lift**	A(人)を車に乗せる《英》

★ give A a lift は,「Aを元気づける」という意味でも使う。

I'll give it a try.
(私はそれを**やってみよう**。)

Please give me a call this evening.
(今晩私に**電話をして**ください。)

4 give ＋名詞＋ to A

178 give **birth** to A	Aを生む, Aの原因となる
179 give **rise** to A　〔同単?〕	Aを引き起こす　＝ **cause** A
180 give **thought** to A	Aを考える＝ give A thought
181 give one's **best regards** to A	A(人)によろしく伝える

★ give thought to A には, give considerable thought to A「Aをよく考える」, give little thought to A「Aをあまり考えない」などバリエーションがある。
★ give one's best regards to A の regards の代わりに wishes を, best の代わりに kind も使える。また A が代名詞なら give A one's best regards となる。

She gave birth to her first child.
(彼女は最初の子供を**生んだ**。)

Some diseases can give rise to high blood pressure.
(高血圧を**引き起こし**うる病気もある。)

She never gave much thought to her health.
(彼女は自分の健康について, あまり**考えた**ことがなかった。)

When you see Mr. Sasaki, please give him my best regards.
（佐々木さんに会ったら，**よろしく伝えて**くれ。）

> 応用
>
> The difficulty of communicating with one another gives rise to numerous misunderstandings.
> ① solves　② causes　③ reduces　④ denies
>
> 解答　②「お互いに意思を伝え合うことが難しいせいで，いろんな誤解が**生まれる**」

5 give を用いる重要イディオム

182 give in (to A)	(Aに)屈する，負ける ☞ p.171
183 give way (to A)	(Aに)屈する，道をゆずる ☞ p.171
184 give A off	A(煙・臭いなど)を放つ
185 give A out　多義	① A(煙・臭いなど)を放つ　② A を配る　③ A を発表する

★ give はほとんどが他動詞だが，give in の give は珍しく自動詞だ。

The enemy gave in without further resistance.
（敵はもうそれ以上抵抗せずに**降参した**。）

He gave way to temptation.
（彼は誘惑**に屈した**。）

The flowers give off a very pleasant scent.
（その花は非常にいい匂い**を放つ**。）

The girl gave out packets of tissues as her part-time job.
（その娘はバイトでポケットティッシュ**を配った**。）

◀ 関連表現 ▶

186 give A credit for B	B を A(人)の功績と認める，A をほめる

Chapter 5
take でとらえるイディオム 41

◆ take のイメージ

take はもともと「手をおく」「触る」という意味であり,そこから「手に取る,つかむ」の意味になったと言われる。have にも「手に入れる,取る」の意味があるから,take の代わりに have と言い換えられる場合も多い。たとえば,

　　take a bath = have a bath 「入浴する」(take は主に《米》,have は主に《英》)

　　take a drink = have a drink 「飲む」(口語では have が多い。)

などである。ただし,微妙にちがうこともある。下の例を見てみよう。

　　{ take responsibility for A 「A の責任を取る」
　　{ have responsibility for A 「A の責任がある」

　　{ take the trouble to V 「わざわざ V する」
　　{ have trouble (in) Ving 「V するのに苦労する」

これらの例では,take が have に比べて,より意志的・能動的な意味を持っており,have が「状態」を表すのに対し,take が「意志的動作」を表している。

◆イメージをひろげよう!

take はしばしば get と同じように「取る,得る」という意味を持つが,意味は微妙に違う。

　a) He didn't get a present at the party.

　b) He didn't take the present from her.

a)は単に贈り物をもらえなかっただけだが,b)は贈り物を受け取らなかったのである。つまり b) では彼女が贈り物をくれようとしていたという前提があることになる。take の向こうに give という動詞が見えてくる。

　　　　　　　　　　　　　　　(☞ p.36 《give と take のイディオム》)

■1 「引き受ける」の take

187	take **responsibility** for A	A の責任を取る
188	take **charge** of A	A(の管理・責任)を引き受ける ☞ p.183
189	take **part** in A	A に参加する(⇐ A で役割を引き受ける)
	(同熟?) ☞ p.135	= **participate** in A

★ assume responsibility など take を assume で言い換える問題が多い。
★ take charge of A ＝ take A in charge(少数)

I take full responsibility for my actions.
（私が行動の**責任を**すべて**取る**。）

He will take charge of the class.
（彼はそのクラス**を担任する**だろう。）

I think most of them will take part in the game.
（彼らのほとんどがそのゲーム**に参加する**と思う。）

◀ 関連表現 ▶

190	take the **trouble** to V	わざわざ V する(⇐苦労を引き受ける)
191	take **pains** to V	V しようと骨を折る(⇐苦痛を引き受ける)

She doesn't want him to take the trouble to make some coffee.
（彼女は，彼に**わざわざ**コーヒーを入れてもらいたいとは思っていない。）

I took pains to hide the secret from my friends.
（私は友人にその秘密を隠そう**と骨を折った**。）

◆単語との言い換えに注意！

192	take A **on**	(多義) ① A(責任・仕事など)を引き受ける
	(同単?)	= **accept** A, **assume** A
		② A(性質・外見・意味など)を帯びる
	(同単?) ☞ p.230	= **assume** A

193 take A <u>in</u>	A をだます（⇐ A を引っぱりこむ）
同単？	= **deceive** A
194 take <u>after</u> A	A(肉親)に似ている☞ p.212
同単？	= **resemble** A

★ take A on は，②の意味の時は必ず take on A の語順になる。
★ take after A は血のつながっている親などに似ているときに使うが，resemble は，血がつながっていなくても使える。

The word "profession" is <u>taking on</u> a new meaning.
(「職業」という言葉は新しい意味**を帯びてきている。**)

She was completely <u>taken in</u> by the new religious group.
(彼女はその新興宗教の団体に完全に**だまされた。**)

Though he is fairly well off he is frugal: he <u>takes after</u> his father in that respect.
(彼はかなり裕福だが，倹約家だ。その点では父親**に似ている。**)

応用

He <u>takes on</u> too much work.
① performs　② continues　③ provides　④ accepts　⑤ endeavors

解答　④「彼はあまりにも多くの仕事**を引き受け**すぎる」

◆「連れて行く」の take

195 take A <u>for</u> a drive	A をドライブに連れて行く
	★穴埋め頻出！
196 take A <u>for</u> a walk	A を散歩に連れて行く

★《「〜に出かける」の go for 〜》(☞ p.15)の他動詞形と考えればよい。

When he was young he used to <u>take</u> us <u>for</u> a <u>drive</u> every Saturday.
(若い頃彼は，毎週土曜日に私達**をドライブに連れて行って**くれた。)

I took my dog for a walk.
（私は犬を散歩に連れて行った。）

197 take A out	① A を取り出す ② A(人)を(食事などに)連れ出す
198 take A back	A(人)に昔のことを思い出させる

He took out his wallet with his left hand.
（彼は左手でサイフを取り出した。）

Take me out to the ball game.
（私を野球に連れて行って。）

This picture takes me back to my younger days.
＝ This picture reminds me of my younger days.
（この絵は昔の日々を思い出させてくれる。）

2 「利用する」の take

199 take one's time (in) Ving	V をゆっくりやる
200 take advantage of A	A を利用する，A につけこむ ☞ p.182
201 take a chance [chances]	危険をおかす

★「取り入れる」⇒「利用する」 交通機関を利用する場合も take a bus, take a train などと take を使える。take one's time は「自分の時間を使う」から。

Why don't you take your time in finishing up your paper?
（論文はゆっくり仕上げてはどうですか。）

He took advantage of the good weather to do some gardening.
（彼は好天を利用して庭いじりをした。）

Why do you take chances?
（なぜ危険をおかすのか。）

◀関連表現▶

202 take an **opportunity**	機会をとらえる

3 「感情を持つ」の take

203 take pleasure <u>in</u> A	A を楽しむ
204 take pride <u>in</u> A	A を誇りに思う☞ p.107 4

He takes pleasure in listening to music.
(彼は音楽を聴くこと**を楽しむ**。)

She sewed beautifully and took great pride in her work.
(彼女は縫い物が上手で,自分の作品をおおいに**誇りに思っていた**。)

◀関連表現▶

205 take <u>pity</u> <u>on</u> A	A をあわれむ= have pity on A
206 take <u>delight</u> <u>in</u> A	A を楽しむ

The diplomat took pity on the Estonian Jews.
(その外交官はエストニアのユダヤ人**をあわれに思った**。)

4 「思う」の take

207 take A <u>as</u> B [同熟?]	A を B(名・形)と思う = take A <u>to be</u> B
208 take A <u>for</u> B	A を B(名・形)と思う☞ p.158
209 take A <u>for granted</u>	A を当然と思う(⇐ A を一般に認められていると思う)☞ p.158
210 take <u>it</u> <u>for granted</u> that ～	～を当然のことと思う ★ it は形式目的語。

★「頭に取り入れる」⇒「思う,～ととる」

★ granted は grant「を認める」の過去分詞(☞ p.158 **6**)

She <u>took</u> my silence <u>as</u> a no.
(彼女は私が黙っていたことを反対**だと思った**。)

What on earth do you <u>take</u> me <u>for</u>?
(君は私を一体何だ**と思っている**のだ。)

We <u>take</u> democracy <u>for</u> <u>granted</u>.
(私たちは民主主義**を当然と思っている**。)

I <u>took</u> <u>it</u> <u>for</u> <u>granted</u> <u>that</u> you would come last Sunday.
(あなたが先週の日曜に来るのは**当然だと思っていた**。)

◀ 関連表現 ▶

211 **take account of A** 〔同熟?〕	A を考慮する ★頻出! = **take A into account**
212 **take A into consideration**	A を考慮に入れる ☞ p.210

★ take A into consideration は，A が長い語句になると，しばしば take into consideration A となる。

We should <u>take</u> <u>account</u> <u>of</u> the situation today.
(私たちは，今日の状況**を考慮する**べきだ。)

The possibility of a mistake must always be <u>taken</u> <u>into</u> <u>account</u>.
(誤りの可能性は常に**考慮し**なければならない。)

We have to <u>take</u> the number of students <u>into</u> <u>consideration</u>.
(我々は，学生の数**を考慮し**なければならない。)

213 **take it [things] easy** 〔反熟?〕	ゆっくりやる，のんきに構える ⇔ **take it seriously**「真剣に考える」

★この表現はしばしば別れのあいさつとしても用いられる。it, things は漠然とした状況を表すと考えればよい。

Don't work too hard. Sit down and take it easy for a while.
(働き過ぎるなよ。座ってしばらく**ゆっくりし**なさい。)

5 take ＋動作の名詞「～する」

214 take care of A	同熟?	Aを世話する，引き受ける☞ p.182 = look after A
215 take turns Ving		かわるがわるVする
216 take a trip		旅をする

★ここに挙げた表現の take は「～する」ぐらいの意味しかない。take の目的語が動作を表す。

The woman wanted to take care of her own baby.
(その女性は，自分の赤ちゃん**の世話をし**たいと思った。)

The daughters took turns helping their mother with the cooking.
(その姉妹は母親の料理を**交替して**手伝った。)

She took a ten-day trip to Europe with her friends.
(彼女は友達とヨーロッパに10日間の**旅をした**。)

◀関連表現▶

217 take hold of A	同単?	Aをつかむ　　= seize A, catch A
218 take notice of A	同熟?	Aに注意を払う☞ p.183 = pay attention to A
219 take (one's) leave		①休みを取る ②別れのあいさつをする

The policeman took hold of my arm.
(警官が私の腕**をつかんだ**。)

No one took notice of his death, except the FBI.
(FBI 以外には，誰も彼の死**に注意を払わ**なかった。)

She <u>took leave</u> to care for a sick child.
(彼女は病気の子供の面倒を見るために**休みを取った**。)

When the guests <u>took their leave</u>, I waved to them.
(お客さん達が**別れのあいさつをした**時，私は手を振った。)

応用

(1) The boy <u>seized</u> the bag and began to run.
　① took hold of　② took a hand in　③ took the place of　④ took after

(2) I hope you'll take notice (　) what I'm going to tell you.
　① for　② about　③ of　④ to

解答　(1)　①「その少年はカバンをつかんで走り始めた」
　　　　(2)　③「私がこれから言うことに注意してください」

---

220 take a **bath**	入浴する《米》= have a bath《英》
221 take a **break**	休けいする
222 take a **rest**	休けいする= rest
223 take a **nap**	昼寝をする，居眠りする
224 take a **look at** A	A を見る= have a look at A
225 take a **step**	一歩進む
226 take a **walk**	散歩する
227 take a **ride**	(車などに)乗る= ride

★これらの名詞の前に形容詞などを置く場合も多い。

Japanese <u>take a bath</u> almost every day.
(日本人はほとんど毎日**風呂に入る**。)

Let's <u>take a break</u>.
(**休けいしよう**。)

You should <u>take a</u> good <u>rest</u>.
(十分な**休けいをとる**べきだ。)

He took a nap after lunch.
(彼は昼食後**昼寝をした**。)

He tried to take a look at the good side.
(彼はよい面**を見**ようとした。)

She took a step toward me.
(彼女は私の方に**一歩進んだ**。)

I used to get up early and take an hour's walk before breakfast.
(私は早起きして朝食前に一時間**散歩した**ものだ。)

Will you take a ride in my car?
(私の車に**乗り**ますか。)

Chapter 6

put と set でとらえるイディオム 35

◆ put のイメージ

put の基本義は「～をある位置に置く」だ。put の特徴は，**場所や方向を表す副詞要素を伴う**ことだ。

a) He put the box on the table.
（彼はその箱を**テーブルの上に置いた**。）

b) Please put yourself in my place.
（**私の立場になって**くれ。）

c) He put the room in order.
（彼はその部屋**を整頓した**。）

a)～c)について，具体的な場所を表す語句が抽象的な状態を表す語句になっていく。このように put は，**抽象的な意味で使われるときでも前置詞句などの副詞句を伴う**ことに注意しよう。

1 移動の put

228 put A away		A をかたづける	
229 put A aside	同単？	① A を蓄える ② A(仕事など)をおいておく， 　A を考えるのを止める	= save A

★これらは具体的な場所の移動を表す put である。

I was asked to put away all the papers we used at the meeting.
（会議で使われた書類をすべて**かたづける**よう私は言われた。）

If you put aside a certain sum every month, you will soon have enough for your trip.
（毎月いくらか**を貯金すれ**ばすぐ旅行代になる。）

◀関連表現▶

230 set A aside
① A(金など)を取っておく
② A を無視する

They set the land aside as a national park.
(彼らはその土地を，国立公園として**取っておいた**。)

231 put A off
[同単？] A を延期する ☞ p.233 ＝ **postpone** A
★言い換え問題頻出！

I've been putting off the decision.
(その決定**を延期してきた**。)

2 「表す」の put

| 232 put A down | A を書き留める ☞ p.236 |
| 233 put A into words | A を言葉で表す |

Put the date down in your diary so that you won't forget it.
(忘れないように予定表にその日付**を書き留めなさい**。)

He put his deepest feelings into words.
(彼は最も奥深い感情**を言葉で表した**。)

◀関連表現▶

★次の表現はしばしば文頭で to 不定詞として使う。

| 234 put it another way | 別の言い方をする |
| 235 put it simply * | 手短に言う |

＊ simply の他にも，mildly「穏やかに」，differently「違った」なども使われる。

Don't get me wrong; I just wanted to put it another way.
(誤解しないで。**別の言い方をして**みたかっただけなんだから。)

To put it simply, I do not agree.
（**手短に言えば**，私は賛成しません。）

> 応用　★ put を「表す」の意味で使う例は多い。
> "How shall I put it?"
> （どう**表現すれ**ばいいでしょうか。）

3 put ＋ A ＋前置詞句「A を〜にする」

236 put [bring] A into practice	A を実行に移す ☞ p.210
237 put [set] A in order	A を整頓する，かたづける cf. ☞ p.127

★これらはすべて，"put A 〜" という形で「A を〜にする」という意味である。

He was slow in putting his idea into practice.
（彼は考え**を実行に移す**のが遅かった。）

He put the papers in order.
（彼はその書類**を整頓した**。）

◀関連表現▶

238 put oneself in A's shoes	A の立場になってみる
239 put A into action	A を実行する，動かす
240 put A into effect	A（法律など）を実施する
241 put A to use	A を用いる，利用する

★ put oneself in A's shoes の shoes の代わりに，place, position, situation なども使われる。

Just put yourself in my shoes.
（私**の立場にもなって**ください。）

242 put A to <u>death</u>		A を死刑にする,殺す ★受動態が多い。
243 put A to <u>bed</u>		A(子供など)を寝かす
244 put A to <u>shame</u>		A を圧倒的にしのぐ,A を恥入らせる

He was <u>put</u> <u>to</u> <u>death</u> in 1979.
(1979 年に彼は**死刑にされた**。)

4 put ＋動作の名詞「～する」

245 put an <u>end to</u> A	同単?	A を終える☞ p.8	= <u>end</u> A
246 put (an) <u>emphasis on</u> A	同単?	A を強調する	= <u>emphasize</u> A

★これらの表現は名詞が動作を表している。その点では,make, have など(☞ p.58, 69)と同様に考えてよいが,必ず動作の対象を表す語句(to A, on A など)を伴う点が,put の特徴である。(言い換えられている単語はすべて他動詞だ。)

The boys at last <u>put</u> <u>an</u> <u>end</u> <u>to</u> their quarrels.
(その少年達はついにけんか**をやめた**。)

He <u>put</u> too much <u>emphasis</u> <u>on</u> the matter.
(彼はその問題**を強調し過ぎた**。)

◀関連表現▶

247 put a <u>question to</u> A	A に質問する = ask A a question
248 put a <u>stop to</u> A	A を止める= stop A

I'll <u>put</u> the same <u>question</u> <u>to</u> you.
(あなたに同じ**質問をします**。)

5 put ⇔ take のペア

249 put A <u>on</u>	A を身に着ける，着る ☞ p.230
250 take (A) <u>off</u> 　　多義	他① A を脱ぐ ② A(期間)を休暇としてとる 自 離陸する ☞ p.233
251 put A <u>together</u>	A を組み立てる，まとめる
252 take A <u>apart</u>	A を分解する，ばらばらにする

★ put「置く」と take「取る」は，もともと反対の意味だ。「put ＋副詞」と対照的な「take ＋副詞」のイディオムをペアにして覚えるとよい。
★ wear，have A on は身に着けているという状態を表し，put A on は着る動作を表す。

She put the ring on.
（彼女はその指輪**をはめた**。）

When you enter the classroom, you should take off your cap.
（教室に入るときには帽子**を脱ぎ**なさい。）

I was very nervous as the plane took off.
（飛行機が**離陸する**時は大変心配でした。）

I'm going to take two days off next week.
（来週2日間**の休みをとる**つもりです。）

He took the machine apart and then put it together again.
（彼はその機械**をばらばらにして**，それからもう一度それ**を組み立てた**。）

6 put の重要表現〜単語と言い換え

253 put up with A 同単？ | A に耐える，我慢する
= **endure** A, **stand** A, **tolerate** A

254 put A out 同単？ | A(火・明かり)を消す ☞ p.221
= **extinguish** A

I cannot put up with all that noise.
(私はあの騒音に耐えられない。)

The fire fighters put the fire out.
(消防士達がその火事を消した。)

〜 set のイディオム〜

◆ set のイメージ

"Are you all set?"
「ちゃんと準備できてますか。」

They set out on a journey.
(彼らは旅行に出かけた。)

set は put と同様にものを置くことを意味するが，put よりも明確に決められた場所に置くことを意味する。set は「備えつける」だから，そこから「準備」へとイメージが広がっていく。たとえば，set oneself to V とすると「(〜する位置に自分を置く⇒)〜しようと取りかかる」という意味になる。「準備」から「始まる・始める」に広がるのも当然だ。

1 「始まる・始める」 開始の set

255 set <u>in</u>	同単？	(季節・天候が)始まる = <u>begin</u>, <u>start</u>
256 set <u>about</u> A		① A にとりかかる ② (Ving)し始める
257 set <u>out</u> (to V)		自 出発する 他 V し始める ☞ p.219

★すべて begin か start で言い換えられる熟語だ。

The dry season will set in soon there.
(間もなくそこでは乾季が**始まる**だろう。)

Having decided to rent an apartment, we set about contacting all the real estate agencies.
(アパートを借りる決心がついて，すべての不動産屋に連絡を取り**始めた**。)

He set out to make a school.
(彼は学校を作り**始めた**。)

◀関連表現▶

258 set A up	Aを設立する，建設する，設置する
259 set A free	Aを解放する，自由にする
260 set A on fire	Aに火をつける，放火する
261 set off	出発する
262 set sail	出帆する

★上の熟語も開始のイメージだ。

He set up a new company in London.
(彼はロンドンに新しい会社**を設立した**。)

They finally set the animals free in the forest.
(彼らはついに森でその動物たち**を解放した**。)

He set the wood on fire.
(彼はまき**に火をつけた**。)

They set off on a five-day drive early in the morning.
(彼らは朝早く5日間の車の旅に**出発した**。)

Columbus set sail from Spain and headed for Asia.
(コロンブスはスペインから**出帆し**アジアに向かった。)

Chapter 7

makeでとらえるイディオム 52

◆ make のイメージ

make の基本義は,「力を用いてものや状態を作る」ということである。たとえば,《 6 VOC の make》の用法を例に挙げよう。

He made the room dark. (彼は部屋を暗くした。)

この場合注意したいのは,彼が作ったのは「部屋が暗い」という状態であることだ。このように,VOC の「～させる」の make にも「作る」という基本義が生きているといえる。

◆「作る」だけが make ではない!

以下の make の重要表現に注意しよう。

He made a robot.
(彼はロボットを**作った**。)

He tried to make the robot run.
(彼はロボット**を動かそう**とした。)

The robot made its way toward him.
(そのロボットは彼の方へ**進んだ**。)

He made it.
(彼は**成功した**。)

He finally made money.
(ついに彼は**お金を手に入れた**。)

But the robot made trouble.
(しかし,ロボットが**問題を起こした**。)

1 「作る」 製作の make

263 □ make A (out) <u>of</u> B	A を B(材料)で作る
264 □ make A <u>from</u> B	A を B(原料)から作る
265 □ make A <u>into</u> B	A(原材料)を B にする☞ p.210 = make B from [of] A

★普通，材料の質や成分などが変わるときには from を用い，変わらないときには of を用いる。(☞ p.179 **2**)

The desk is <u>made of</u> wood.
(その机は木で**できている**。)

They <u>make</u> paper <u>from</u> wood.
(彼らは木**から**紙**を作る**。)

She <u>made</u> the apples <u>into</u> jam.
= She <u>made</u> jam <u>from</u> the apples.
(彼女はそのリンゴ**から**ジャム**を作った**。)

◀関連表現▶

266 □ be made up <u>of</u> A	A(部分)で構成されている☞ p.179
267 □ make <u>friends</u> with A	A と友達になる
268 □ make a <u>difference</u> *	重要である(←差が生じる)

* make a big difference「とても重要だ」，make no difference「重要でない」など様々な変化形がある。(much; little; all the など可。much は否定・疑問文で。)

Water <u>is made up of</u> hydrogen and oxygen.
(水は水素と酸素で**構成されている**。)

I would like to <u>make friends with</u> someone from another country.
(誰か外国の人**と友達になり**たい。)

It <u>makes no difference</u> to me which side wins or loses.
(どちらが勝とうが負けようが私にとっては**重要でない**。)

269	make <u>fun</u> of A	Aを笑いものにする☞ p.183
270	make a <u>fool</u> of A *	Aを笑いものにする☞ p.183
271	make a <u>fool</u> of oneself *	ばかなことをする，もの笑いになる

* of の後に複数名詞がくる場合は，make fools of ～となる。

Don't <u>make</u> <u>fun</u> <u>of</u> me.
（私**を笑いものにする**な。）

◆「習慣をつくる」の make

272	make it a <u>rule</u> to V	Vすることにしている
273	make a <u>point</u> of Ving	Vするのを重視する，必ずVする = make it a point to V

Whenever I have an appointment, I <u>make</u> <u>it</u> <u>a</u> <u>rule</u> <u>to</u> arrive five minutes ahead of time.
（私は約束があるときには，いつも時間より5分早く着く**ことにしている**。）

She always <u>makes</u> <u>a</u> <u>point</u> <u>of</u> look<u>ing</u> around at the people sitting near her.
（彼女はいつも近くに座っている人々を見回す**ことにしている**。）

2 「整える・用意する」の make

274	make A <u>up</u>　多義　同熟？	① A(割合など)を占める = <u>account</u> <u>for</u> A ② A(全体)を構成する ③ A(言い訳・話など)をでっち上げる 同単？ = <u>invent</u> A　④ Aを補う
275	make <u>up</u> <u>for</u> A　同熟？	Aを埋め合わせる，つぐなう☞ p.157 = <u>compensate</u> <u>for</u> A
276	make <u>up</u> one's <u>mind</u> (to V)　同単？	(Vする)決心をする(←心を整える)☞ p.228 = <u>decide</u> to V

★ make には「整える」の意味もある。たとえば寝る前にベッドを整えることを make the bed と言う。

Plastics <u>make up</u> 20 per cent of British rubbish.
（プラスチックはイギリスのゴミの 20%**を占める**。）

She tried to <u>make up</u> an excuse for being so late.
（彼女はそんなに遅れた言い訳**をでっち上げ**ようとした。）

The loss must be <u>made up for</u> next month.
（来月は損失**を取り返さ**ねばならない。）

Now that I've <u>made up my mind</u>, I have no intention of giving up midway.
（一度**決心した**からには途中でやめるつもりはない。）

◀関連表現▶

277 **make <u>up</u>**	①仲直りする＝become reconciled ②化粧する
278 **make <u>room</u> for A**	A のために場所をあける
279 **make <u>tea</u>**	お茶を入れる

I will <u>make room for</u> you right away.
（すぐにあなた**のために場所をあけます**。）

3 「理解する・理解される」の make

280 **make A <u>out</u>**　[同単?]	A を理解する，A を判別する☞ p.220 ＝ **understand** A
281 **make <u>much of</u> A**	① A を重んじる　② A を理解する ☞ p.251 5 動詞＋量の言葉

★ make A out の A には，that 節・wh 節が来ることもある。

The notice was badly printed and I couldn't <u>make out</u> the date at the bottom.
（その掲示は汚く印刷されていたので，下の日付が**わから**なかった。）

His sister <u>makes</u> too <u>much of</u> what is in fashion.
（彼の妹は流行しているもの**を重視し**過ぎる。）

◀関連表現▶

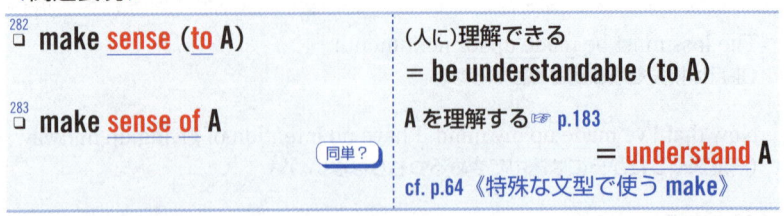

282 ☐ make <u>sense</u> (<u>to</u> A)	(人に)理解できる = be understandable (to A)
283 ☐ make <u>sense of</u> A 〔同単？〕	A を理解する☞ p.183 = understand A cf. p.64《特殊な文型で使う make》

We all agreed that the plan <u>made sense</u>.
（その計画は**理にかなっている**と我々全員一致した。）

We couldn't <u>make sense of</u> what he said.
（彼の言ったことは，私達には**わから**なかった。）

4 「進む」の make

284 ☐ make one's <u>way</u>	①進む　②出世する☞ p.266
285 ☐ make <u>for</u> A　〔多義〕	① A に向かって進む ② A に役立つ☞ p.152

He <u>made his way</u> along the road.
（その道沿いに，彼は**進んだ**。）

I hope that this decision will <u>make for</u> friendly relations between the two countries.
（この決定が両国の友好関係**に役立つ**よう望みます。）

◀関連表現▶

◆成功を表す make

286 make it	①(人が)成功する ②たどり着く，間に合う
287 make good	成功する

★「進む」⇒「たどり着く」⇒「成功する」と連想できる。

I don't think this old car will make it to the top of the hill.
(この古い車は丘の頂上まで**たどり着ける**と思えない。)

5 「利用する」の make

288 make use of A	A を利用する ☞ p.182
289 make the most of A	A を最大限利用する，重要視する
290 make the best of A	A を何とかうまく切り抜ける，最大限利用する　★不満足な条件・事情に用いる。

You had better make use of this opportunity.
(あなたはこの機会**を利用し**たほうがよい。)

Make the most of your youth because, before you know it, it will be gone.
(若いころ**を最大限に利用し**なさい。なぜなら，若さは知らないうちに失われるだろうから。)

We must make the best of the few natural resources we have.
(我々は，今持っている少ない天然資源**を最大限に利用す**べきだ。)

6 VOC の make

291 make oneself at home	くつろぐ
292 make oneself understood *	自分の言いたいことをわからせる

＊「自分の言いたいこと (oneself) が (他人に) 理解されるようにする」の意味だから，過去分詞 understood を使う。空所補充問題で頻出だ！

Please <u>make</u> <u>yourself</u> <u>at</u> <u>home</u>.
（どうぞ**くつろいで**ください。）

Can you <u>make</u> <u>yourself</u> <u>understood</u> in German?
（ドイツ語で**相手に意思を通じさせる**ことができるか。）

◀関連表現▶

293 make (both) <u>ends meet</u>	収入内でやりくりする
294 to make <u>matters</u> worse	さらに悪いことには ★文を修飾。
295 make oneself <u>heard</u>	自分の言うことを聞いてもらう

★ make (both) ends meet は，収入と支出をちょうど合わせるということ。

The poor man worked hard in order to <u>make</u> <u>both</u> <u>ends</u> <u>meet</u>.
（その貧しい男は**収入内でやりくりする**よう一生懸命働いた。）

<u>To</u> <u>make</u> matters <u>worse</u>, the house was burnt down.
（**さらに悪いことには**，その家は燃えてしまった。）

7 特殊な文型で使う make・let

296 make <u>sure</u> (that) ～ 〔同単?〕	～を確かめる，～になるよう注意 [手配] する ＝ <u>ensure</u> (that) ～
297 make <u>believe</u> (that) ～ 〔同単?〕	～のふりをする＝ <u>pretend</u> (that) ～

★ make believe は，make ourselves believe that ～「(自分を)～と思い込むようにする」の省略と考えるとわかりやすい。

<u>Make</u> <u>sure</u> <u>that</u> the complaints are dealt with as quickly as possible.
（苦情はできるだけ迅速に処理される**よう注意し**なさい。）

Let's <u>make</u> <u>believe</u> we have a million dollars.
（百万ドルを持っている**ふりをし**よう。）

◀関連表現▶

298 make certain that ～	～を確かめる，～になるよう注意[手配]する = make sure that ～
299 make sure [certain] of A	A を確かめる☞ p.183
300 make do with A	A で間に合わせる☞ p.79
301 let go of A 同単?	A を放す，離す☞ p.17, 101, 183 = let A go = release A

★これらの表現には，下のようにそれぞれ別の形がある。

　　make sure of A ＝ make A sure
　　make do with A ＝ make A do
　　let go of A ＝ let A go

これらは "make C of [with] O" という形だと考えられる。

He made certain that the door was locked.
（ドアに鍵がかかっていることを彼は**確かめた**。）

Please make sure of your facts before you write the report.
（レポートを書く前に事実**を確かめて**ください。）

We must make do with what we've got.
（我々は，手持ちのもの**で間に合わせ**なければならない。）

302 make ready (to V)	(Vする)用意をする = get ready (to V)　★get が普通。

Put away those magazines and make ready for work.
（その雑誌をかたづけて仕事**の準備を**しなさい。）

8 make ＋動作の名詞 「～する」

303 make an **effort** (to V)	(V しようと)努力する
304 make **progress**	進歩する＝ progress
305 make a **choice**	選ぶ＝ choose

★「～する」という場合，make の目的語は労力がかかるような動作が多い。たとえば「戦争をする」という場合に make war と言うが, do war とは言わない。

Make a greater effort and you will reach the summit.
（もう少し**努力すれ**ば頂上につく。）

He did not make much progress in German.
（彼はドイツ語に関してはあまり**進歩し**なかった。）

You have to make a choice in life and live with your decision.
（人生において君は**選び**，自分の決めたことを受け入れなければならない。）

◀関連表現▶

306 make a **mistake**	誤りを犯す
307 make an **error**	誤りを犯す
308 make an **attempt**	試みる＝ attempt
309 make a **reservation** (for A)	(Aの)予約をする ＝ **reserve** A, **book** (A)
310 make **haste**	急ぐ

If that man makes one more mistake, I'll fire him.
（もしその男がもう一度**誤りを犯せ**ば，彼を解雇しよう。）

Everybody makes errors.
（誰もが**誤りを犯す**。）

He makes no attempt to justify his conduct.
（彼は自分の行動を正当化しようとは**試み**ない。）

I'd like to make a reservation for a room.
(私は部屋の**予約を**したいです。)

311 **make a living**	生計を立てる = make [earn] one's living
312 **make an impression on** A	A に感動 [印象] を与える ☞ p.120
313 **make a fuss about** A	A に夢中になる，A で騒ぎ立てる = fuss about A
314 **make allowance(s) for** A	A を考慮する = allow for A

It's hard to make a living as an artist.
(芸術家として**生計を立てる**のはむずかしい。)

Her speech made a deep impression on the audience.
(彼女のスピーチは聴衆に深い**感動を与えた**。)

What are you making such a fuss about?
(何でそんなに**騒いでいる**のか。)

The teacher was asked to make allowances for the boy's poor health.
(その少年が健康でないこと**を考慮に入れる**ようにその教師は頼まれた。)

> ミニ・レクチャー

◆ make O C と let O C はどう違う？
a) She <u>made</u> her children study English.
（彼女は子供達に英語を勉強**させた**。）
b) She <u>let</u> her children study English.
（彼女は子供達に英語を勉強**させておいた**。）

a) の場合，「子供達が英語を勉強する」という状況は彼女が作り出したことになる。彼女は，英語の成績があがったらディズニーランドに連れて行くと約束したのかもしれないし，あるいは英語の勉強をしないとおやつをあげないと言っておどしたのかもしれない。アメを与えたのかムチを与えたのか，とにかく彼女の働きかけで子供達は英語を勉強するのだ。ところが b) の場合，「子供達が英語を勉強する」という状況は彼女が作り出したのではない。子供達は自発的に英語を勉強し，彼女はそれをそのまま放っておいただけである。

make O C は「〈O C〉の**状況を作り出す**」という意味で，主語が O に何らかの力を加えたことになるが，let O C は「〈O C〉の**状況を放っておく**」という意味で，主語が O に何も力を加えないということである。

(☞ p.100《「放っておく」の let》)

Chapter 8
have でとらえるイディオム 46

◆ **have のイメージ**

have は，具体的なものから抽象的なものまでさまざまなものを「持つ」という意味で使える。

a) I have a book in my hand.
（私は手に本**を持っている**。）

b) I have a deep affection for her.
（私は彼女に深い愛情**を持っている**。）

◆ **イメージをひろげよう！～「経験する」の have など**

c) We had an earthquake yesterday.
（昨日地震が**あった**。）

d) I have breakfast at seven.
（私は 7 時に朝食**をとる**。）

e) He had a heated discussion about the problem.
（彼はその問題について白熱した議論**をした**。）

c)の have は「経験した」ということである。d)の have は「食べる」という行為を表し，e)は議論を「する」という意味である。一般に have は take よりも日常的で労力のかからない動作を行う時や，受身的な経験を表す時によく使われる。（have a bath「フロに入る」，have lunch「昼食をとる」，have an accident「事故にあう」など）☞ p.41「take のイメージ」

1 所有の have

315 have A in common (with B)	(B と)A を共有している ☞ p.130
316 have the kindness to V *	親切にも V する　★堅い言い方。

have でとらえるイディオム ● 69

＊ kindness の他に，courage, confidence, misfortune「不運」, impudence「あつかましさ」などを用いた表現がある。形容詞＋ enough to V と書き換えられる。

Dinosaurs have much in common with birds.
（恐竜は，鳥と共通する点が多くある。）

He had the kindness to show me the way to the campus.
＝ He was kind enough to show me the way to the campus.
（彼は親切にも大学への道を教えてくれた。）

◀関連表現▶

317 **have one's own way**	思い通りにする＝ have everything [it] one's own way
318 **have one's share of A**	A の分け前［取り分］をもらう

She said she was going to have her own way.
（彼女は思い通りにするつもりだと言った。）

◆「関係を持つ」の have

319 **have something to do with A**	A と関係がある ☞ p.79, 196, 250
320 **have bearing on A**	A と関係がある

His remark has nothing to do with the subject under discussion.
＝ His remark has no bearing on the subject under discussion.
（彼の発言は議論されていることと関係ない。）

2 「感情・感覚を持つ」の have

321 **have confidence in A**	A に自信がある，A を信頼する ☞ p.139
322 **have responsibility for A**	A の責任がある

He has confidence in himself.
（彼は自分に自信がある。）

The government has responsibility for public health issues.
(政府は国民の健康問題に責任がある。)

◀関連表現▶

323 have respect for A	A を尊重[尊敬]する= respect A
324 have [take] pity on A	A に同情する= pity A
325 have faith in A	A を信頼する☞ p.139
326 have trust in A	A を信頼する= trust A

They have great respect for privacy.
(彼らは，おおいにプライバシーを尊重する。)

He had pity on her when she was ill in bed.
(彼女が病気で寝ている時，彼は彼女に同情した。)

My teacher has absolute faith in me.
(私の先生は完全に私を信頼している。)

327 have no sense of A	A の感覚がない
328 have a headache	頭が痛い
329 have an eye for A	A を見る目がある☞ p.259
330 have a [the] mind to V	V したい気がする

He has no sense of privacy. He does not even know what it means.
(彼にはプライバシーの感覚がない。それがどういうことかさえわからないのだ。)

I had a headache last night.
(私は昨夜頭が痛かった。)

331 have a sweet tooth	甘いものが好きだ

3 「考えを持つ」の have

332 have no idea + wh ~	~がわからない = do not know wh ~
333 have no doubt + that ~	~を疑わない

★ no の代わりに，not ... any を使うことがある。
　ex. have no idea = do not have any idea
★ have no idea of A「A がわからない」という形もある。A に wh 節がくると，of が省略されることが多い。
★ have no doubt about A「A を疑わない」という形もある。

☞ p.76 ミニ・レクチャー

I have no idea what time we started.
（何時に私たちが出発したのか**わからない**。）

I had no doubt that Margaret was rich.
（私はマーガレットが金持ちであること**を疑わなかった**。）

◀関連表現▶

334 have A in mind	A のことを考えている
335 have no intention of Ving	V するつもりはない
336 have A on one's mind	A のことが気にかかっている
337 have no objection to A	A に反対しない

He had no idea as to what she had in mind.
（彼は彼女が何**を考えている**かわからなかった。）

I have no intention of resigning.
（私には辞職**するつもりはない**。）

I have no objection to your opinion.
（私はあなたの意見**に異論はない**。）

| 338 have a <u>high</u> <u>opinion</u> of A | A を高く評価する |
| 339 have a <u>low</u> <u>opinion</u> of A | A を低く評価する |

I <u>have</u> <u>a</u> <u>high</u> <u>opinion</u> <u>of</u> that film director.
(私はその映画監督**を高く評価している**。)

◆ 「選択肢・理由を持つ」の have

| 340 have no <u>choice</u> <u>but</u> to V | V する以外に道がない ☞ p.215 |
| 341 have (a) <u>good</u> [<u>every</u>] <u>reason</u> to V | V するのももっともだ |

He <u>had</u> <u>no</u> <u>choice</u> <u>but</u> <u>to</u> agree to the other party's demands.
(彼は相手側の要求に同意**するより仕方なかった**。)

He <u>had</u> <u>every</u> <u>reason</u> <u>to</u> get mad.
(彼が怒る**のも無理はない**。)

4 「困難・楽しみを経験する」の have

342 have <u>difficulty</u> (in) Ving	V するのに苦労する [困る]
343 have <u>trouble</u> (in) Ving	V するのに困る [苦労する]
344 have a <u>good</u> [<u>great</u>] <u>time</u>	楽しく過ごす

Don't you <u>have</u> any <u>difficulty</u> <u>in</u> speak<u>ing</u> Japanese?
(日本語を話す**のは難しく**ありませんか。)

You'll <u>have</u> <u>no</u> <u>trouble</u> find<u>ing</u> work.
(君は仕事を見つける**のに苦労しない**だろう。)

She <u>had</u> <u>a</u> <u>good</u> <u>time</u> at the party yesterday.
(彼女は昨日パーティーで**楽しく過ごした**。)

◀関連表現▶

◆ 「経験する」の have

345 have **trouble with** A	A の調子が悪い	
346 have a **hard time** (in) Ving	V するのに苦労する	
347 have an **accident**	事故にあう ★ meet an accident はダメ。	
348 have an **adventure**	冒険する	

Recently he has had trouble with his stomach.
（最近彼は胃**の調子が悪い**。）

I had a hard time finding a job.
（私は仕事を見つける**のに苦労した**。）

I'm afraid that he might have had an accident.
（彼は**事故にあった**のかもしれない。）

5 have ＋動作の名詞「～する」

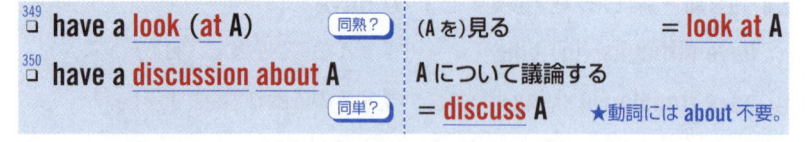

349 have a **look** (**at** A)	同熟？	(A を)見る	= **look at** A
350 have a **discussion about** A		A について議論する	
	同単？	= **discuss** A	★動詞には about 不要。

★ "take ＋動作の名詞"（p.47），"make ＋動作の名詞"（p.66）と比較してみよ。

Please let me have a look at those pictures.
（その絵**を見せ**てください。）

We had a heated discussion about the problem.
（その問題**について**我々は白熱した**議論をした**。）

◀関連表現▶

351 have a **talk**	話をする= talk
352 have a **chat**	雑談する= chat
353 have a **try**	やってみる= try

They had a long talk the other day.
（彼らは先日長い**話をした**。）

354 have a **dream**	夢を見る= dream ★ see a dream とは言わない。
355 have (a) **sleep**	眠る= sleep　★ enough, little, etc. を sleep に付ける例が多い。
356 have a **bath**	入浴する《英》 = bathe, take a bath 《米》☞ p.48
357 have a **drink**	（酒を）飲む= drink
358 have a good **command of** A	A を自由に使える

I have a dream of becoming a dancer.
（私はダンサーになることを**夢見ている**。）

He had a good sleep last night.
（彼は昨夜よく**眠った**。）

I have a bath or a shower every day.
（私は毎日**入浴する**かシャワーを浴びる。）

They had a drink in a pub.
（彼らはパブで**酒を飲んだ**。）

Aside from speaking, I have a good command of English.
（話すことを除いては，私は英語**を自由に使える**。）

359 □ have (an) influence <u>on</u> A	A に影響を与える ☞ p.120 = influence A
360 □ have (an) effect <u>on</u> A	A に影響 [効果] を与える ☞ p.119 《「〜に対して」の on》

★上の2つとも「与える」だが，普通 give は使わない。

I took the medicine but it didn't <u>have</u> any <u>effect</u>.
（私は薬を飲んだが，**効か**なかった。）

ミニ・レクチャー

◆〈前置詞＋ that 〜〉は例外的！

ふつう接続詞の that の直前に前置詞を置いてはならない。

a) I'm sure <u>of</u> his success.
b) I'm sure <u>that</u> he will succeed.

このように，I'm sure <u>of</u> that とせずに，of を消去する。ただし例外的に，<u>in</u> that 〜「〜という点で」，<u>except</u> that 〜「〜ということを除いて」などがあるから要注意だ。

◆〈[名詞]＋ that 〜〉は「〜という [名詞]」ばかりじゃない！

c) He heard the news <u>that</u> she won the game.
（彼女がゲームに勝った<u>という</u>知らせを彼は聞いた。）

名詞と同格関係になる that 節は上のように「〜という [名詞]」と訳すことが多い。けれども下の例を見てみよう。

d) I have no doubt <u>that</u> he is a very good teacher.

この that 節は「〜という」と訳してはいけない。仮に，「彼がとてもいい教師だという疑いを私は持っていない」と訳してしまうと，彼がいい教師だと言っているのかそうでないのか，不明瞭だ。この文は「彼がとてもいい教師だ」ということに「私は疑問を持っていない」ということだから，「彼がいい教師であることはまちがいない」というような訳がいいだろう。There is no doubt 〜も同様に，「〜はまちがいない；疑問の余地がない」という意味だ。

また，have no idea that 〜 [wh 節]「〜はわからない」にも注意しよう。

e) I had no idea <u>that</u> they were so shy.
（彼らがそんなに内気だとはわからなかった。）

Chapter 9

do でとらえるイディオム 18

◆「～する」が do とは限らない！

do はさまざまな名詞を目的語にとって，「～する」という意味で使われる。do a job「仕事をする」，do one's homework「宿題をする」などがその例だが，日本語の「～する」と同じように，do を使えるとは限らない。たとえば日本語の「演説する」は make a speech だし，「議論する」は have a discussion だ。日本語につられて（×）do a speech とか，（×）do a discussion などと言ってはいけない。do と共に用いられる名詞は次のような語だ。

do some exercise「運動する」
（some 以外にさまざまな修飾語を置ける。）
do (some) research「調査する」
do one's duty「義務を果たす」
do one's work「仕事をする」

反対に，日本語では「～する」だが，take，make，have などを使う例はそれぞれ，p.47, p.66, p.74 を見ておこう。

1 do + the [one's] + Ving「V する」

361	do the shopping	買い物をする
362	do the cooking	料理をする

★上の表現では the の位置に，some，much，one's なども使える。他にも，reading, writing, talking, washing などが使える。

I'm looking forward to doing some shopping in Hong Kong.
（ホンコンで**買い物する**のを楽しみにしています。）

She did all the cooking and cleaning.
（彼女は**料理も洗濯も**すべて**やった。**）

◀関連表現▶

◆ do ＋名

363 do one's **best**	最善をつくす
364 do the **dishes**	食器[皿]を洗う = wash the dishes
365 do one's **duty**	義務を果たす
366 do the **sights** (of A)	(Aを)見物する

★ do one's best は to V を伴うものが 45%。

Cats do their best to avoid one another.
（猫はお互いを避けるのに**最善をつくす**。）

He does the dishes every evening.
（彼は毎晩**食器を洗っている**。）

He wished to do his duty as an American citizen.
（彼はアメリカ市民として**義務を果たす**ことを願った。）

What do you say to doing the sights of Osaka when the exam is over?
（試験が終わったら大阪**を見物して**はいかがですか。）

2 「処理する」の do など

367 **what ... do with** A		A をどう扱うか, A をどう処理するか ☞ p.193
368 **do without** A	同熟？	A なしですます　= **dispense with** A
369 **do away with** A		A(規則・制度など)を廃止する ☞ p.193
	同単？	= **abolish** A

★ do には「間に合う，十分だ」の意味があるので，do without A は「A なしで間に合わす」⇒「A なしですます」となる。

Part 1. 基本動詞でとらえるイディオム

What should we do with that naughty boy?
(そのいたずらっ子を**どう扱う**べきだろう。) ★直訳:「〜に対して何をすべきだろう」

With prices so high, we'll have to do without a new car this year.
(こう物価が高くては，今年は新車を買わ**ないですます**なければならない。)

We should do away with this regulation.
(こんな規則は**廃止す**べきです。)

◀関連表現▶

| 370 have something to do with A | A と関係がある |

★ have something to do with A は「A に関してすることがある」⇒「A に関係がある」となる。　☞ p.70, 196, 250《動詞＋量の言葉》

| 371 make do with A | A で間に合わせる
☞ p.65《特殊な文型で使う make》 |
| 372 well done | ①(仕事などを)よくやった，でかした
②ウェルダン(肉をよく焼いた) |

"Well done you two!" called their mother.
(「**よくできたね**，ふたりとも」と彼らの母は叫んだ。)

How would you like your steak? Rare, medium, or well done?
(ステーキをどう調理しますか？ レア？ ミディアム？ それとも**ウェルダン**？)

3 do A B「A に B をもたらす，A に B を与える」

373 do A good	A に利益をもたらす = do good to A
374 do A harm	A に害を与える = do harm to A
375 do A damage	A に害を与える = do damage to A
376 do (A) more harm than good	(Aの)益になるより害の方が大きい

★ A は文脈などからわかる場合は省略できる。また，do good [harm, damage, etc.] to A という形もある。
★この do は，意味・文型とも give と似ているが，ここに挙げられている名詞を give は目的語にとらない。（× give damage）

It will <u>do</u> you <u>good</u> to have a holiday.
（休みを取れば，あなたは**楽になる**だろう。）

An occasional drink <u>does</u> you <u>no harm</u>.
（時々お酒を飲むことは，**何も害を与えない**。）

Rapid industrialization has <u>done</u> lasting <u>damage to</u> Japanese culture.
（急速な工業化が日本の文化に長期的な**損害を与えた**。）

Too much exercise will <u>do</u> you <u>more harm than good</u>.
（運動しすぎると，**益になるより害の方が大きい**。）

◀関連表現▶

377 do A a favor	A の頼みをきく
378 do A justice	A を公正に扱う，評価する

★上の熟語以外にも，頻度は低いが，do A credit「A の名誉となる」や do A honor「A に敬意を表す，A の名誉となる」，do A injury「A を傷つける」という熟語もある。

Would you <u>do</u> me <u>a favor</u>?
（**頼みをきいて**いただけますか。）

応用

A: Who do you want for your assistant?
B: Anybody will (　　), if they're cooperative.
　① go　② do　③ take　④ pass

解答　② A「あなたのお手伝いに誰が欲しいですか？」
　　　　B「協力してくれるなら，誰でもいいですよ」
　　　do は「間に合う，役立つ」という意味。

Chapter 10
感覚の動詞のイディオム 36
~ look, see, hear, feel ~

◆感覚を表す動詞～ look と see はどう違う？

He <u>looked</u> in the dark, but <u>saw</u> nothing.
（彼は暗闇を**見た**が，何も**見え**なかった。）

上の例文のように，普通 look は「注意を向ける」という意味で，see は「目に見える」という意味だ。つまり，look は注意を向けるという意志的な行為で，たとえ何も見えない状態でも look することはできる。一方 see は「見える」ということで，たとえ注意しなくても目に入ってくれば see することができる。
これと同じことが，listen と hear についても言える。

He <u>listened</u> intently, but <u>heard</u> nothing.
（彼は一生懸命**耳を澄ましました**が，何も**聞こえ**なかった。）

このように look や listen は，主語が意志を持って視線や注意を向けるということだが，see や hear は，注意を向けていなくても「見える」「聞こえる」という意味である。
もう一つ例を挙げよう。『天国から来たチャンピオン』という舞台劇で，死んで間もない男に天使がこんなことを言う。

We can't be <u>seen</u> or <u>heard</u>, Joe.
（(生きている人には)私たちは**見え**ないし，**聞こえ**ないんだ，ジョー。）

この例で see や hear の代わりに look や listen を使えないのは言うまでもない。

1 態度を表す look

379 look <u>up to</u> A	同単?	A を尊敬する☞ p.164 = **respect** A
380 look <u>down on</u> A		A を見下す，軽蔑する☞ p.119
	同単?	= **despise** A
381 look <u>back</u> (<u>on</u> [<u>over</u>] A) *		(A を)回想する☞ p.122

* on 以外に over, upon を使うこともある。単に「後ろを振り向く」なら，look back at A を使う。

Children <u>look up to</u> their parents.
(子供は両親**を尊敬する**。)

You should never <u>look down on</u> a person merely because he is poor.
(貧しいからといって人**を軽蔑す**べきではない。)

He <u>looked back on</u> his youth.
(彼は若い頃**を回想した**。)

◀関連表現▶

382 look A <u>in</u> the eye	A の目をまともに見る☞ p.113, 259
383 <u>I'm just</u> looking.*	見ているだけです。
384 look <u>to</u> A (for B)	(B を求めて)A に頼る☞ p.154, 165
385 look <u>on</u>	見物する，傍観する☞ p.232

★ look A in the eye は，単に目を見るという動作だけではなくて，心にやましいことがない態度を表す。eye の代わりに face を使うこともある。
＊店員に Can I help you? とたずねられて，放っておいてほしい時に I'm just looking. と返事する。

He <u>looked</u> me <u>in the eye</u>.
(彼は私の**目をまともに見た**。)

"May I help you?"
"<u>I'm just looking</u>, thank you."
(「何にしましょうか」「**見ているだけです**，ありがとう。」)

Lots of people looked on, but no one offered to help the man.
(たくさんの人が**傍観していた**が，誰もその男を助けようと申し出なかった。)

2 「求める」の look

386 look for A	A を探す，求める
387 look forward to A [Ving]	A [V するの] を楽しみに待つ☞ p.164

★ look forward to の後は名詞・動名詞を置けるが，不定詞は置けない。
(×)I'm looking forward to see you. ⇨(○) ... to seeing you.

He was not the person I was looking for.
(彼は私が**探していた**人ではなかった。)

We are all looking forward to seeing you and your family.
(私達はあなたとご家族にお会いするの**を楽しみにしています**。)

3 「調べる」の look

388 look into A	A(問題など)を調べる 同単？ = investigate A
389 look A up (in B)	(B で)A を検索する，調べる☞ p.225 ★ B は辞書・リストなど。
390 look A over	A(書類など)に目を通す☞ p.236 同単？ = examine A
391 look through A	A(望遠鏡など)をのぞく， A に目を通す= examine A ★欲しい情報を見つけるため。

The police are looking into the case.
(警察はその問題**を調査している**。)

Why don't you look it up in the phone book?
(電話帳でそれ**を調べ**たらどうですか。)

I looked over the documents on the desk.
(私は机の上の書類に目を通した。)

She looked through the newspaper for a job.
(彼女は仕事を探して新聞に目を通した。)

4 「〜に見える」の look

392 A look like B	A は B のように見える，似ている
393 look alike	似ている，そっくりに見える
394 look as if [though] 〜	まるで〜かのようだ

★普通 look as if 〜の as if 節中は，look と同時のことで事実と異なると思っていれば仮定法過去形を，look より以前のことなら仮定法過去完了形を用いる。

That rock looks like a human face.
(その岩は人間の顔のように見える。)

Some twins look alike.
(そっくりに見える双子もいる。)

He looked as if he had seen a ghost.
(彼はまるで幽霊を見たかのようだった。)

5 「会う」の see

395 See you (later).	じゃあまた，さようなら
396 see much of A	A(人)にしばしば会う ☞ p.251 ★否定・疑問文で。
397 see A off	A を見送る＝ send A off

★ See you (later). は，あいさつとして用いられ，I'll be seeing you. という言い方もある。see much of A については，☞ p.251《動詞＋量の言葉》参照。

I have to be going now. See you later.
(もう行かなければ。じゃあまた。)

Do you see much of him?
(彼によく会いますか。)

Will you be at the station to see him off?
(駅に彼を送りに行きますか。)

6 「考える・わかる」の see, look

398	see A as B	A を B(名・形)とみなす ☞ p.206
399	look upon [on] A as B	A を B(名・形)とみなす ☞ p.207
400	seeing that ~	~を考えると、~だから

Her father saw Harry as a man who couldn't make a living.
(彼女の父は、ハリーを生計をたてられない男だとみなした。)

We looked upon Mr. King as our leader.
(私達はキング氏を指導者とみなしていた。)

Seeing that she is old enough to get married, I don't see how you can stop her.
(彼女が結婚するには十分の年だということを考えると、彼女をとめる方法はないと思う。)

◀関連表現▶

401	you see	ご承知のとおり、いいですか
402	Let me see.	ええっと、そうですね (⇐私に考えさせて)

You see, he is a good baseball player.
(ご承知のように、彼は野球が上手だ。)

"Who is the man sitting next to her?"
"Let me see ... I think he is Mr. Ford."
(「彼女の隣に座っている人は誰ですか。」「ええっと、フォード氏だと思います。」)

7 「気を配る」の see, look, watch

403 see <u>to</u> A	A(人)の世話をする, A(仕事など)を取りはからう
404 see <u>to it</u> that ~	~するように取りはからう, ~するよう気をつける

★前置詞の直後に that 節を置けないので，it が必要だ。

John is seeing to the arrangements for the meeting.
(ジョンは今，その会合のための準備**を整えています**。)

You must see to it that the children get up in time.
(子供達が時間に間に合うように起きるよう，**気をつけ**なければいけません。)

◀関連表現▶

405 look after A	A のめんどうをみる
	〔同熟?〕 = take care of A
406 look out (for A)	①(Look out! で)気をつけろ！ ②(A に)気をつける ☞ p.152
407 watch out (for A)	①(A を)警戒する,(A に)注意する ☞ p.152 ②(Watch out! で)気をつけろ！
408 watch one's step	足元に気をつける

★ watch one's tongue [language]「言葉に気をつける」という表現もある。

Let's ask the neighbors to look after the dog while we are away.
(留守の間，犬**の世話をする**ように，近所の人に頼もう。)

You should look out for cars when you cross the street.
(道を横断する際には車**に気をつける**べきだ。)

You must always watch out for the traffic.
(常に交通**に注意し**なければならない。)

8 hear のイディオム

409 hear of A	A のことを耳にする ☞ p.184
410 hear from A	A から便り [手紙・電話] をもらう ☞ p.190

I have never heard of that singer.
(私は以前にその歌手**のことを耳にした**ことはない。)

If you hear from Jenny, could you tell her I'd like to see her?
(ジェニー**から知らせがあった**ら，彼女に会いたいと伝えてもらえますか。)

9 feel のイディオム

411 feel like Ving	V したい気がする
412 feel (sorry) for A	A に同情する
413 feel free to V	遠慮せず V する，自由に V する ☞ p.271

She felt like giving up the plan.
(彼女はその計画をあきらめ**たい気がした**。)

I feel sorry for his family.
(私は彼の家族**に同情する**。)

Please feel free to come to my office.
(**遠慮しないで**私のオフィスに来てください。)

◀関連表現▶

414 feel one's way	手探りで進む ☞ p.266 《動詞＋ way》

> ミニ・レクチャー

◆感覚動詞は同時体験

a) I heard that she came here.
（彼女が来たと聞いた。）

b) I heard her come here.
（彼女が来るのが聞こえた。）

a)は，誰かから「彼女が来る」という情報を聞いたということで，b)は自分の耳で彼女の足音などを直接聞いたということである。b)のように直接的な体験を表す感覚動詞(see, hear, feel など)は，VOC の文型をとり，C に原形の動詞(be, do など)，分詞(Ving, Ved)を置くことができる。

c) I heard her singing a song.（私は彼女が歌っているのを聞いた。）

VOC で使う感覚動詞は，必ず OC で起こったこと(彼女が歌を歌っていること)と感覚を体験すること(それを聞くこと)が同時でなければならないから，この文型では，C に完了形の分詞は使えない。(完了形を用いると二つの出来事の時間的ずれを示すことになる。)

（×）I heard her having sung a song.

Chapter 11
「話す」のイディオム 27
~ say, speak, talk, tell ~

◆「話す」の動詞のイメージ

　speak, talk は話の内容よりも話し方を重視するから，話す内容を that 節の形で続けられない。一方，話の内容を重視する say, tell は後に that 節を置ける。

say ……… 「何かを言う」　内容重視なので，that 節などを伴うことが多い。
　　　　　　　　　　　　　　　　　　　　　　　　　　　○　say that ～

speak …… 「どのように言う」　話し方重視なので，副詞を伴うことが多い。
　　　　　　　　　　　　　　　　　　　　　　　　　　　×　speak that ～

He <u>spoke</u> <u>fluently</u>, but <u>said</u> <u>nothing</u> important.
（彼は**りゅうちょうに喋ったが**，大事なことは**何も言わなかった。**）

talk ……… speak とほぼ同意語。ただし，speak は 1 単語でも発すれば，speak したと言えるが，talk は speak より長い話をすることを表す。
　　　　　　　　　　　　　　　　　　　　　　　　　　　×　talk that ～

tell ……… 「誰かに告げる」　相手に情報を伝えることを重視。普通，「tell 人 that ～」のように伝える相手を表す語を伴う。相手を示さない場合は，tell that ～とせず，say that ～とする。　　○　tell 人 that ～

John <u>told</u> <u>me</u> <u>that</u> she was very pretty.
（彼女がとてもかわいいと，ジョンは**私に言った。**）

★ say は，「say to 人」の形はあるが，普通，「say to 人 that ～」とは言わず，「tell 人 that ～」とする。

cf.　say　　　　
　　　speak　＋ <u>to</u> 人　　　　　　tell ＋人
　　　talk　　　

★ただし，熟語の中には，「talk 人 into Ving」のように，上とは異なる用法もあるので注意。

基本動詞

「話す」のイディオム

1 say —— 言う内容を重視

415 It goes without saying that ~	~は言うまでもない
416 needless to say	言うまでもなく，もちろん
417 that is (to say)	すなわち，言い換えれば

★ needless to say は，しばしば文頭で使い，It goes without saying that ~と同意。

It goes without saying that health is more important than wealth.
= Needless to say, health is more important than wealth.
（健康が財産より大切である**は言うまでもない**。）

He got married last Sunday, that is (to say), June 7.
（彼はこの前の日曜日，**つまり** 6月7日に結婚した。）

◀関連表現▶

418 not to mention A	A は言うまでもなく
419 to say nothing of A	A は言うまでもなく
420 not to speak of A	A は言うまでもなく ☞ p.184

★この3つの熟語は同じ意味で言い換え可能。

He can speak Spanish, not to mention English.
= He can speak Spanish, to say nothing of English.
（彼は英語**は言うまでもなく**スペイン語も話せる。）

421 What do you say to Ving?	V してはいかがですか。☞ p.268
422 It is not too much to say that ~	~と言っても言い過ぎではない

What do you say to going for a drive?
（ドライブに行**きませんか**。）

423 to say the least (of it)	控え目に言っても

He is impolite, to say the least.
（彼は**控え目に言っても**無礼だ。）

2 speak —— 語り方を重視

424 speak **well of** A	A をほめる☞ p.184
	= **speak highly of** A
425 speak **ill of** A	A について悪口を言う☞ p.184
426 **generally** speaking	一般的に言えば

★ speak はどんな話し方をするかを表す時によく使うので，副詞(句)を伴うことが多い。

★ここの speak はすべて自動詞だ。

He always spoke well of you.
(彼はいつもあなたのこと**をほめていた**。)

He spoke ill of her.
(彼は彼女**の悪口を言った**。)

Generally speaking, we had mild weather last year.
(**一般的に言って**去年は穏やかな気候だった。)

◀関連表現▶

427 **so** to speak	言わば
428 **so** to say	言わば= **as it were**
429 speaking **of** A	A のことと言えば ★普通，文頭で。
430 speak **of** A	A について話す= **mention** A
431 speak **out**	思い切って言う，はっきり言う

He is, so to speak, a sort of Japanese Charlie Chaplin.
(彼は**言わば**日本のチャーリー・チャップリンだ。)

Speaking of money, did you get your salary this month?
(お金**のことと言えば**，今月あなたは給料をもらいましたか。)

The poet began to speak of his life and work.
(その詩人は，自分の人生と作品**について話し**始めた。)

She spoke out as a citizen.
(彼女は市民として，**思い切って言った**。)

3 talk「話をする」

432 talk A over [同単?]	A についてくわしく話し合う ☞ p.236 = discuss A
433 talk to [with] A	A と話をする

He talked the matter over with his father.
(彼はお父さんと，そのこと**について話し合った**。)

She often talked to him about her son.
(彼女はしばしば息子について彼**に話をした**。)

★ talk は普通，自動詞なので，talk him とはしない。(talk to him が正しい。) しかし，talk A over の talk は例外的に他動詞だし，下のように人を目的語にとる talk の熟語もまれにあるので注意が必要だ。

◀関連表現▶

434 talk A into Ving	A を説得して V させる ☞ p.210
435 talk A out of Ving	A を説得して V をやめさせる

He talked her into accepting his present.
(彼は彼女**を説得して**プレゼントを受け取**らせた**。)

Bill talked Jack out of staying home.
(ビルはジャック**を説得して**家にいるの**をやめさせた**。)

4 tell「〈人に〉伝える」

436 tell a story [a tale]	話をする
437 tell a joke	冗談を言う
438 tell a lie	うそをつく
439 To tell the truth	実を言うと

★ tell は「言う・伝える」の意味では，tell him that 〜のように，普通，誰に言うか相手を明らかにするのが特徴だ。しかし，上の表現では，単に tell the truth として相手を示さなくてもよい。(ただし，that 節なら，tell ＋人＋ that 〜と人が必要。)

She has the ability to tell a story clearly.
(彼女は明快に**話をする**能力がある。)

He kept on telling stupid jokes.
(彼はつまらない**冗談を言い**続けた。)

Tom is too honest a boy to tell a lie.
(トムはとても正直だから**嘘をつか**ない。)

To tell the truth, I didn't understand what he was saying.
(**実を言うと**，彼が何を言っているのかわからなかった。)

◀ 関連表現 ▶

440 can tell A from B	A と B とを区別できる ☞ p.187
441 can tell A apart	A を区別できる

★ tell には「わかる」という意味がある。

Can you tell a goose from a duck?
(ガチョウとアヒル**の区別がつき**ますか。)

Bees can tell colors apart.
(ミツバチは色**を識別できる**。)

Chapter 12

動詞の重要表現 **67**
~ turn, fall, run など~

1 変化を表す turn

442 turn pale	青ざめる
443 A turn into B	A が B に変わる
444 turn A into B	A を B に変える

He turned pale with fear.
(彼は恐怖で**青ざめた**。)

Ice turned into water.
(氷が水**に変わった**。)

Heat turns ice into water.
(熱が氷**を**水**に変える**。)

◀関連表現▶
◆ 「つける・消す」の turn

445 turn A on	A(ガス・明かりなど)をつける 　　　　　　⇔ turn A off, turn A out 〔反熟？〕
446 turn A off	A(電灯・ガスなど)を消す ☞ p.233 ★明かり・テレビ・シャワーなど。
447 turn A out	A を消す ☞ p.222 ★明かり・ガスをスイッチで。
448 turn A up	A の音・出力を上げる ☞ p.226
449 turn A down 〔同単？〕	① A(提案・人)を拒絶する ＝ reject A ② A の音・出力を下げる ☞ p.234

Do you mind if I <u>turn on</u> the TV?
(テレビ**をつけて**もいいですか。)

The light is on. Shall I <u>turn</u> it <u>off</u> or leave it on?
(明かりがついている。**消そうか**それともつけておこうか。)

He <u>turned out</u> the light before going to bed.
(彼は寝る前に明かり**を消した**。)

Please <u>turn</u> the radio <u>up</u>. I'd like to hear the news.
(ラジオの音**を大きくして**ください、ニュースを聞きたいので。)

Would you <u>turn down</u> the stereo a little?
(少しステレオの音**を小さくして**ください。)

I can't understand why John <u>turned down</u> a job as good as that.
(なぜジョンがあんないい仕事**を断った**のかわからない。)

2 出現の turn

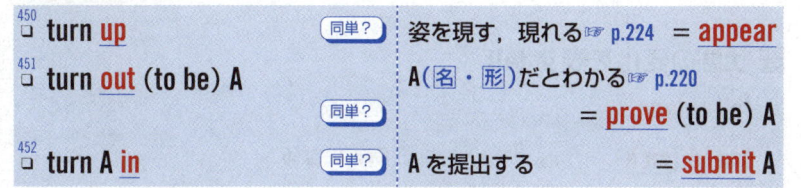

450 **turn up**	同単?	姿を現す、現れる☞ p.224	= **appear**
451 **turn out (to be) A**	同単?	A(名・形)だとわかる☞ p.220 = **prove** (to be) A	
452 **turn A in**	同単?	A を提出する	= **submit** A

We arranged to meet at the cinema, but he didn't <u>turn up</u>.
(私達は映画館で会うことになっていたが、彼は**現れ**なかった。)

Surprisingly enough, he <u>turned out to be</u> a thief.
(驚いたことに、彼が泥棒だ**ということが判明した**。)

We should <u>turn</u> our papers <u>in</u> today.
(私達は今日レポート**を提出し**なければならない。)

3 「向きを変える」の turn

453 turn A upside down	A をひっくり返す
454 turn to A (for B)	①(B を求めて)A に頼る ② A の方を向く ☞ p.165

He'll turn the theater world upside down.
(彼は演劇界**をひっくり返す**だろう。)

People can turn to the law if they want to correct an injustice.
(不正を正したいとき，人は法律**に頼る**。)

◀関連表現▶

455 turn A inside out	A を裏返す
456 turn one's back on A	A にそっぽを向く

John turned his back on his mother when she needed his help.
(ジョンは母親が助けを必要としているときに**そっぽを向いた**。)

4 状態の変化を表す fall

457 fall asleep	寝入る
458 fall ill [sick]	病気になる
459 fall in love with A	A に恋する，ほれる ☞ p.128

★ここの fall は文字通り「落ちる」という意味ではなく，「(ある状態に)なる」という意味。

I fell asleep as soon as my head hit the pillow.
(私は頭を枕にのせるとすぐに**寝入った**。)

As he fell ill frequently, he had to give up his job.
(彼はしばしば**病気になる**ので，仕事をやめざるをえなかった。)

He fell in love with a French woman.
（彼はフランス人の女性に恋をした。）

◀関連表現▶

460 fall behind (A)	(Aに)遅れる
461 fall victim [prey] to A	Aの犠牲[えじき]になる☞ p.171

The project fell behind schedule.
（その計画は予定より遅れた。）

She fell victim to Alzheimer's disease.
（彼女はアルツハイマー病の犠牲になった。）

462 fall short of A	A(目標など)に達しない☞ p.179
463 fall on A	(記念日などが) A(曜日)にあたる

5 状態の変化を表す run

464 A run out	A(時間・燃料)がなくなる☞ p.221
465 run out of A	Aを切らす

When will oil and gas run out on earth?
（地球の石油とガスはいつなくなるだろうか。）

I couldn't meet him at the station because my car ran out of gas.
（車が燃料を切らしたから彼に駅で会うことはできなかった。）

◀関連表現▶

466 A run short	Aが不足する
467 run short of A	Aを切らす

6 「出会い」の run

468 run across A　　　　　　　[同熟?]	A(人)に偶然出会う = come across A
469 run into A	① A(問題・状況など)にぶつかる ② A に偶然出会う ☞ p.211

I ran across an old friend on my way to Paris.
(パリへ行く途中, 私は旧友に**偶然会った**。)

He ran into difficulties.
(彼は困難**にぶつかった**。)

◀関連表現▶

470 run over A	(人・車が)A をひく
471 run the risk of Ving [名]	V する危険をおかす, V する覚悟でやる

The bus ran over the dog.
(バスが犬**をひいた**。)

I don't want to run the risk of losing my job.
(私は仕事を失う**危険をおかし**たくない。)

7 call, drop のイディオム

472 call A off	A を中止する, 取り消す ☞ p.233
473 call A up	A を電話で呼び出す, A に電話する ☞ p.225
474 call for A　　　　　　　[同単?]	① A を要求する　　= demand A ② A(人)を誘いに行く ☞ p.153

We'll have to call off the tennis match.
(テニスの試合**を中止し**なければならない。)

Mr. Smith called you up while you were away.
(スミス氏があなたの留守中に**電話をかけてきた**。)

The situation calls for cool judgement.
(状況は冷静な判断**を必要とする**。)

◀関連表現▶

475 **what we [they, you] call A**	いわゆる A
476 **what is called A**	いわゆる A

He's suffering from what we call dry eye syndrome.
= He's suffering from what is called dry eye syndrome.
(彼は**いわゆる**ドライアイを患っている。)

477 **call on A**	A(人)を訪問する = visit A
478 **call at A**	A(場所)を訪問する = visit A

The grocer calls on us every Monday.
(食料品屋は，毎週月曜日に我々**を訪ねて**くれます。)

479 **drop in at A**	A(場所)に立ち寄る
480 **drop in on A**	A(人)をちょっと訪れる

She dropped in at my office.
(彼女は私のオフィス**に立ち寄った**。)

8 catch のイディオム

481 **catch A Ving**	A が V しているのを見つける
482 **catch sight of A**	A を見つける ☞ p.182 = see A, find A
483 **catch up with A**	A に追いつく

動詞の重要表現

★ catch の基本義は「とらえる」だ。視界にとらえる，考えをとらえる，と広がっていく。
★ catch A Ving は普通，悪いことをしているのを見つけるという意味で，実際につかまえたかどうかは不明。

I caught him sleeping at work.
（私は彼が仕事中に眠っている**のを見つけた**。）

She caught sight of a boat in the distance.
（彼女は遠くにボート**を見つけた**。）

At last I caught up with my friends.
（ついに私は友達**に追いついた**。）

◀関連表現▶

484 □ be caught in A	A(悪天候・災難)にあう ☞ p.140
485 □ catch fire	火がつく，燃え上がる

Yesterday I was caught in a shower on my way home.
（私は昨日，帰り道でにわか雨**にあった**。）

Do not stand too close to that stove. Your clothes may catch fire.
（その暖炉に近づきすぎないようにね。服**に火がつく**かもしれないから。）

9 「放っておく」の let, leave のイディオム

486 □ leave [let] A alone	A をそのままにしておく
487 □ let alone A*	ましてや A はない

＊普通，否定文の後に用いる。前に述べている容易なことさえできないので，当然，後のこともできないという場面で使う。

Please go away and leave me alone.
（あっちへ行って私のこと**を放っておいて**ください。）

Please <u>let</u> my things <u>alone</u>.
(私の持ち物**に触らない**でください。)

She doesn't even speak her own language well, <u>let alone</u> French.
(彼女は自分の国の言葉さえろくに話せない。**ましてや**フランス語などでき**ない**。)

◀関連表現▶

488 <u>let go of</u> A	A を放す，離す ☞ p.17, 65, 183
同単？	= let A go = <u>release</u> A
489 <u>let A be</u>	A をそのままにしておく
490 <u>let A down</u>	A を失望させる ☞ p.234
同単？	= <u>disappoint</u> A

Don't <u>let</u> me <u>down</u>.
(私**をがっかりさせ**ないで。)

10 「突然〜する」 突然の行為を表す break

491 <u>break into</u> A *	① A (家・ネットワークなど)に侵入する ② 突然 A (行為)をし始める ☞ p.211
492 <u>break out</u> *	(火事・戦争などが)急に起こる ☞ p.219

★ break の基本義は「突然こわす・こわれる」ということである。特に「突然」というところに注意。

* break into A「突然 A をし始める」の A には，a smile, tears など行為を表す名詞がくる。
* break out の主語には，普通，戦争・嵐・火災など良くないことを表す言葉がくる。☞ p.105《「起こる」のイディオム》

When I told him the news, he <u>broke into tears</u>.
(彼にその知らせを告げると，彼は**突然泣いた**。)

World War Ⅱ <u>broke out</u> in 1939.
(第二次世界大戦は 1939 年に**起こった**。)

◀関連表現▶

493 break <u>up</u>	ばらばらになる， (恋人・夫婦などが)別れる☞ p.227
494 break (A) <u>off</u>	A(会話など)を打ち切る， A(関係など)を絶つ☞ p.233
495 break <u>in</u>	横から口をはさむ， (盗みのため)押し入る

My boyfriend and I broke up three weeks ago.
(私は恋人と 3 週間前に**別れた**。)

I don't know how to break off the relationship.
(どうやってその関係**を絶て**ばよいかわからない。)

While we were talking, he broke in.
(私達が喋っていると彼が**横から口をはさんだ**。)

11 前置詞違いで大違い！

496 A result <u>from</u> B	A(結果)が B(原因)から起こる☞ p.190
497 B result <u>in</u> A	B が結果として A になる☞ p.139 = B end in A

Our success resulted from your efforts.
= Your efforts resulted in our success.
(あなたの努力**によって**私たちは成功した。)

◀その他の表現▶

498 apply <u>to</u> A	①Aに当てはまる ②A(会社・学校など) に応募・志願する☞ p.167
499 apply <u>for</u> A	Aに申し込む， Aを求めて応募する☞ p.154

The theory you proposed applies to this case.
(君が提案した理論はこの場合に**当てはまる**。)

You should apply for that post.
(あなたはあの勤め口**に申し込む**べきだ。)

500 care **about** A	① A(人・事)を心配する ② A を気にする，A に関心を持つ
501 care **for** A	① A(人・もの)の世話をする = take care of A ② A を好む ★②は，否定・疑問文・条件節で使う。
502 Would you care **for** A?	A が欲しいですか，A はいかがですか。 ★ Would you を省略することもある。

He really cared about me.
(彼は本当に私**の心配をして**くれた。)

They have to care for their children.
(彼らは子供**の世話をし**なければならない。)

Would you care for some tea?
(お茶**はいかがですか**。)

503 consist **of** A	A で構成されている ☞ p.179
504 consist **in** A	A(抽象名詞)に存在する ☞ p.139 = lie in A

My team consists of seven girls.
(私のチームは7人の女の子**からできています**。)

Beauty consists in proportion.
(美は均衡**にある**。)

基本動詞

動詞の重要表現 103

505 deal with A	A(事柄)を処理する，扱う ☞ p.193
506 deal in A	A(商品・問題)を扱う

The book deals with air pollution.
(その本は大気汚染**を取り扱っている**。)

That store deals in meat and fish.
(あの店では肉と魚**を売っている**。)

507 wait for A	A を待つ
508 wait on A	A に仕える，給仕する

He kept waiting for her.
(彼は彼女**を待ち**つづけた。)

He waited on customers.
(彼はお客に**給仕した**。)

Chapter 13
意味でまとめるイディオム 21

1 「起こる」のイディオム

509 happen to A		Aに起こる，ふりかかる
510 become of A	同熟?	Aに起こる　　　　= happen to A ★普通，what と共に使う。
511 take place		行われる，起こる

★普通，happen は「偶然起こる」ときに用い，take place は「予定・予想されていたことが行われる」ときに用いられる。

Something must have <u>happened to</u> her yesterday.
(昨日彼女の身に何か**起こった**にちがいない。)

No one knows <u>what</u> has <u>become of</u> him.
(彼が**どうなったか**，誰も知らない。)

When was it that the meeting <u>took place</u>?
(その会議はいつ**開かれた**のか。)

◀関連表現▶

512 **break** out		(火事・戦争などが)急に起こる☞ p.219
513 **come** about	同単?	生じる，起こる☞ p.4　　= **happen**
514 **coincide** with A		Aと同時に起こる， Aと一致する☞ p.195

☞ p.101《突然の行為を表す break》, p.4《出現の come と bring》

World War Ⅱ <u>broke out</u> in 1939.
(第二次世界大戦は 1939 年に**起こった**。)

The date <u>coincides with</u> my birthday.
(その日付は私の誕生日に**一致する**。)

2 「思いつく」のイディオム

515 occur to A	A に起こる，(考えなどが)ふと A(人)の頭に浮かぶ
516 hit on [upon] A	(人が)A を思いつく，偶然みつける
517 dawn on [upon] A	(物事が)A(人・心)にわかりはじめる

A good idea occurred to him.
= He hit on a good idea.
（彼はいい考え**を思いついた**。）

It slowly dawned on me that he would not help.
（徐々に，彼は手伝ってくれないということが**わかりはじめた**。）

3 「好き嫌い」のイディオム

518 be fond of A	A を好む ☞ p.181 = like A
519 prefer A to B	B より A を好む ☞ p.171 ★ A B 共に名詞・動名詞。

I'm more fond of coffee than hot chocolate.
= I prefer coffee to hot chocolate.
（私はホット・チョコレート**より**コーヒー**が好きだ**。）

◀関連表現▶

520 would rather V_1 (than V_2)	(V_2 するより)V_1 したい ☞ p.280
521 prefer to V_1 rather than V_2	V_2 するより V_1 したい

★ would rather は，would rather (that)～(仮定法)の形も多い。

I would rather go there than go to Disneyland.
（ディズニーランド**よりも**そこへ行き**たい**。）

I'd rather you went there, instead of John.
（ジョンの代わりに君にそこへ行って**もらいたい**。）

Children prefer to be with another child rather than be left alone.
(子供は，ひとりにされる**より**，他の子と一緒にいること**を好む**。)

4 「自慢する」のイディオム

522 pride oneself on A	A を自慢する，誇る ☞ p.111
523 take pride in A	A を誇りにする ☞ p.45
524 be proud of A	A を自慢に思う ☞ p.181
525 boast of [about] A	A を自慢する ☞ p.109, 182

★ pride oneself on A は，世間もそのことを知っているような時によく使われる。
take pride in A は，A のことで喜んでいる時によく使われる。

The restaurant prides itself on its French cuisine.
(そのレストランは，フランス料理**を自慢にしている**。)

I take pride in the success of my children.
(私は子供達の成功**を誇りに思う**。)

He is proud of being punctual.
(彼は時間に正確なこと**を誇りに思っている**。)

He boasted of his skill.
(彼は自分の技**を自慢した**。)

5 「責める」のイディオム

526 accuse A of B	B のことで A を非難 [告訴] する ☞ p.184
527 blame A for B	B のことで A を責める，B を A のせいにする ☞ p.155 = blame B on A
528 be charged with A	① A(罪)で告訴される ② A(責任など)を課される ☞ p.199

意味でまとめるイディオム

★ charge は，受動態で使う方が多い。

The coach accused us of not doing our best.
（コーチは我々が最善をつくさないこと**を責めた**。）

Mary blamed Jack for causing the accident.
（メアリーは事故を起こしたことでジャック**を責めた**。）

He is now being charged with murder.
（彼は今，殺人**で起訴されている**。）

◀関連表現▶

529 (be) to blame for A	A に対して責任がある，責めを負う ☞ p.159

He is to blame for the failure.
（彼はその失敗**に対して責任がある**。）

Chapter 14
動詞の語法整理 32

1 動詞 + that 節

530 **insist on** A	A を主張する ☞ p.121
531 **insist that** 〜	〜だと主張する

★普通，接続詞 that の前に前置詞を置くことはできないから，insist on that 〜 とはならず insist that 〜となる。(☞ p.76)

He insisted on my paying back the money.
= He insisted that I should pay back the money.
(彼は私が借りたお金を返すよう**主張した**。)

◀関連表現▶
★次の表現も動詞の後に that 節を置くとき，前置詞は不要。

532 **convince** A **of** B	A に B を信じさせる ☞ p.183
533 **convince** A **that** 〜	A に〜を信じさせる
534 **inform** A **of** B	A に B を知らせる ☞ p.183
535 **inform** A **that** 〜	A に〜を知らせる
536 **boast of** [**about**] A	A を自慢する ☞ p.107, 182
537 **boast that** 〜	〜だと自慢する
538 **complain of** [**about**] A	A について不平を言う
539 **complain that** 〜	〜だと不平を言う

I tried to convince him of her guilt.
= I tried to convince him that she was guilty.
(私は彼女が有罪だと彼**に信じさせ**ようとした。)

She informed us of his arrival.
= She informed us that he had arrived.
(彼女は彼の到着を我々に**知らせた**。)

He boasts of his fame.
= He boasts that he is famous.
(彼は自分が有名だ**と自慢する**。)

He always complains of the noise on the street.
(彼はいつも道の騒音**について文句を言っている**。)

The players complained that the ball was hard to see.
(選手達はボールが見えにくい**と不平を言った**。)

2 動詞＋ Ving ／ to V

540 remember Ving	V したことを覚えている
541 remember to V	忘れずに V する

★動名詞を用いると「(すでに)〜したこと」の意味になり，不定詞を用いると「(これから)〜すること」の意味になることに注意。

I remember mailing your letter.
(私はあなたの手紙を出し**たことを覚えている**。)

Please remember to mail the letter.
(**忘れずに手紙を出してください**。)

◀関連表現▶

542 regret Ving	V したことを後悔する
543 regret to V	残念ながら V する ＝ be sorry to V

★ regret は，regret Ving も regret having Ved もある。regret to V の V には say, find など限られた動詞しか使わない。

I regret that I didn't work harder.
= I regret not having worked harder.
（もっと一生懸命働けばよかったと後悔している。）

I regret to say that he couldn't come.
（**残念ながら**，彼は来られないのです。）

544 forget Ving	V したことを忘れる
545 forget to V	V し忘れる
546 try Ving	試しに V してみる
547 try to V	V しようとする

★ try Ving は V したことになるが，try to V は「V しようとする」だけで，実際に V したかどうかは不明。

I'll never forget meeting her at the conference.
（会議で彼女に会っ**たことを忘れる**ことはないだろう。）

I forgot to see her yesterday.
（私は昨日彼女に会う**のを忘れた**。）

He tried writing her a letter.
（彼は**試しに**，彼女に手紙を書い**てみた**。）

He tried to write her a letter.
（彼は彼女に手紙を書こう**とした**。）

3 他動詞＋ oneself

548 enjoy oneself	楽しくすごす
549 pride oneself on A	A を自慢する，誇る ☞ p.107
550 help oneself to A	A を自分で取って食べる

★ enjoy は普通，他動詞であることに注意。

動詞の語法整理 ● 111

(×) Did you <u>enjoy</u> at the party? ⇨ (○) Did you enjoy yourself at the party?

★ V + oneself で，全体として自動詞のような意味になる。たとえば，dress oneself は「自分に服を着せる」⇒「服を着る」となる。dress oneself は動作を表すが，be dressed「服を着ている」は状態を表す。

She <u>enjoyed herself</u> at the party yesterday.
（昨日彼女はパーティーで**楽しんだ**。）

Here's your coffee. <u>Help yourself to</u> cream and sugar.
（コーヒーですよ。クリームと砂糖は**自分で取って**ください。）

◀関連表現▶

551 <u>present</u> oneself	現れる，出席する＝ appear
552 <u>seat</u> oneself	座る

★ seat は，be seated「(人が)座っている」（状態）の方が，よく使われる。

I will <u>present myself</u> at the meeting.
（私はその会に**出席する**つもりだ。）

553 <u>adapt</u> (oneself) <u>to</u> A	A に適応する ☞ p.167
554 <u>apply</u> oneself <u>to</u> A	A に専念する ☞ p.167
555 <u>de</u>vote oneself <u>to</u> A	A(仕事など)に身をささげる，専念する ☞ p.167
556 <u>avail</u> oneself <u>of</u> A	A(機会など)を利用する ☞ p.182

Plants <u>adapt themselves to</u> conditions.
（植物は状況**に適応する**。）

The mother <u>devoted herself to</u> car<u>ing</u> for her sick child.
（母親は病気の子供の世話を**するのに専念した**。）

4 V + O + 前置詞 + O の一部

557 hit A **on** the B	A の B(体の一部)をなぐる
558 look A **in** the eye	A の目をまともに見る☞ p.82, 259
559 catch A **by** the B	A の B(体の一部)をつかむ

★「つかむ」の動詞とは by,「たたく」の動詞とは on,「見る」の動詞とは in を使う(☞ p.82)。上の形では，B の前に所有格を使わない。

He hit me on the head.
(彼は私の頭**をたたいた。**)

She looked me in the eye.
(彼女は私**の目を見た。**)

The boy caught the dog by the tail.
(その少年はその犬の尾**をつかんだ。**)

◀関連表現▶

560 take A **by** the B	A の B(体の一部)をつかむ
561 pat A **on** the B	A の B(体の一部)を軽くたたく

He took her by the arm.
(彼は彼女の腕**をつかんだ。**)

I felt somebody pat me on the shoulder.
(誰かが私の肩**を軽くたたいた**のを感じた。)

ミニ・レクチャー

◆自動詞と他動詞
直接に目的語をとれる動詞を他動詞といい、前置詞の助けを必要とするものを自動詞という。

- 他動詞 —— bring, take, discuss, etc.
- 自動詞 —— come, go, talk, etc.

ただし、ある動詞が自動詞か他動詞かは固定的に決まっているとはかぎらない。たとえば、make は普通他動詞だが、「進む」という意味では自動詞だ。(☞ p.62)

◆他動詞と間違えやすい自動詞
arrive at A「Aに到着する」　　apologize to A「Aに謝る」
compete with A「Aと競争する」　start from A「Aから出発する」
object to A「Aに反対する」　　graduate from A「Aを卒業する」

これらの動詞は自動詞なので、後に名詞を置くときには前置詞が必要である。

- × He apologized her for being late.
- ○ He apologized to her for being late.
  （彼は彼女に遅れたことを謝った。）

ただし、start は「出発する」の意味では自動詞だが、「～を始める」の意味では他動詞で、目的語を必要とする。

◆自動詞と間違えやすい他動詞
accompany (について行く)　　approach (に近付く)
discuss (を論じる)　　　　　 leave (を去る)
marry (と結婚する)　　　　　 mention (について言う)
obey (に従う)　　　　　　　　resemble (に似ている)
enter (に入る)　　　　　　　 consider (について考える)

上の動詞は、（　）内の意味で使うときは他動詞なので、すぐ後に名詞を置く。「に」「と」という日本語につられて、to, with などを使ってはならない。下の例はセンターから最難関大まで頻出！

- × I discussed about the matter with him.
- ○ I discussed the matter with him.
  （私は彼とそのことについて議論した。）

前置詞でつかむイディオム

Part 2

Chapter 1

on でつかむイディオム 74

◆ on のイメージ

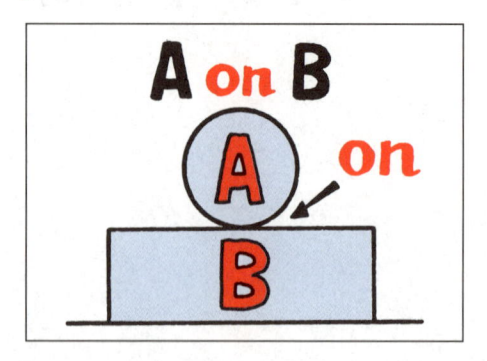

onの意味の中核にあるのは「接触」だ。接触する位置はかならずしも上面でなくてもよい。また，接触部分も面とは限らない。次の文を考えよう。

a) There is a fly <u>on</u> the ceiling.
b) She has a ring <u>on</u> her finger.
c) London is <u>on</u> the Thames.
d) I saw the girl <u>on</u> the bus.

a) では，ハエがいるのは天井の下面であり，b) では指輪は彼女の指のまわりに接している。c) は「ロンドンはテムズのほとりにある」という意味で，ロンドンとテムズ川は川岸つまり線で接している。d) を読んでバスの屋根にしがみついている女性を想像する人は少ない。「on ＋乗り物」の場合，人が接しているのは普通乗り物の中の床板だ。その証拠に，床板らしきものがない car, taxi などには in を用い，on は用いない。bus, train などには on が普通だ。

このように on はさまざまな接触関係をカバーするが，「接触」の意味を保ちつつ，時間へ，そしてさらに抽象的意味へと守備範囲を広げていく。

◆イメージをひろげよう！
on の意味の世界をマンガチックに描いてみた。

イボイノシシの背中にカラスがとまっている（「接触」）。
あ，カラスがイノシシの背中を突いた！（「影響・行為・攻撃の対象」）
その「瞬間」，イノシシは悲鳴を上げて走り出す。
イノシシが走れば，背中のカラスはレース気分。（「活動状態」）
カラスはイノシシに「依存」して楽しく暮らしたとさ。

1 「〜に頼って」 依存の on

562	**depend** on A	A に頼る，A しだいだ ☞ p.154
563	**rely** on A	A に頼る，A をあてにする
564	**count** on A	A に頼る，A をあてにする

★赤ちゃんがお母さんにおんぶされているイメージだ。

The future of Japan depends on the young people of today.
（日本の将来は今日の若者**しだいだ**。）

The old man has no relatives to rely on.
（その老人は**頼る**親せきがいない。）

You can count on him to tell the truth.
（彼が本当のことを言うと**期待して**よい。）

◀関連表現▶

565 live on A	A(食物・金など)に頼って生きる
566 feed on A	(動物が)A を食べて生きる

What will you live on while you're there?
(そこにいる間，何に頼って暮らすのか。)

567 (be) dependent on A 〔反熟？〕	A に依存している ⇔ be independent of A 「A から独立している」☞ p.179
568 rest on A	① A に頼る　② A に基づく
569 fall back on A	(いざというとき)A に頼る
570 on foot	徒歩で，歩いて(⇐足に頼って)☞ p.261
571 on one's own	独立して，一人で(⇐自分に頼って) = by oneself

She doesn't want to be dependent on her parents.
(彼女は親に頼りたくない。)

〔応用〕
"It's on me." (それは僕のおごりだ。)

2 「～に基づいて」 基礎・根拠の on

572 (be) based on A	A に基づいている
573 on (the) condition that ～	～という条件で
574 on the grounds of A	A を理由に，A を根拠に

★依存の on の発展だ。議論が依存するものがすなわち根拠である。

The novel is based on a Greek myth.
(その小説はギリシャ神話に基づいている。)

I will lend you this book on condition that you keep it clean.
(きれいに使う**という条件で**この本を貸そう。)

His father resigned on the grounds of poor health.
(彼の父は健康がすぐれないこと**を理由に**辞職した。)

◀関連表現▶

575 on account of A		A により，A のために
	同熟?	= because of A
576 on purpose		わざと(←意図に基づいて)
	反熟?	⇔ by accident 「偶然に」 ☞ p.203
577 on second thought		考え直して(←二度目の考えに基づいて)
578 on (the) average		平均して(←平均に基づいて)

Jane left her coat in the locker on purpose.
(ジェーンは**わざと**ロッカーにコートを置いてきた。)

3 「〜に対して」 影響・行為・攻撃の対象を表す on

579 have (an) effect on A		A に影響[効果]を与える ☞ p.76
580 act on A		①A に作用する ②A に基づいて行動する
581 impose A on B		A(税・制限・罰など)を B に課する
582 look down on A		A を見下す，軽蔑する ☞ p.82
	同単?	= despise A
	反熟?	⇔ look up to A

★上に乗ったものが下のものに圧力を加えるというイメージから生まれた意味だ。

Weather has a powerful effect on people.
(天気は人間に強い**影響を与える**。)

Gravity acts on everything in the universe.
(重力は宇宙のすべてのもの**に作用する**。)

The king imposed a heavy tax on the people.
（王は人々に重税を課した。）

Many Westerners still look down on Asian countries.
（アジアの国を見下す西洋人はまだ多い。）

◀関連表現▶

583 □ **have** (an) **influence** on A	A に影響を与える ☞ p.76
584 □ **have** (an) **impact** on A	A に強い影響［衝撃］を与える
585 □ **make** an **impression** on A	A に印象を与える ☞ p.67
586 □ **get** on A's **nerves**	A の神経にさわる ☞ p.25
587 □ **blame** A on B	A を B のせいにする

His works had a profound influence on Japanese literature.
（彼の作品は日本文学に深い**影響を与えた**。）

cf. Japanese literature was under the influence of his works.
（日本文学は彼の作品に**影響を受けていた**。）

★ A have influence on B = B be under the influence of A となる。☞ p.211

The trip made a strong impression on him.
（その旅は彼に強い**印象を与えた**。）

588 □ **play** a joke [trick] **on** A	A をからかう，A にいたずらする
589 □ **work** on A	① A に取り組む ② A に作用する(まれ)
590 □ **operate** on A	A(人・患部)を手術する
591 □ **spend** A on B	A(金・時)を B に費やす
592 □ **waste** A on B	A(金・時)を B に浪費する

We are working on a big project.
（私たちは大きなプロジェクト**に取り組んでいる**。）

4 集中の on

593 **concentrate** on A	A に集中する
594 **focus** on A	A に集中する
595 **insist** on A	A を強く主張する，要求する☞ p.109
596 **dwell** on A	A について長々と述べる［考える］
597 **keep** an [one's] eye on A	A から目を離さない☞ p.29, 259

★「意識が集中して離れない」というニュアンスをもつものが多い。ここにも「接触」という基本義が生きている。

I tried to concentrate on reading.
（私は読書**に集中する**努力をした。）

Focus on what you can do today.
（今日できること**に集中しなさい**。）

He insisted on going there by himself.
（彼は一人でそこに行く**と言い張った**。）

In his speech he dwelt on the importance of education.
（彼は演説のなかで教育の大切さ**を長々と述べた**。）

Keep an eye on the baby while I am out.
（僕がいない間この赤ちゃん**から目を離さないで**。）

◀関連表現▶

598 (be) **keen** on A	A に熱中している，A が好きだ
599 (be) **hooked** on A *	A(人・もの)に夢中だ
600 (be) **intent** on A	A に熱心である
601 (be) **bent** on A [Ving]	A に熱心だ，V する決心だ
602 **reflect** on A	A をよく考える，反省する

＊ be hooked の原義は「つり針にひっかかっている」。

I'm not very keen on punk rock.
(パンク・ロックはあまり**好き**じゃない。)

603 look back on [over] A	A を回想する ☞ p.82

5 活動状態の on

604 (be) on a diet	ダイエットをしている
605 (be) on board	(乗り物に)乗っている
606 (be) on the air	放送されている

★エネルギーや努力を必要としたり，目的意識を伴う積極的活動状態，あるいは運動や変化が進行中であることを表すものが多い。状態を表す他の前置詞と比べよう。in(☞ p.127)，at(☞ p.146)，under(☞ p.211)

A: Why don't you go on a diet? B: I am on a diet.
(A: **ダイエットしたら**どうだ。 B: してるよ。)

★このように be の代わりに go を用いると，状態への移行を表せるものが多い。

The radio station came back on the air shortly after the storm.
(嵐のあと間もなくラジオは**放送**を再開した。)

◀関連表現▶

607 (be) on sale		(特価で)売られている	
608 (be) on duty	反熟?	勤務中である	⇔ off duty
609 (be) on one's guard	反熟?	用心している	⇔ off one's guard
610 (be) on strike		ストライキ中である	
611 (be) on vacation		休暇中で出かけている	
612 (be) on leave		休暇中である	
613 (be) on a trip		旅に出ている	

614 (be) on business	仕事で出かけている
615 (be) on the [one's] way	(どこかに行く)途中である ☞ p.265
616 (be) on good terms with A *	Aとよい関係にある

* good の他, friendly, bad なども用いる。

Armed guards were on duty in the garden of the mansion.
(武装した護衛が邸宅の庭で**任務についていた**。)

Are you here on business or for pleasure?
(ここに来たのは**仕事**ですか遊びでですか。)

We have always been on good terms with our neighbors.
(私達は隣人達とずっと**うまくやってきた**。)

★ go on a A の形で「A に出かける」という意味になるものが多い。☞ p.16

617 go on a trip	旅に出る
618 go on a picnic	ピクニックに行く

Let's go on a picnic to [at] the lake.
(湖へ**ピクニックに行**こう。)

★進行形に言い換えられるものが多い。

619 (be) on the increase	増加しつつある＝(be) increasing
620 (be) on the decline	衰退しつつある＝(be) declining
621 (be) on fire	火がついている＝(be) burning cf. set A on fire「A に火をつける」 ☞ p.57
622 (be) on the move	移動中である＝(be) moving
623 (be) on the rise	上昇中である＝(be) rising

I think one of the engines is on fire.
(エンジンのひとつが**火をふいている**ようです。)

6 「～と同時に」 瞬間の on

624 on Ving 同熟?	V すると同時に，V した直後に = as soon as + S V
625 on time 反熟?	時間通りに ☞ p.263 ⇔ behind time 「おくれて」

★「二つの出来事が接触している」⇒「同時である」(下図を見よ)

On arriving home, I called the doctor.
(家に着いて**すぐ**私は医者に電話した。)

★ As soon as I arrived home, ... と言い換えられる。

★ on の後は瞬間的動作を表す動詞の ing 形または名詞形。

　cf. in Ving ☞ p.138

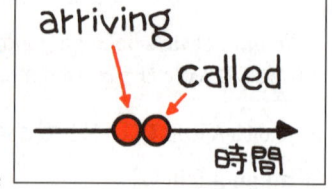

We usually expect that trains will arrive on time.
(私達は普通，列車は**時間通りに**着くと思っている。)

　cf. in time ☞ p.138

◀関連表現▶

626 on schedule	予定通りに，時刻表通りに
627 (be) on the verge of A [Ving]	今にも A [V] しそうだ

The trains always run on schedule.
(列車はいつも**時刻表通りに**走る。)

That butterfly is on the verge of extinction.
(そのチョウは絶滅**寸前だ**。)

7 on を用いるその他のイディオム

628 **on the other hand**	他方では，これに反して ☞ p.260
629 **on the contrary**	それどころか，それと反対に

I wasn't late; <u>on the contrary</u>, I was early.
(私は遅刻してない。**それどころか**，早く来た。)

★ to the contrary「それと反対の」と区別しよう。
cf. I have nothing <u>to the contrary</u> to say.
（**それと反対の**意見は何もありません。）

◀関連表現▶

630 **on earth**	同熟?	（疑問詞の後で）一体全体＝ **in the world**

Where <u>on earth</u> did you meet him?
(**一体**どこで彼に会ったんだ。)

631 **on occasion(s)**	同熟?	時々 ☞ p.257	＝ **once in a while**
632 **on the whole**		一般に，概して＝ **generally**	
633 **on the part of A**		Aの側では，A側の＝ on A's part	
634 **on behalf of A**		Aを代表して＝ on A's behalf	
635 **on the spot**		その場で，直ちに	

<u>On the whole</u>, I agree with you.
(**だいたいは**君と同じ意見だ。)

The fault is <u>on the part of</u> my father.
(非は私の父**の側に**ある。)

<u>On behalf of</u> all our members, I thank you.
(メンバー全員**を代表して**，感謝の意を表します。)

Most Americans open presents <u>on the spot</u>.
(ほとんどのアメリカ人はプレゼントを**その場で**開ける。)

Chapter 2

in でつかむイディオム 115

◆ in のイメージ

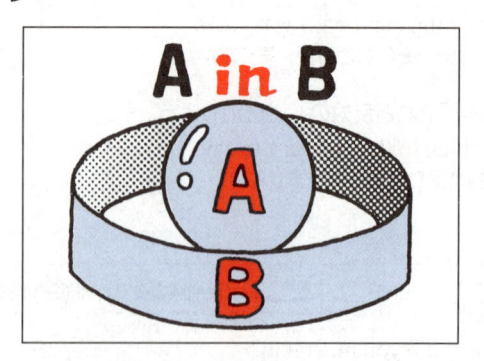

範囲を限定すること，それがさまざまな用法に共通する in の働きだ。その「範囲」は土地や容器のような空間的なものから時間，そして状態といった抽象的なものに発展していく。

a) His picture was <u>in</u> the newspaper.
（彼の写真が新聞に**載って**いた。）

b) She is <u>in</u> a cute swimsuit.
（彼女はかわいい水着を**着て**いる。）

c) Her husband is <u>in</u> prison.
（彼女の夫は刑務所に**入って**いる。）

d) Jane is <u>in</u> serious trouble.
（ジェーンは大変困**っている**。）

a) の in は平面的な範囲を指している。（日本語的発想で on としやすい）

b) の用法は「衣服＝体を入れる器」と考えれば理解できる。

c) になると，in が指すのは単に刑務所という場所だけではなく，「犯罪者として服役中」という状態をも表している。そして d) では純粋に状態を表すようになっている。

1 状態の in

636 (be) in **order**	整然としている，良い状態にある
637 (be) in **danger** (of Ving)	(Vする)危険にさらされている
638 (be) in the **habit** of Ving	Vする習慣である

★最も重要な in の用法の一つ。「中に⇒おちいる」という連想でもわかるように，意志による選択のきかない状態と相性がいいようだ。否定は out of で表せるものが多い。（例：out of order, out of danger ☞ p.213）

cf. on ☞ p.122，at ☞ p.146，under ☞ p.211 などの表す状態と比べよう。

The room was in perfect order.
（その部屋はすっかり**整頓されていた**。）

I was in danger of losing my life.
（私は生命を失う**危険にさらされていた**。）

John is in the habit of staying up until midnight.
（ジョンは夜中まで起きている**習慣である**。）

◀関連表現▶
★大きなグループなので分類してまとめることにする。
◆状態の in ／困った状態

639 (be) in **difficulty**	困っている
640 (be) in **trouble**	困っている，(警察などと)問題を起こしている
641 (be) in **need**	(金・食料などがなくて)困っている
642 (be) in **debt**	借金をしている
643 (be) in **pain**	苦しんでいる

★どうしようもなくおちいって，抜け出したいのに抜け出せない状態ばかり。in のニュアンスがよくわかるはずだ。

I am in financial difficulties.
（私は経済的に**困っている**。）

A friend in need is a friend indeed.
（**困った**ときの友が本当の友。）

He tried to help people in need.
（彼は**困っている**人々を助けようとした。）

◆状態の in ／感情

644 in anger	腹を立てて
645 in surprise	驚いて
646 in despair	絶望して

★感情の表現。これもままならぬものの典型だ。副詞句として用いられる。

He gave up the attempt in despair.
（彼は**絶望して**その試みをあきらめた。）

647 (be) in love with A	A を恋している（状態）
648 fall in love with A	A に恋する，ほれる（動作）☞ p.96

All the boys seem to fall in love with Laura's big blue eyes.
（男の子はみなローラの大きな青い目に**ほれる**ようだ。）

◆状態の in ／気分・健康状態

649 (be) in (good) shape	健康である，いい状態である
650 (be) in good health	健康である
651 (be) in the mood for Ving [to V]	V したい気分である

Regular exercise will keep you in shape.
（習慣的な運動は体を**いい状態に**保つ。）

Bodybuilders are not always in good health.
（ボディービルダーが必ずしも**健康**とは限らない。）

◆状態の in ／同席

652 **in the presence of A**	A の面前で= in A's presence A のあるところで
653 **in the absence of A**	A がいないところで= in A's absence A がないところで
654 **in the company of A**	A（人）といっしょにいて = in A's company

She handed me a letter in the presence of my friends.
（彼女は僕の友達**の面前で**僕に手紙を渡した。）

◆状態の in ／その他のイディオム

655 **(be) in a hurry**	急いでいる，あわてている
656 **in haste**	急いで，あわてて

I was in such a hurry that I forgot to lock the door.
（私はとても**急いでいた**のでドアに鍵をかけ忘れた。）

657 **(be) in need of A**	A を必要としている
658 **(be) in demand**	需要がある
659 **(be) in short supply**	供給不足である

Those books are always in great demand.
（それらの本はいつも大変**需要がある**。）

660 **get in touch with A**	A と連絡を取る（一回の動作）☞ p.22
661 **keep in touch with A**	A と連絡を保つ（継続的）☞ p.31

Try to keep in touch with me, just in case.
(万一に備えて私と**連絡を保って**ください。)

662 (be) in fashion	反熟？	流行している⇔(be) out of fashion
663 (be) in use		使用されている
664 (be) in sight		見える，視野に入っている

Long skirts are very much in fashion.
(長いスカートが大変**流行している**。)

That building was well constructed and is still in use.
(そのビルは頑丈に作られたのでまだ**使われている**。)

665 (be) in charge (of A)	(Aを)担当している
666 (be) in control (of A)	(Aを)支配している

You'll be in charge of the girls working in this factory.
(君はこの工場で働く女子**を担当する**ことになる。)

667 have A in common (with B)	(Bと)Aを共有している ☞ p.69

He is my best friend, but we have nothing in common.
(彼は私の一番の友達だが，私達には**共通点**は何もない。)

2 行為を限定する in

668 in public		公然と，人前で = publicly
669 in private		私的に，ひそかに = privately
670 in advance	同単？	前もって = beforehand
671 in turn		順番に，次に(= next) cf. by turns「交代で」

★副詞句として行為の様態を表す。これも重要な用法。

He insulted me in public.
(彼は**公然と**私を侮辱した。)

May I talk with you in private about the matter?
(その件について**個人的に**お話できますか。)

You should buy your ticket in advance.
(**前もって**チケットを買っておくべきだ。)

I informed the teacher, and she in turn spoke to the police.
(僕が先生に知らせ，**そして今度は**先生が警察に話した。)

◀関連表現▶

672 (be) in **vain**	むなしく，むだになる
673 in **person**	(代理ではなく)本人で，自ら
674 in **succession**	連続して＝ one after another
675 in **secret**	ひそかに＝ secretly

I tried in vain to open it.
(それを開けようとしたが**だめだった**。)

The King will appear in person tomorrow evening.
(王様は明日の晩**自ら**お出ましになる。)

★ in ＋名詞＋前置詞の形が多い。

676 in **addition** (to A)	(Aに)加えて
677 in **return** (for A)	(Aの)お返しに☞ p.157
678 (be) in **favor** of A	A に有利だ，賛成だ＝ in A's favor

She is intelligent. In addition, she has a lot of experience.
(彼女は頭が切れる。**おまけに**経験豊かだ。)

We are in favor of bilingual education.
(私たちは二言語教育**に賛成だ**。)

★以下に in ＋名詞＋前置詞のパターンを整理する。
◆比較・対照・比例の表現

679 in **proportion** to A	A に比例して
680 in a**ccordance** with A	A に従って
681 in **contrast** (to A)	(A と)対照的に
682 in **comparison** with A	A と比べて

The air becomes colder in proportion to its distance from the ground.
(空気は地面からの距離**に比例して**冷たくなる。)

His voice is low in contrast to mine.
(彼の声は私のとは**対照的に**低い。)

◆「〜に関して」のグループ

683 in **regard** to A *	A に関して
684 in c**onnection** with A	A に関連して
685 in **relation** to A	A に関連して
686 in **respect** to [of] A *	A に関して

★これらは about よりちょっと固い感じの表現だ。
＊ with regard to A, with respect to A という形もある。

Your essay is admirable in regard to style.
(君のエッセイは文体**に関しては**すばらしい。)

◆「〜を考慮して」のグループ

687 in **terms** of A	A の視点から
688 in (the) **light** of A	A を考慮して
689 in **view** of A	A を考慮して

He sees everything in terms of money.
(彼はすべてをお金**の視点から**考える。)

In the light of rapid changes in the world, we also have to change our ways of living.
(世の中の急速な変化**を考えると**，私達も生き方を変えねばならない。)

◆その他

690 in spite of A	同単? Aにもかかわらず	= despite A
691 in the face of A	① Aにもかかわらず ② Aに直面して ☞ p.262	
692 in place of A	Aのかわりに= in A's place	

Paul went to the party in place of his father.
(ポールは父親**のかわりに**パーティーに行った。)

693 in search of A	Aを探し求めて　cf. search for A
694 in pursuit of A	Aを追及して
695 in honor of A	Aを祝って，Aに敬意を表して

Early people moved in groups in search of food.
(大昔の人々は食料**を求めて**集団で移動した。)

He gave a speech in honor of the poet.
(彼はその詩人**に敬意を表して**スピーチをした。)

3 表現の仕方を限定する in

696 in general	一般的に言って= generally
697 in particular	特に，詳細に= particularly

★副詞句となって特に言語表現の仕方・議論の範囲を限定するグループ。

In general, Japanese people are hardworking.
(**一般に**日本人は勤勉だ。)

He talked about the incident in particular.
(彼はその出来事について**詳細に**語った。)

◀関連表現▶

★議論の進め方を述べる表現のグループ。

698 in short	手短かに言えば，要するに
699 in brief	手短かに言えば，要するに

The man, in short, is not to be trusted.
(**要するに**，その男は信用できない。)

700 in other words	言い換えると
701 in a word	一言で言うと
702 in detail	くわしく，細かい点で
703 in conclusion	結論としては，つまり

Write your opinion in detail.
(君の意見を**くわしく**書きなさい。)

★以下は議論の範囲を限定する表現のいろいろ。話をそつなく進めるのに便利。

704 in a sense	ある意味では
705 in a way	ある意味では，いくぶん ☞ p.265
706 in A's opinion [view]	A の意見では
707 in theory	理論上は
708 in practice	実際上は，実用では
709 in principle	原則的には
710 in reality	事実上は
711 in effect	①事実上は　②(be in effect) (法律などが) 有効である

| 712 in fact | ①(具体例の前で)実際　②いやそれどころか　★前文より率直で強い表現を導く。③実は　★前文とくいちがう記述を導く。(= actually) |

Each told, in effect, the same story.
(それぞれが**事実上**同じ話をした。)

He led a modest life. In fact, he never even owned a car.
(彼はつつましい生活をしていた。**実際**，車も持っていなかった。)

I like her now. In fact, I love her.
(今は彼女が好きだ。**いや，それどころか**愛している。)

4 参加と従事の in

| 713 **participate** in A | A に参加する |
| 714 **take part** in A | A に参加する ☞ p.42　★上との言い換え問題頻出！ |

★参加・従事・専門などの表現には，その範囲を示す in がつきもの。

He participated in the debate.
(彼はその討論**に参加した**。)

I've seen plays, but I've never taken part in one.
(しばいは見たが，**参加した**ことはない。)

◀関連表現▶

715 play a **part** in A	A において役割を演じる
716 play a **role** in A	A において役割を演じる
717 **join** in A *	A(活動)に参加する

* cf. join A「A(人)の仲間に加わる，A(クラブなど)に入る」

前置詞

in でつかむイディオム

Sports play an important role in social life.
(スポーツは社会生活のなかで重要な**役割を果たす**。)

Do you mind if I join in the game?
(ゲーム**に参加して**もいいですか。)

★参加・従事・熱中

718 engage in A	A(活動・会話など)に参加する，従事する
719 (be) engaged in A	A に従事している，没頭している
720 (be) involved in A	A(物事)に関係している，巻き込まれている，熱中している
721 (be) absorbed in A	A に熱中している
722 indulge in A	A(好きなこと)にふける，楽しむ，参加する

Children have less time to engage in family conversation.
(子供が家族の会話**に参加する**時間が少なくなっている。)

Dozens of nations are involved in planning the next Olympic Games.
(多くの国が次のオリンピックの計画**に加わっている**。)
★ with を使うこともある。「人と関係がある」の意味ではつねに with。

He is absorbed in the study of Latin.
(彼はラテン語の研究**に熱中している**。)

★専門分野＝範囲

723 major in A	A を専攻する
724 specialize in A	A を専門とする，(店などが)A を専門に扱う

I'm majoring in chemistry.
(私は化学**を専攻している**。)

5 「～に関して，～の点で」 範囲を表す in

725 (be) <u>rich</u> in A	A が豊かだ（⇐ A に関して豊かだ）
726 (be) <u>lacking</u> in A	A が欠けている＝ lack A

★ He is weak. だけでは漠然としていてどう弱いのかわからない。He is weak in the head. とすれば，「頭に関して弱い」⇒「頭が悪い」と範囲が定まる。

The United States is rich in minerals.
（合衆国は鉱物資源**が豊かだ**。）

The artist is lacking in talent.
（その芸術家は才能**が欠けて**いる。）

◀関連表現▶

727 <u>succeed</u> in A	A(名・Ving)に成功する ★ succeed to V は不可。
728 <u>fail</u> in A	A に失敗する ★ A が試験のときは in 不要。
729 in <u>that</u> ～	～という点で，～だから☞ p.76
730 in <u>itself</u> [themselves]	それ自身としては，本来は☞ p.268

Magellan succeeded in sailing around the world.
（マゼランは世界一周**に成功した**。）

I like that young man in that he is honest.
（正直**だから**私はその若者が好きだ。）

6 時間の範囲を表す in

731 in the long <u>run</u>	長い目で見れば，結局
732 in no <u>time</u>	すぐに＝ very soon
733 in the <u>course</u> of A	A の間に＝ during A

An honest man succeeds in the long run.
(**長い目で見れば**正直者が成功するのだ。)

Dinner will be ready in no time.
(ディナーの用意が**すぐに**できます。)

Human beings acquired language in the course of evolution.
(人類は進化**の間に**言語を獲得した。)

◀関連表現▶

734 in time (for A)	①(A に)間に合って ②そのうち，やがて ☞ p.263
735 once in a while 〔同熟?〕	時々 ☞ p.257　　= on occasion
736 in the meantime	その間に
737 in Ving	V しているときに ★ V には継続的意味の動詞が来る。 cf. ☞ p.124 《瞬間の on》

Cancer can be cured if discovered in time.
(がんは発見が**間に合え**ば治療できる。)

I'll see you on Monday. In the meantime, if you need me, here's my telephone number.
(月曜に会おう。**それまでの間**，もし用があればこれが私の電話番号だ。)

738 in the past	過去に，今まで
739 in the future	将来，これから

7 in を用いるその他のイディオム

740 consist in A	A(抽象名詞)に存在する ☞ p.103
741 lie in A	A(抽象名詞)に存在する

True happiness consists in desiring little.
(真の幸福は多くを望まないことに**ある**。)

The power of the Internet lies in the fact that it's accessible from everywhere.
(インターネットの強みはどこからでもアクセスできることに**ある**。)

◀関連表現▶

★結果の in

742 end in A	A という形で終わる，結局 A になる
743 result in A	結果として A になる ☞ p.102

His plan ended in a complete failure.
(彼の計画は完全な失敗に**終わった**。)

The policy resulted in a great rise in prices.
(その政策の**結果**物価が大幅に上がった。)

★「信じる」の in

744 believe in A	① A の存在を信じる ② A の価値を信じる
745 have faith in A	A を信頼する ☞ p.71
746 have confidence in A	A に自信を持つ，A を信頼する ☞ p.70

Eighty percent of Americans believe in God.
(80%のアメリカ人が神**の存在を信じている**。)

747 (be) <u>dressed</u> in A	A を身に着けている cf. ☞ p.230《着用の on》

She <u>was</u> <u>dressed</u> <u>in</u> a faded cotton skirt.
(彼女は色あせた木綿のスカート**を着ていた**。)

748 (be) <u>caught</u> in A	A(悪天候・災難)にあう ☞ p.100

I <u>was</u> <u>caught</u> <u>in</u> a shower on my way home.
(私は帰る途中でにわか雨**にあった**。)

749 not 〜 in the <u>least</u>	まったく〜ない
750 in <u>all</u>	全部で，合計で

I'm <u>not</u> <u>in</u> <u>the</u> <u>least</u> afraid of ghosts.
(幽霊なんか**全然**こわく**ない**。)

That'll be ten pounds <u>in</u> <u>all</u>.
(**合計** 10 ポンドになります。)

郵便はがき

101-8796

料金受取人払郵便

神田局承認

8213

919

差出有効期間
平成30年4月
30日まで

東京都千代田区神田駿河台
1-7-4　小畑ビル内

駿 台 文 庫 ㈱

愛読者カード係　行

|||||||||||||||||||||||||||||||||||||||

駿台文庫の本をご愛読いただきましてありがとうございます。本書についてのご意見・ご感想をお聞かせ下さい。毎月末日に、抽選によりその月の応募者の5%に図書カード(1,000円分)をお送りいたします。当選者の発表は賞品の発送をもってかえさせていただきます。

(ふりがな) お名前		性別	年齢 歳
ご住所 〒			
	TEL (　　-　　-　　)		
在籍(卒業)学校名		学年	中・高　年 / 既卒
(塾・予備校名)		志望	理系・文系・未定
			大学

弊社では、「個人情報保護法」および関連法規に基づき、個人情報を細心の注意を払って取り扱っております。下記の「個人情報の取扱いについて」をご確認いただき、同意の上ご記入ください。
■個人情報の取扱いについて　　弊社では個人情報保護の観点から、ご提供いただきました個人情報は下記の利用目的のみに使用し、細心の注意を払って管理いたします。ご本人の同意なく第三者に提供することはありません。
■利用目的　1) 商品開発　2) 各種連絡　3) 駿台予備学校及び関連教育機関の各種ご案内

『システム英熟語〈改訂新版〉』 愛読者アンケート

1. ご購入年・月　　　　年　　月

2. ご購入方法
1 書店（　　　　　　　　　　　　　　　）　2 学校で一括購入
3 インターネット（　　　　　　　　　　　）　4 直接注文　5 駿台各校舎

3. 本書を知ったきっかけ
1 書店で見て　2 学校の先生の薦めで　3 家族の薦めで　4 友人・先輩の薦めで
5 塾・予備校の薦めで　6 Web サイト（　　　　　　　　　　　）で見て
7 学校で配られて　8 新聞・雑誌（　　　　　　　　　　　）で見て

4. ご購入の決め手（複数回答可）
1 内容がよさそうだから　2 価格が安いから　3 デザインが良いから　4 駿台の書籍だから
5 好きな著者だから　6 学校・塾で配られたから　7 その他（　　　　　　）

5. ご購入の目的（複数回答可）
1 入試対策用　2 学校での副教材として　3 毎日の授業の参考に
4 基礎学力定着のため　5 苦手教科（分野）克服のため　6 勉強を楽しむため
7 その他（　　　　　　　　　　　　　　　　　　　）

6. 本書の感想・評価

①書籍のサイズ	大きい	・やや大きい	・ちょうどよい	・やや小さい	・小さい
②価格	高い	・やや高い	・ちょうどよい	・やや安い	・安い
③分量	多い	・やや多い	・ちょうどよい	・やや少ない	・少ない
④レベル	難しい	・やや難しい	・ちょうどよい	・やや易しい	・易しい
⑤わかりやすさ	わかりやすい	・ややわかりやすい	・普通	・ややわかりにくい	・わかりにくい
⑥表紙デザイン	良い	・やや良い	・普通	・やや悪い	・悪い
⑦本文の見やすさ	見やすい	・やや見やすい	・普通	・やや見にくい	・見にくい
⑧総合	良い	・やや良い	・普通	・やや悪い	・悪い

7. 本書に関するご意見や，今後刊行してほしい参考書の要望など

_____

_____

_____

8. 年間でご購入するおよその学習参考書の冊数と，1 冊あたり出費してもよいと思える金額
年間およそ（　　　　　）冊　　1 冊あたり（　　　　　　　　）円まで

9. 最近ご購入した他の書籍で勉強の役に立ったもの

書籍名　　　　　　　　　　　　　　　　　（出版社名　　　　　　　　　　）

Chapter 3
at でつかむイディオム 64

◆ at のイメージ

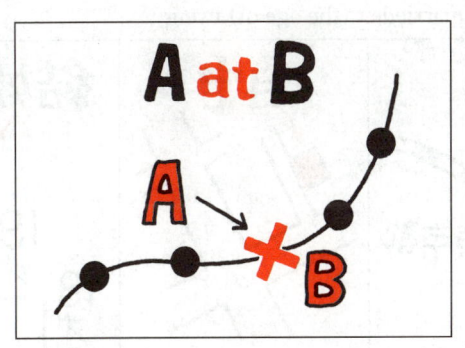

atの基本的イメージは「ある点に止まって」だ。A is at B の意味は「A が点 B に止まっている」である。このイメージは at のすべての用法—空間・時間・状態など—に当てはまる。

a) My house is at the end of the street.
b) His birthday party begins at six.
c) Tom is at the top of our class.

a) では，通りの端は空間的な点，b) の時刻は時間のなかの点であり，c)「トムはクラスのトップだ」では順位という抽象的な点に at がついている。

時刻だけでなく，数で表せるものには at がつきものだ。たとえば at a distance「ある距離をおいて」，at full speed「全速力で」，at a low price「低価格で」などなど。

ただし，誤解してはいけない。at は厳密に点的なものにしかつかないというわけではないのだ。

◆イメージをひろげよう！

次のような文を考えよう。

d) Our train stopped <u>at</u> Tokyo Station.
e) He is <u>at</u> home this evening.
f) Elizabeth married <u>at</u> (the age of) twenty.

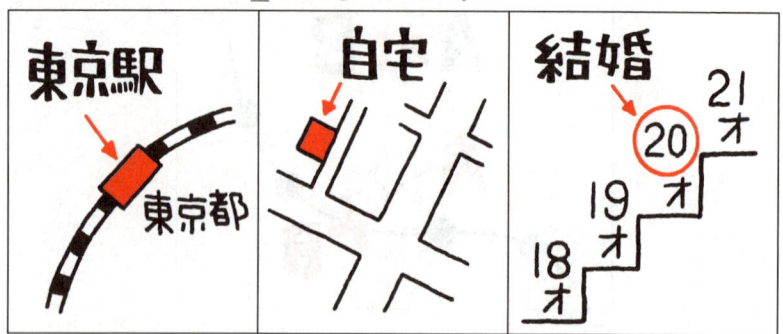

d)では東京駅がいくら大きくても in ではなく at を使う。なぜなら，駅は鉄道のイメージのなかでは列車が止まる点としてとらえられるからだ。点だから at がつくのではない。at をつけることによって点とみなされるのだ。

e)でも彼の家は点としてとらえられているから，彼が家の中にいようが庭で草取りをしていようが at home なのだ。(<u>in</u> the house というと家は入れ物と見なされ，彼が中にいる場合のみとなる。)

これは，f)の時間の用法でも同じで，1年には幅があるが，年齢となると点とみなすから at を使う。年齢を問うとき，何才何か月かまでは普通問題にしないだろう。年齢は1年間一点で止まっているのだ。

それでは点のイメージを右脳に浮かべて at のイディオム征服に出発！

1 時点の at

751 at <u>once</u>	同単？	①すぐに＝ **immediately** ②同時に
752 at <u>present</u>		今のところは，現在は＝ now
753 at the <u>age</u> of A		A 歳で

★幅のない時刻・瞬間は at の点のイメージとぴったりだ。

She told me to leave the room <u>at</u> <u>once</u>.
（彼女は私に**すぐに**出ていってと言った。）

I don't want to get married <u>at</u> <u>present</u>.
（**今のところ**結婚したいとは思わない。）

◀関連表現▶

754 at a <u>time</u>	一度に
755 at one <u>time</u> *	①かつて　②一度に
756 at <u>times</u>	時々☞ p.257
757 at <u>intervals</u>	時々☞ p.257
758 at any <u>moment</u>	いつなんどきでも
759 at the <u>moment</u>	①今は　②その時点では

＊ at one time or another は「時には」。

He may arrive <u>at</u> <u>any</u> <u>moment</u>.
（彼は**いつなんどき**やって来てもおかしくない。）

2 極点の at

760 at (the) <u>most</u>	いちばん多くても，せいぜい
761 at <u>best</u>	いちばんよくても，せいぜい
762 at <u>worst</u>	最悪でも

★ at の持つ点のイメージは，最初，最後，最高，最低などの極端な場合につながる。鉄道でいうと，いわば終着点だ。

I suppose he is fifty <u>at</u> <u>most</u>.
（彼は**せいぜい** 50 だと思う。）

We can't finish this before eleven <u>at best</u>.
(**うまくいっても** 11 時までにこれを終えるのは無理だ。)

<u>At worst</u>, you'll pass at least one exam.
(**最悪の場合でも** 1 つは試験に受かるだろう。)

◀関連表現▶

763 (be) at A's **best**	A の最盛期である

The singer <u>was</u> <u>at</u> <u>his</u> <u>best</u> in that song.
(その歌を歌った時その歌手は**最盛期だった**。)

764 at **least**	少なくとも
765 at **first**	最初は ☞ p.255
	★後で状況が変わることを意味する。
766 at **last**	ついに

<u>At first</u> I didn't believe it.
(**最初**私はそれを信じなかった。) ★後で信じたことを意味する。

3 「〜をねらって」 目標の at

767 <u>aim</u> at A	A をねらう
768 (be) <u>aimed</u> at A	A 向けだ，A をめざしている
769 <u>stare</u> at A	A をみつめる
770 <u>laugh</u> at A	A を笑う，あざ笑う

★ at の基本義「点」⇒「目標」。視線や意識が一点に止まるわけだ。look at もこの仲間。

Now I see what you are <u>aiming</u> <u>at</u>.
(君が何を**ねらって**いるのかやっとわかった。)

This program is aimed at children.
(この番組は子供**向けだ**。)

She was staring at me in disbelief.
(彼女は疑いのまなこで私**をみつめて**いた。)

My teacher laughed at me before the whole class.
(先生はみんなの前で私**を笑った**。)

◀関連表現▶

771 **get** at A	A をほのめかす，言おうとする☞ p.26
772 **drive** at A	A をほのめかす，言おうとする

★ふつう進行形の what の疑問文で用いる。

Stop beating around the bush! What are you getting at?
(回りくどい言い方はやめろ。何**が言いたい**んだ。)

773 **gaze** at A	A をみつめる
774 **glance** at A	A をちらっと見る
775 **point** at A	A を指す，ねらう
776 A drowning man will **catch** at a straw.	溺れる者はわらをもつかもうとする（ことわざ）

4 代価・犠牲の at

777 at the **expense** of A	A を犠牲にして
778 at the **cost** of A	A を犠牲にして

★ expense も cost も「費用」の意味だから数値の一種だ。数値は点なので at がぴったりくる。

He finished the job at the expense of his health.
(彼は健康**を犠牲にして**仕事をやりとげた。)

◀関連表現▶

779	at all costs	何を犠牲にしても，ぜひとも
780	at any cost	どんな犠牲をはらっても
781	at the risk of A	A の危険をおかして，A を覚悟で
782	at any rate	①とにかく　②少なくとも ☞ p.249
	同熟?	= in any case

I must save her at all costs.
(**何としても**彼女を救わねばならない。)

He saved my life at the risk of his own.
(彼は自分の命**の危険をおかして**私の命を救った。)

If she is not rich, at any rate she is happy.
(彼女は金持ちではないとしても，**とにかく**幸せだ。)

5 状態の at

783	(be) at a loss	途方に暮れている
784	(be) at risk	危機にさらされている
785	(be) at work	働いている = be working
786	(be) at home (in A)	①くつろいでいる ②(A に)精通している

I am at a loss what to do. (= I don't know what to do.)
(私はどうすればよいのかわからなくて**途方に暮れている**。)

Hundreds of animals are now at risk of extinction.
(多数の動物が今絶滅の**危機にさらされている**。)

He is at work now, but will return at seven.
(彼は今**仕事中**だが 7 時には帰ってくる。)

Please make yourself at home.　　★ make yourself comfortable とも言う。
(どうぞ**おくつろぎ**ください。)

◀関連表現▶

787 (be) at ease	くつろいでいる cf. with ease ☞ p.198
788 (be) [feel] ill at ease	落ち着かない，不安だ
789 (be) at play	遊んでいる
790 (be) at rest	休んでいる

After the doctor's visit, the patient felt more at ease.
(医者が来た後，その患者は気持ちが**楽に**なった。)

791 (be) at war	戦争状態である
792 (be) at peace	平和だ，仲良くしている
793 (be) at stake *	危険にさらされている

＊ stake とは火あぶりの刑に使う「くい」のことだ。

◆「自由な状態」の at

794 (be) at the mercy of A	A のなすがままである
795 at will	意のままに
796 (be) at A's disposal	A が自由にできる

The ship was at the mercy of the waves.
(船は波の**なすがままだった**。)

797 (be) at sea	航海に出ている
798 (be) at school《英》	在学中である，授業中である ★米では in school が普通。
799 (be) at (the) table	食事中である

A sailor is at sea much of the time.
（船乗りはほとんどの間**航海に出ている**。）

The President was at the table when they called.
（彼らが訪問したとき，大統領は**食事中だった**。）

6 原因・理由の at

800 at the sight of A	A を見て
801 at first sight	一目見て，一見して ☞ p.256

★時点の at の発展。「〜を見た時驚く」＝「〜を見たので驚く」

She was very frightened at the sight of the big snake.
（大きなヘビ**を見て**彼女はひどくおびえた。）

She liked the design at first sight.
（**一目見て**彼女はそのデザインが気に入った。）
★ love at first sight は「ひと目ぼれ」だ。

◀関連表現▶

802 at a glance	ちらっと見て
803 at first glance	一目見て
804 at the thought of A	A のことを考えると
805 (be) surprised at A	A に驚く
806 marvel at A	A に驚く＝ to be surprised at A
807 (be) angry at A	A(人・もの)に腹を立てる ☞ p.277

She could tell at a glance that he was in love with her.
（彼女は**ちらっと見て**彼が自分を好きなのだとわかった。）

7 at を用いるその他のイディオム

808 at all
① (否定を強めて) まったく，少しも
② (疑問を強めて) 一体，少しでも
③ (if 節で) いやしくも，仮に

★要するに ever に近い働きだ。

Can you speak English at all?
(君は**本当に**英語が話せるのか。)

If you try at all, you should try your best.
(**いやしくも**やるならベストをつくすべきだ。)

◀関連表現▶

809 (be) good at A	A が得意である
810 (be) poor at A	A が苦手である
811 (be) bad at A	A が苦手である

He is very good at poker.
(彼はポーカーがとても**上手だ**。)

812 at random	手当たりしだいに，無作為に
813 at length	① くわしく ② (文頭で) ついに = at last
814 at large	① 一般の = in general, (社会) 全体の ② (犯人などが) 逃走中で (まれ)

Ten people were chosen at random.
(10 人が**無作為に**選ばれた。)

He explained his theory at length.
(彼は自分の理論を**くわしく**説明した。)

This idea is accepted by the world at large.
(この考えは世間**一般の**人々に受け入れられている。)

Chapter 4

for でつかむイディオム 81

◆ for のイメージ

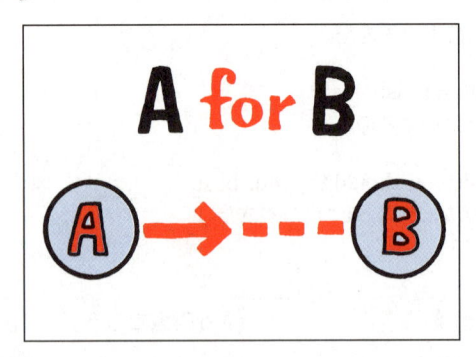

```
      A for B

    Ⓐ ──→--- Ⓑ
```

for の用法は **1** の「〜に向かって」という空間的意味を中核としてひろがる。**2** の準備・警戒，**3** の願望・要求・目的などの用法に共通するのは，人間の意識が何かに「向かって」いるという点だ。

これらの用法のもう一つの共通点は，for が示すのは方向だけであり，到着［実現・獲得］することまでは含まない，ということだ。

a) He made <u>for</u> home.（彼は家に向かった。）
b) We prepared <u>for</u> an attack.（我々は攻撃に備えた。）
c) Tom applied <u>for</u> the job.（トムはその仕事に応募した。）

a) では途中で帰るのをやめてゲームセンターに行ったかもしれない。b) では結局敵の攻撃はなかったかもしれない。c) では採用されたかどうかはもちろん不明である。

さて，for の用法はまだまだひろがるのだが，その世界をシステマティックにつかむには，「〜に向かって」だけでは不十分だ。

for の世界へのカギ——それは「対応」という考え方だ。

◆イメージをひろげよう！——「方向」から「対応」へ

d) This is a present <u>for</u> you.（これは君へのプレゼントだ。）

d) について，プレゼントとそれを渡す相手の関係を考えよう。相手はプレゼントの「方向」である。だがそれだけではない。人に物を贈るときはつりあいを考えるだろう。大切な人にはいい物を，どうでもいい人にはそれなりのものを選ぶ。つまりこの二つは対応しているのだ。

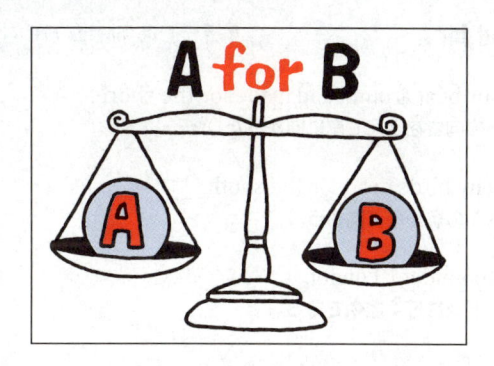

この視点に立つと，一見さまざまな for の用法が一つのシステムとしてみえてくる。次の例を考えよう。

e) He is responsible for the accident.（彼はその事故に責任がある。）
f) I thanked Mary for her help.（私はメアリの助けに感謝した。）

e) では責任の重さが事故の重大さに対応する。f) では感謝の気持ちの深さが彼女の援助の大きさと対応している。
A と B の価値が対応していれば交換できる。たとえば：

g) a check for 10,000 dollars（10,000 ドルの小切手）
h) I bought the book for two dollars.（私はその本を 2 ドルで買った。）

また，A と B が対応していれば A は B を表すことができる。

i) What is the English for "buta"?
（「ブタ」を表す英語は何ですか。）
j) In this secret code, each number stands for a letter of the alphabet.
（この暗号では個々の番号がアルファベット 1 文字を表す。）

4，**5**，**6** などの用法はすべて対応関係の発展なのだ。

1 「〜に向かって」 方向の for

815 **make** for A	① A に向かって進む ② A に役立つ ☞ p.62
816 **head** for A	A に向かって進む
817 (be) **bound** for A	A 行きである ☞ p.275

We turned our boat around and <u>made for</u> the shore.
(私達はボートの向きを変えて岸**に向かった**。)

In the fall many birds <u>head for</u> the south.
(秋にはたくさんの鳥が南**に向かう**。)

My father <u>is bound for</u> London.
(私の父はロンドン**に行く途中である**。)

2 「〜に備えて」 準備・警戒の for

818 (be) **ready** for A	A の準備ができている ☞ p.273
819 **prepare** for A	A の準備をする
820 **look** out for A	A を警戒する, A に備える ☞ p.86

★準備も警戒も, 未来のある事態に対応した行為だ。

Everything <u>is ready for</u> the party.
(パーティー**の準備は**すべて**できている**。)

He is busy <u>preparing for</u> the examination.
(彼は試験**の準備**で忙しい。)

You should <u>look out for</u> cars when you cross the street.
(道を渡る際には車**に気をつける**べきだ。)

◀ 関連表現 ▶

821 **watch** out for A	A を警戒する, A に備える ☞ p.86

822 **provide** for A	① A(家族など)を養う ② A に備える
823 **in preparation** for A	A に備えて
824 **in store** for A	A(人)を待ち構えて
825 **for a rainy** day	万一に備えて

3 「〜を求めて」 願望・要求・目的の for

826 **call** for A	① A を要求する,必要とする ② A(人)を誘いに行く ☞ p.98
827 **long** for A	A を熱望する,A にあこがれる
828 **search** for A	A を探し求める

★中学で丸暗記した look for,wait for もこのグループなのだ。

His plan will call for a lot of money.
(彼の計画には多くの金**が必要だ**。)

He is longing for a visit from his son.
(彼は息子が来るの**を待ち望んでいる**。)

He was always searching for a meaning to life.
(彼はいつも人生の意味**を探し求めて**いた。)

★ search A は「A(場所)を探る」の意味だから注意。

◀関連表現▶

829 **hope** for A	A を望む
830 **wish** for A	A を望む
831 **beg** for A	A を乞う
832 **cry** for A	A を求めて叫ぶ,泣く

I felt like crying for help.
(私は**叫んで**助け**を求め**たい気がした。)

833 reach for A	A を取ろうと手をのばす
834 send for A	A(人)を呼びにやる
835 apply for A	A に申し込む， A を求めて応募する ☞ p.102
836 listen for A	A が聞こえないかと耳をすます

The social worker advised him to apply for welfare benefits.
(民生委員は彼に福祉手当**に申し込む**ように言った。)

837 (be) anxious for A	A を熱望する ☞ p.273
838 for sale	販売用の
839 for pleasure	楽しみで(←楽しみを求めて)
840 for the purpose of A	A が目的で
841 for the sake of A	A のために

They fought for the sake of their country.
(彼らは母国**のために**戦った。)

★次のような構文にも注意。

842 depend on A for B	A に頼って B を求める ☞ p.117
843 look to A for B	A に頼って B を求める ☞ p.82
844 ask A for B	A に B を求める

I look to him for help.
(私は彼の助け**をあてにしています**。)

845 What ~ for?	何を求めて~か，なぜ~か ☞ p.267

★これは重要構文。この for は目的とも理由ともいえる。この二つの意味は重なりあっている。

That is <u>what</u> they study English <u>for</u>.
（それが彼らが英語を勉強する**目的**［**理由**］です。）

4 評価・処分の理由を表す for

846 <u>**blame**</u> **A for B**	B のことで A を責める，B を A のせいにする☞ p.107　= blame B <u>on</u> A （同熟？）
847 <u>**criticize**</u> **A for B**	B のことで A を批判する
848 <u>**punish**</u> **A for B**	B のことで A を罰する
849 <u>**praise**</u> **A for B**	B のことで A をほめる
850 <u>**thank**</u> **A for B**	B のことで A に感謝する

★罪を犯せばそれに応じた罰や非難を受ける。つまり罪と罰は対応［比例・交換］の関係にある。この関係はこのグループすべてに当てはまる。

Why do you <u>blame</u> me <u>for</u> what happened?
（なぜ君はそれが起きたのを僕**のせいにする**のだ。）

The people <u>praised</u> him <u>for</u> his courage.
（人々は彼の勇気を**ほめたたえた**。）

◀関連表現▶

851 <u>**apologize**</u> **(to A) for B**	(A に) B (過失など) のことで謝る
852 <u>**forgive**</u> **A for B**	B のことで A を許す
853 <u>**excuse**</u> **A for B**	B のことで A を許す

I must <u>apologize for</u> being late.
（遅くなったこと**をおわびし**なければなりません。）

I hope you will <u>forgive</u> him <u>for</u> failing to come here today.
（彼が今日ここに来なかったこと**を許して**あげてほしい。）

◆有名である理由

854 (be) **famous** for A	A で有名である
855 (be) **known** for A	A で有名である ☞ p.276
856 (be) **notorious** for A	A で悪名高い

London is famous for its fog.
(ロンドンは霧で**有名である**。) cf. be famous as A は「A として有名である」

◆その他

857 for **fear** of A	A を恐れて
858 for **lack** of A	A がないために
859 for **want** of A	A がないために
860 (all) the **better** for A *	A に比例していっそう良く

* better 以外にもさまざまな比較級を用いた表現がある。

She never travels by plane for fear of an accident.
(彼女は事故が**こわいので**飛行機には絶対乗らない。)

For lack of water, all the plants died.
(水**不足のため**すべての植物が枯れた。)

If you read this book, you will be the better for it.
(この本を読めば，君は**それだけ賢くなる**。)

5 「～の代わりに」 交換・代用の for

861 **exchange** A for B	A を B と交換する
862 **substitute** A for B	B の代わりに A を使う
863 **pay** (A) for B	B の代金(A)を支払う

★ 「A と B が対応している」⇒「交換できる」,「代わりになる」

Exchange the old part for a new one.
（古い部品を新しいのと**交換**しなさい。）

We should substitute alcohol for oil.
（石油**の代わりに**アルコール**を使う**べきだ。）

I paid 2,000 yen for this book.
（私はこの本に 2,000 円**払った**。）

★ pay for ～ には「～の報いを受ける」の意味もある。

◀関連表現▶

864 **sell** A for B	A を B (代金) で売る
865 **buy** A for B	A を B (代金) で買う
866 for **nothing**	①ただで　②むだに（= **in vain**）
867 for **free**	ただで

He bought the radio for ten dollars.
（彼はそのラジオを 10 ドル**で買った**。）

You don't get anything for nothing.
（**ただで**手に入るものはなにもない。）

868 **make** up for A	A を埋め合わせる，つぐなう ☞ p.60
869 **compensate** for A	A を埋め合わせる，つぐなう

The committee did their best to compensate for the loss.
（委員会は損失**を埋め合わせる**ために最善をつくした。）

870 in **return** for A	A のお返しに ☞ p.131
871 in **exchange** for A	A と交換に
872 **stand** for A　　〔同単？〕	① A を表す　　= **represent** A ② A を支持する

What does SFX stand for?
（SFX とは何**を表す**のですか。）

★「A と B が交換できる」から「A が B を表す，A ＝ B」の意味が派生する。ここから **6** の用法に発展する。

6 「～として」 as に近い for

873 pass for A	A として通る
874 mistake A for B	A を B と取り違える
875 take A for B	A を B(名・形)と思う☞ p.45
876 take A for granted	A を当然と思う☞ p.45

★これらの for の働きは regard A as B の as に近く，数学の＝の記号に似た意味だ。as と同じく，名詞だけでなく形容詞的なものが続く場合もある。（pass for A は pass as A でも可。）☞ p.205

Linda was sixteen but had no trouble passing for twenty.
（リンダは 16 歳だったが，難なく 20 歳**で通った**。）

I mistook the salt for sugar.
（私は塩を砂糖**とまちがえた**。）

To hear him speak English, one would take him for an Englishman.
（彼が英語を話すのを聞いたらイギリス人**と思う**だろう。）

I took it for granted that I would be able to say what I wanted.
（私は言いたいことを言える**のが当たり前だと思って**いた。）

◀関連表現▶

877 for sure [certain]	確かに(は)（⇐確かなこととして）

Nobody knows for sure how many people are homeless.
（ホームレスの人がどれだけいるのかだれにも**確かには**わからない。）

7 「～の間」 期間の for

878 for a **while**	しばらくの間
879 for the time **being**	当分の間 ☞ p.263
880 for **ages**	長い間
881 for **good**	永遠に

Why don't you rest for a while?
(**しばらく**休んだらどう？)

For the time being, my sister is clerking in a supermarket.
(**今のところ**，妹はスーパーの店員をしている。)

I haven't seen you for ages.
(**長い間**君に会っていなかったね。)

He has gone back to California for good.
(彼は**永遠に**カリフォルニアにもどった。)

◀関連表現▶

882 for the m**o**ment	当分の間，さしあたり
883 for the **present**	当分の間，さしあたり
884 for **ever**《英》	永遠に，ずっと＝ forever《米英》
885 for **life**	生涯，死ぬまで

8 for を用いるその他のイディオム

886 (be) **responsible** for A	A に対して責任がある
887 (be) to **blame** for A	A に対して責任がある，責めを負う ☞ p.108

You are responsible for this accident, too.
(君にもこの事故**の責任はある**。)

for でつかむイディオム ● 159

◀ 関連表現 ▶

888 **except** for A	A を除けば
889 **but** for A * (同単?)	もし A がなければ　= **without** A

＊古い言い回しで長文にはまれだが，言い換え問題にはいまだに出る。

This is a good report except for few mistakes.
(これは少数の誤り**を除けば**よいレポートだ。)

But for your help, he would have failed.
(もし君の助け**がなければ**，彼は失敗していただろう。)

890 for A's **part**	A の意見としては
891 for the **most** part	大部分は，大体は
892 for one **thing**	ひとつには ☞ p.255
893 **account** for A (同単?)	① A(割合)を占める ② A を説明する　= **explain** A

For the most part, women were uneducated.
(**大体のところ**女性は教育を受けていなかった。)

Blacks account for 10 % of the population.
(黒人が人口の 10%**を占める**。)

There is no accounting for tastes.
(好み**を説明する**のは不可能だ。)　★「たで食う虫も好きずき」(ことわざ)

894 **count** for A	A だけの価値がある
895 so **much** for A	A はこれで終わり

So much for my career as a rock star.
(ロックスターとしての僕の人生も**これまでだ**。)

> ミニ・レクチャー

◆期間の for も「対応」でわかる？

Q：for の基本義が「対応関係」だということはわかったんですが、期間を表す for もそれで説明できるんですか。

A：なかなか鋭い質問だね。期間の for については、学者方も悩んでいるようで、方向だとか目的の意味から強引に説明を試みる人もいるようだ。

Q：先生はどう思ってるんですか。

A：私はこれも「対応関係」でいけると思う。試論だけど。次の三つの文を比べてみたまえ。

a) I bought the book <u>for</u> three dollars.
b) I talked to her on a pay phone <u>for</u> three dollars.
c) I studied English <u>for</u> three hours.

a) はわかるね。「3 ドルのお金を費やして本を手に入れた」つまりお金と買った本は対応・交換関係にあるわけだ。b) は「公衆電話で彼女と 3 ドル分話した」という意味。お金とお喋りの量は対応関係だね。そして c) が期間の for だ。これも同じことじゃないかな。時は金なりだ。「3 時間を費やして英語の勉強をした」つまり時間とやった勉強の量は対応しているはずだろう。もちろん時間ばかり長くても能率が悪いのは困るけどね。

Chapter 5

to でつかむイディオム 95

◆ to のイメージ

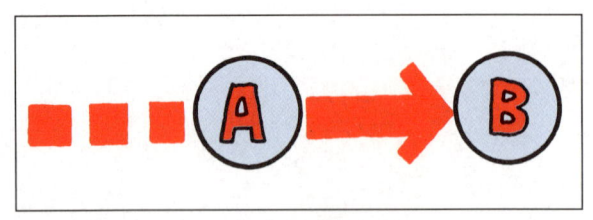

A to B

　to の基本義は「～に向かう」＋「～に達する」だ。単に方向を意味する for とちがって到達の意味をも表すことができる。いわば，to ＝ for ＋ at（あるいは in, on）である。I left for his house. だけでは途中でいじめっ子に会って逃げ帰ったかもしれない。I arrived at his house. だと玄関でチャイムを鳴らしているところしか意味しない。I went to his house. はこの二つをあわせた意味をカバーしている。
　さて，次の文はどうだろう。

I bought **some chocolate** for **Tom**, but I couldn't give **it** to **him**.

　そう，買った時点ではチョコの方向は決まっていたが，ついにトムの手に到達することはなかったのである。
　to が持つこの到達の意味はさまざまに発展していく。到達の意味が強まると **3** の付着・固執などの意味となる。**4** の適応・適合や **5** の所属・帰属の意味，さらには **6** の結果・程度の意味も，「～に達する」というイメージと結びつく。

◆イメージをひろげよう！

弓から的の「方向」に放たれた矢は空中を飛んで的に「到達」する。矢は的にくっついてなかなか取れない（「付着・固執」）。これは矢を放った「結果」だ。

1 「～に対して」 関心・感情の方向を示す to

896 pay <u>attention</u> to A	A に注意を払う
897 <u>attend</u> to A *	① A に注意・専念する ② A を世話する
898 (be) <u>indifferent</u> to A	A に無関心である　★ to の穴埋め頻出！

★おなじみ listen to もこのグループ。
＊ attend が「～に出席する」の意味のときは to などの前置詞は不要。

He paid no attention to what he was told by his friend.
（彼は友人に言われたこと**に注意を払わ**なかった。）

There's no one to attend to that patient.
（その患者**を世話する**人がいない。）

She seems quite indifferent to football.
（彼女はフットボールにはまったく**関心がない**ようだ。）

to でつかむイディオム　●　163

◀ 関連表現 ▶

899 (be) <u>sensitive</u> to A	A に敏感である，A に弱い
900 (be) <u>kind</u> to A 〔同熟?〕	A に親切である　=(be) <u>nice</u> to A
901 (be) <u>cruel</u> to A	A に残酷である

He <u>is sensitive to</u> cold.
(彼は寒さ**に弱い**。)

902 (be) <u>grateful</u> to A (for B)	A に (B のことで) 感謝している
903 <u>object</u> to A* 〔同単?〕	A に反対する　= <u>oppose</u> A*
904 (be) <u>opposed</u> to A*	A に反対している
905 (be) <u>contrary</u> to A	A に反している，逆らっている

* A に動詞が来るときは Ving の形。

Ken <u>objected to</u> doing what he was told.
(ケンは言われたことをやるの**に反対した**。)

My father <u>was</u> totally <u>opposed to</u> my getting married.
(父は私が結婚するのにまったく**反対だった**。)

<u>Contrary to</u> popular belief, the female lion is a better hunter than the male lion.
(一般的な考え**に反し**，メスライオンはオスより狩りがうまい。)

906 <u>look forward</u> to A [<u>Ving</u>]	A を楽しみに待つ ☞ p.83 ★ to V は不可！
907 <u>look up</u> to A 〔同単?〕〔反熟?〕	A を尊敬する ☞ p.82　= <u>respect</u> A ⇔ <u>look down on</u> A ☞ p.82

I'm <u>looking forward to</u> seeing you.
(君に会うの**を楽しみにして**いる。)

Every child needs someone to <u>look up to</u> and copy.
(子供はみな**尊敬**できて真似できる人が必要だ。)

★「関心を向ける」⇒「期待する，頼る」と発展する。

◆「頼る」の to

908 **turn** to A	① A に頼る　② A の方を向く ☞ p.96
909 **look** to A	① A の方を向く，A に注意する ② A に頼る ☞ p.82
910 **resort** to A	A(手段)に訴える

People can turn to the law if they want to correct an injustice.
（不正を正したいとき人は法律**に頼る**。）

You must never resort to violence.
（決して暴力**に訴えて**はならない。）

2 到達の to

911 **get** to A *	① A に達する ② A(仕事)を始める ☞ p.26
912 **lead** to A	① A をひきおこす　② A に通じる
913 **amount** to A	① A(総計)に達する　② A に等しい

* get to A ①＝ arrive at A ＝ reach A, ②＝ set to A

He got to work [business].
（彼は仕事**にとりかかった**。）

Smoking can lead to lung cancer.
（タバコは肺ガン**をひきおこす**ことがある。）

The long and winding road leads to your door.
（その長く曲りくねった道は君の家の戸口**に通じている**。）

His debts amount to a considerable sum.
（彼の借金はかなりの額**に達している**。）

◀関連表現▶

914 **add up** to A	A(総計)に達する，合わさって A になる
915 **live up** to A	A(期待など)に添う，A を満たす ☞ p.227
916 (be) **up** to A	① A の責任だ，A の意思しだいだ ② A(主に what)をくわだてている

Your purchases add up to $105.
(お買い上げは**合計** 105 ドル**になります**。)

He will try to live up to our expectations.
(彼は私たちの期待**に添う**よう努力するだろう。)

It is up to you whether you come or not.
(君が来るかどうかは君が**決めることだ**。)

What is he up to?
(彼は何**をたくらんでいる**んだ。)

3 付着・固執の to

917 **stick** to A	A にくっつく，A(信念など)を固く守る
918 **cling** to A	A にくっつく，A(信念など)を固く守る
919 **keep** to A	A(規則・約束など)を守る ☞ p.32

★「対象にくっついて離れない」⇒「こだわる・好きになる・専念する・守る・したがう」

You should stick to your goal till the end.
(自分の目標を最後まで**守る**べきだ。)

He clung to the table to support himself.
(彼は体を支えようとテーブル**にしがみついた**。)

Keep to the left.
(左側通行**を守れ**。)

◀関連表現▶

920 **adhere** to A	A にくっつく，固執する
921 **hold** (on) to A	A に固執する，しがみつく ☞ p.32
922 **keep** to oneself	人と交際しない（⇐自分から離れない） ☞ p.32
923 **attach** A to B	A を B にくっつける
924 **devote** oneself to A	A(仕事など)に身をささげる，専念する ☞ p.112
925 **apply** oneself to A	A(仕事など)に身をささげる，専念する ☞ p.112
926 **take** to A	A を好きになる
927 (be) **attached** to A	A に愛着を持っている
928 (be) **addicted** to A	A に中毒になっている

She took to him immediately.
（彼女は一目で彼が**好きになった**。）

He is addicted to drugs.
（彼は薬物**中毒だ**。）

4 適応・適合の to

929 **adapt** (oneself) to A	A に適応する ☞ p.112
930 **adjust** to A	A に適応する
931 **apply** to A	① A に当てはまる　② A(会社・学校など)に応募・志願する ☞ p.102

★ 「ピッタリくっつく」⇒「適応する・慣れる・当てはまる・合わせる」

The animals adapted to the new environment.
（その動物は新しい環境に**適応した**。）

The theory you proposed applies to this case.
（君が提案した理論はこの場合に**当てはまる**。）

◀関連表現▶

932 **adapt** A to B	A を B に適応させる，合わせる
933 **apply** A to B	A を B に適用する，当てはめる
934 (be) **true** to A	A に忠実だ ☞ p.277 cf. **be true of** A ☞ p.184, 277
935 (be) **used** to A [Ving]*	A に慣れている
936 (be) **accustomed** to A [Ving]*	A に慣れている

＊どちらも状態を表す。be を get, become にすれば「A に慣れる」となり，変化を表せる。

I don't mind leaving at six o'clock: I'm used to getting up early.
（6時に出発するのはいやではない。早起きするの**には慣れている**から。）

937 **according** to A	① A(情報源)によれば ② A にしたがって
938 **conform** to A	A(習慣・規則など)にしたがう
939 (be) **to the point**	的を射ている（⇐ポイントにピッタリ）

According to the weather forecast it's supposed to rain this weekend.
（天気予報**によれば**週末は雨らしい。）

5 「～に属する，原因する」 所属・帰属の to

940 **belong** to A	A に属する，A の所有物である

941	**owe A to B**	A を B に借りている, A は B のおかげだ
942	**attribute A to B** *	A の原因［所属］は B だと考える

★ある家に到着した花嫁はその家に属するようになる。
* A be attributed to B の形が多い。

He belongs to our tennis team.
（彼は私達のテニスチーム**に入っている**。）

He owes his success only to good luck.
（彼が成功したのは単に幸運**のおかげだ**。）

Air pollution has been partly attributed to cars.
（大気汚染の**原因**の一つは車だ**と考えられて**います。）

◀関連表現▶

943	**owing to A**	A(原因)のために
944	**thanks to A**	A のおかげで
945	**(be) due to A**	A(原因)のため(である)
946	**ascribe A to B**	A の原因［所属］は B だと考える

The trains were stalled owing to the heavy snowfall.
（ひどい雪**のために**列車が止まった。）

Thanks to your help, I was able to finish my work.
（君の助け**のおかげで**仕事を完成できた。）

It is all due to my friend's help that I have succeeded.
（私が成功したのはすべて友人の助け**のおかげだ**。）

947	**(be) unique to A**	A に特有である
948	**(be) peculiar to A**	A に特有である
949	**(be) native to A**	A(土地)に特有だ, A 生まれである

950 (be) **common** to A	A に共通している

Such a custom is not peculiar to the British.
(そういう習慣は英国人**独特**ではない。)

6 結果・程度の to

951 to some **extent** [degree]	ある程度まで
952 to A's **surprise**	(結果として)A が驚いたことに

★テストで君が達した得点は，君の努力の結果であるとともに君の実力の程度だ。starve to death には「飢えて死ぬ」(結果)と「死ぬほど飢える」(程度)の意味がある。

I accept what you say to some extent.
(君の言うことを**ある程度まで**受け入れます。)

To his surprise, his brother succeeded in the exam.
(**彼が驚いたことに**，弟は試験に受かった。)

◀関連表現▶ ★ to +「感情」のパターンをまとめよう。

953 to A's **joy**	A が喜んだことに
954 to A's **regret**	A が残念なことに
955 to A's **disappointment**	A が失望したことに
956 to A's **relief**	A がほっとしたことに

To his great regret, he didn't get first prize.
(大変**がっかりしたことに**彼は一等賞を取りそこねた。)

957 to the **full**	十分に，心ゆくまで

7 「～に負ける」 屈服の to

958 **give** way (to A)	(Aに)屈する，道をゆずる☞ p.40
959 **give** in (to A)	(Aに)屈する，負ける☞ p.40
960 **y**ield to A	A に屈する

Don't give way to temptation.
(誘惑**に負ける**な。)

She is finally yielding to old age.
(彼女はついに年**に負け**ようとしている。)

◀関連表現▶

961 **surrender** to A	A に降伏する
962 **submi**t to A	A に屈する
963 **succumb** to A	A に屈する
964 fall **victim** [prey] to A	A の犠牲 [えじき] になる☞ p.97
965 (be) **subject** to A	A に支配される，A(の影響)を受ける

People are subject to the law.
(人は法**に支配されている**。)

8 比較の対象を示す to

966 (be) **superior** to A	A より優れている
967 (be) **inferior** to A	A より劣っている
968 **prior** to A	A より前に，先に
969 **prefer** A to B	B より A を好む☞ p.106

★ -ior の語尾をもつ形容詞は than ではなく to で比較の対象を表す。

This wine is inferior to that in flavor.
（このワインはあれ**より**味**が劣る**。）

Prior to the age of television, children read more books.
（テレビ時代**の前**は，子供はもっと本を読んでいた。）

I prefer John's car to his employer's.
（私はジョンの車のほうが彼の社長の**より好きだ**。）

◀関連表現▶

(1) to が than の働きをしているもの

970 (be) **preferable** to A	A より望ましい
971 (be) **senior** to A *	A より年上[先輩・上のランク]である
972 (be) **junior** to A *	A より年下[後輩・下のランク]である

＊この 2 つの形は，入試に出ることはあるが，実際に用いられることは非常にまれ。年齢の上下は older [younger] than A が自然。

(2) その他の場合

973 (be) **equal** to A	① A に等しい ② A をする力がある
974 (be) **equivalent** to A	A に等しい
975 (be) **similar** to A	A に似ている

That yellow vase is similar to the one sold yesterday.
（その黄色い壺は昨日売れたもの**に似ている**。）

976 **correspond** to A	A に相当する，一致する
977 **compare** A to B *	① A を B にたとえる ② A と B を比較する

＊ cf. compare A with B は「A と B を比較する」の意味しかない。☞ p.200

What he said corresponds to the facts.
(彼が言ったことは事実と一致する。)

9 to を用いるその他のイディオム

978 A (be) familiar to B	A が B(人)によく知られている
979 A (be) known to B	A が B(人)に知られている ☞ p.276

★ A be familiar to B = B be familiar with A となる。(☞ p.276)

The tune played by the orchestra was familiar to me.
(オーケストラが演奏した曲は私が**知っている**曲だった。)

◀関連表現▶

980 limit A to B	A を B に限定する
981 confine A to B	A を B の範囲に限定する

We have to limit the expenses to what we can afford.
(出費はまかなえる範囲**に制限し**なければならない。)

982 (be) essential to A	A にとって不可欠である
983 (be) indispensable to A	A にとって不可欠である

Good health is essential to happiness.
(健康は幸福**に不可欠**だ。)

984 next to A *	同単?	① A の隣に ② ほとんど A = almost A
985 close to A		A のすぐ近くに

＊②の意味では A には impossible, nothing などの否定語がくる。

It is next to impossible for men to run faster than horses.
(人が馬より速く走るのは**ほとんど**不可能だ。)

986 **refer to A**	A に言及する

Are you referring to me?
(君は僕**のことを言っている**のか。)

987 **remember A to B**	A のことを B によろしく言う = give A's (best) regards to B

Please remember me to all your family. (= Say hello to all your family.)
(家族のみなさん**によろしく**。)　　　★ Say hello to A はくだけた表現。

988 **contribute to A**	① A に貢献する　② A の一因となる

His effort contributed to our success.
(彼の努力が私たちの成功**のもとになった**。)

989 **(be) open to A**	① A(人)に対して開かれている ② A(考えなど)を受け入れる ③ A(影響など)を受けやすい

Japan has always been open to foreign technology.
(日本はつねに外国の技術**を受け入れてきた**。)

990 **add A to B**	A を B に加える (cf. add to A 「A を増やす」 = increase A)

Add some milk to the soup.
(ミルクを少しスープ**に加え**なさい。)

Greenhouse gases add to global warming.
(温室効果ガスは地球温暖化**を増大させる**。)

ミニ・レクチャー

◆**接頭語と前置詞の怪しい関係**

Q：to のイディオムを見ていると，a ではじまる語がいやに多いような気がするんですが。

A：なかなか鋭い指摘だね。よし，君にだけその秘密を教えよう。実は add, adhere, adapt, adjust, apply, accustomed, attach などの頭にある ad-, ap-, ac-, at- はすべてラテン語の前置詞 ad から来ているのだ。そしてその ad は，to とほぼ同じ意味を持っていたんだ。いわば，接頭語が自分に似た意味の前置詞を引きつけるというわけだ。

Q：こういうの，ほかにはないんですか。

A：be involved in A なんて説明不要だろう。coincide, compare, correspond の co-, com-, cor- はラテン語の cum から来ていて，その意味は…

Q：with ですか。

A：当たり。でもこういう知識をへたに振り回すと逆効果だよ。be involved の後には with も使えるし，compare A to B, correspond to A も忘れないように。

Chapter 6

# of でつかむイディオム 74

◆ of のイメージ

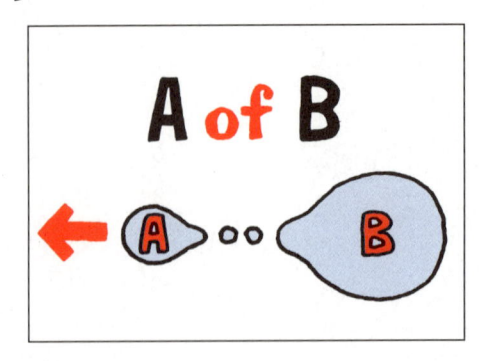

of というと日本語の「の」と同じと考えがちだが，本来 of の基本義は「～をはなれて」，つまり「分離」であった。現代では「分離」の意味は from や off で表すのが普通になり，of が使われるのは特殊な場合だけになってしまった。

たとえば，

a) I became financially independent of my parents.
b) His house is within a mile of the station.

a) は「私は経済的に親から独立した」，b) は「彼の家は駅から 1 マイル以内にある」という意味だから，「どうして from じゃいけないの？」と言いたくなるが，of が普通なのだ。（そしてこの二つは入試の常連だ。）

また，of か from かで微妙に意味がちがってくる場合もある。

たとえば原因を表す用法。

c) I am tired of quarreling with my boyfriend.
d) I am a little tired from the long trip.

c) は「私，カレとけんかするのはもうウンザリ」だが，d) は「私は長旅で少し疲れている」という意味だ。

◆イメージをひろげよう！

本来の意味 **1**「分離」から出発し，of の用法は大きく広がっていく。
「A が B から分離した」ということは「A のもとは B」ということだ。ここから **2** 材料・構成要素および **3** 原因・起源の用法が生まれる。大切なのはここから先だ。次の文を考えよう。

e) He is afraid of the dog.
　（彼はその犬を**恐れている**。）

本来はこの of も原因を表す用法だ。つまり「その犬が原因で恐怖を感じる」ということである。しかしもうひとつの見方がある。

be afraid は意味的には動詞 fear と同じだ。ただし，fear は他動詞だから目的語を後に置いて He fears the dog. とできるが，afraid は形容詞なので目的語を直接とれない。そこで of が手助けして目的語をくっつけるのだ。これで形容詞は他動詞のように働ける。**4** の用法がこれだ。

目的語をくっつけるこの**「助っ人の of」**はさらに広く活躍する。

f) Please take care of yourself.
　（どうかお体に気をつけてください。）
g) He informed me of the fact.
　（彼はその事実を私に知らせた。）

f) では take care は「注意する」というまとまった意味を持っているが，take はすでに care を目的語にしているのでさらに目的語をとることはできない。そこで of に助けてもらう。

g) は意味のうえでは He told me the fact. に近いが，inform は tell のように S V O O の文型をとれる動詞ではないので of の助けがいるわけだ。これが **5** および **6** の用法である。

of でつかむイディオム

1 「〜を引き離す」 分離の of

991 **rob A of B**	A(人・場所)から B を強奪する
992 **deprive A of B**	A から B を奪う ★ B は機会・権利・能力など。
993 **get rid of A**	A(不要物)を捨てる, 取り除く ☞ p.22
994 **cure A of B**	A の B(病気など)をなおす

★ rob のグループは動詞＋ A of B で「A(所有者・場所)から B を引き離す」という共通の意味をもっている。(A と B の語順に注意。)

A thief robbed me of my purse.
(泥棒が私のさいふ**を奪った**。)

The accident deprived Jack of his hearing.
(その事故がジャックから聴力**を奪った**。)

It's the best way to get rid of stress.
(それはストレス**をなくす**最高の方法だ。)

Parents try to cure their children of bad habits.
(親は子供の悪い習慣**を直そう**とする。)

◀関連表現▶

995 **relieve A of B**	A から B(負担など)を取り去る
996 **strip A of B**	A から B をはぎとる
997 **clear A of B**	A(場所)から B(不要物)を取り除く

◆「〜から分離している」⇒「〜がない」

998 **(be) free of [from] A**	A(悪い物)がない ☞ p.187, 272
999 **(be) free of charge**	無料である
1000 **(be) devoid of A**	A が欠けている
1001 **(be) short of A**	A が不足している

| 1002 **fall short** of A | A に達しない ☞ p.97 |

I am free of all pain.
（私は全く痛み**がない**。）

★次の二つは超頻出！

| 1003 (be) **independent** of A | A から独立している ☞ p.118 |
| 1004 (be) **within** A of B | B から A 以内である |

She became financially independent of her parents.
（彼女は経済的に親**から独立した**。）
★「A からの独立」は independence from A。

We are now within three miles of the house.
（今私達はその家から 3 マイル**以内にいる**。）
★ from は誤りとされるから注意！（within がなければ from が正しい）

2 材料・構成要素を表す of

1005 (be) **made** of A	A (材料)でできている
1006 (be) **made up** of A	A (部分)で構成されている ☞ p.59
1007 (be) **composed** of A	A で構成されている
1008 **consist** of A	A で構成されている ☞ p.103

★基本義「～から分離して」⇒「もとは～」⇒「材料は～」

例 a house of stone（石でできた家）

This building is made of steel and concrete.
（この建物は鉄とコンクリート**でできている**。）
★ be made from A「A(原料)からできている」☞ p.59

The bodies of animals are made up of cells.
（動物の体は細胞**でできている**。）

The paste chiefly <u>consists</u> <u>of</u> flour and water.
（そのペーストはおもに小麦粉と水で**できている**。）

3 原因・起源の of

1009 **die of A**	A（病気・飢えなど）で死ぬ
1010 **(be) tired of A**	A に飽きている ☞ p.276
1011 **(be) born of A**	A から生まれる

★基本義「〜から分離して」⇒「〜が起源で」と発展。

My uncle <u>died</u> <u>of</u> lung cancer.
（私のおじは肺癌**で死んだ**。）
★ die from A も使われる。（特に smoking, overwork「過労」など間接的原因の場合。）☞ p.190

I <u>am</u> getting <u>tired</u> <u>of</u> commuting by train every day.
（私は毎日電車で通勤する**のに飽きた**。）
★ be tired from A は「A で疲れている」 ☞ p.189, 276

She <u>was</u> <u>born</u> <u>of</u> an Italian father and an Irish mother.
（彼女はイタリア人の父とアイルランド人の母の間**に生まれた**。）

◀関連表現▶

1012 **of one's own accord**	自分の意志から，自発的に
1013 **of A's own Ving**	A が自分で V した ★V は make が多い。

Eventually, the car stopped <u>of</u> <u>its</u> <u>own</u> <u>accord</u>.
（ついに車は**ひとりでに**停止した。）

1014 **(be) sick (and tired) of A**	A にうんざりしている
1015 **(be) weary of A**	A にうんざりしている

4 感情・意識の対象を表す of

1016 (be) <u>afraid</u> of A	A を恐れている☞ p.274 = fear A
1017 (be) <u>aware</u> of A	A を意識している= know A
1018 (be) <u>sure</u> of A	A を信じている☞ p.271 = believe A

★本来はこれも原因を表す of だ。ただ，be ＋形容詞＋ of は他動詞で言い換えられるものが多いから，「形容詞を他動詞化する of」と考えてよい。of の訳がすべて「〜を」になっていることに注意。☞ 5《目的語を導く of》

You have nothing to <u>be afraid of</u>.
（なにも**恐れる**ことはない。）

I <u>am</u> fully <u>aware of</u> the problem.
（その問題については十分**意識しています**。）

I <u>am sure of</u> his success.
（私は彼の成功**を信じている**。）

★ of A のかわりに that 節を置けるものが多い。☞ p.270

例 He <u>was afraid that</u> he might fail.
（彼は失敗するのではないか**と恐れていた**。）

◀関連表現▶

1019 (be) <u>fond</u> of A	A を好む☞ p.106 = like A
1020 (be) <u>proud</u> of A	A を自慢に思う☞ p.107
1021 (be) <u>ashamed</u> of A	A を恥じている
1022 (be) <u>envious</u> of A	A をうらやんでいる= envy A
1023 (be) <u>jealous</u> of A	A をねたんでいる

I <u>am fond of</u> skiing.
（私はスキー**が好きだ**。）

She <u>is ashamed of</u> her old clothes.
（彼女は古い服**を恥ずかしがっている**。）

I was very envious of people who had been abroad.
（私は海外に行った人が**とてもうらやましかった**。）

1024 (be) **conscious** of A	A を意識している = know A
1025 (be) **ignorant** of A	A を知らない = don't know A
1026 (be) **convinced** of A	A を信じている = believe A
1027 (be) **certain** of A	A を確信している☞ p.270 = believe A
1028 **boast** of A	A を自慢する☞ p.107, 109
1029 **beware** of A	A に用心する

They are totally ignorant of the fact.
（彼らはまったくその事実**を知らない**。）

5 「〜を・〜に対して」 目的語を導く of

1030 take **care** of A	A を世話する，引き受ける☞ p.47 〔同熟？〕= **look after** A
1031 make **use** of A	A を利用する☞ p.63 = use A
1032 **catch** sight of A	A を見つける☞ p.99 = see A, find A

★これらの表現は全体がまとまって一つの他動詞のような働きをしている。だからこの of を「目的語を導く of」ととらえる。

They will take care of my dog while I am away.
（私が旅行中彼らが犬**の世話をして**くれる。）

◀関連表現▶

1033 lose **sight** of A	A を見失う
1034 take **advantage** of A	A を利用する☞ p.44
1035 **avail** oneself of A	A を利用する☞ p.112 = make use of A

1036 ☐ take charge of A	Aの管理・責任)を引き受ける☞ p.42	
1037 ☐ take notice of A	Aに注意を払う☞ p.47 = notice A	
1038 ☐ make fun of A	Aを笑いものにする☞ p.60 = ridicule A	
1039 ☐ make a fool of A	Aを笑いものにする☞ p.60	
1040 ☐ make sure [certain] of A	Aを確かめる☞ p.65 = confirm A	
1041 ☐ make sense of A	Aを理解する☞ p.62 = understand A	
1042 ☐ let go of A	Aを放す，離す☞ p.17, 65, 101	
同単?	= let A go	= release A

I lost sight of her in the crowd.
（私は人ごみの中で彼女を**見失った**。）

6 「情報」の of —— inform のグループ

1043 ☐ inform A of B	AにBを知らせる☞ p.109 = tell A B
1044 ☐ remind A of B	AにBを思い出させる

★このグループは，動詞＋A of Bで「A(人)にB(情報)を〜する」という意味で共通している。この of は 5 と同じく「〜を」と考えていいが、「〜について」と考えてもよい。（☞ 7）

There are several ways to inform others of what one has in mind.
（自分の考えを人**に知らせる**方法はいくつかある。）

This picture always reminds me of my high school days.
（この写真はいつも私に高校時代**を思い出させる**。）

◀関連表現▶

1045 ☐ convince A of B	AにBを信じさせる☞ p.109

★ convince A of B の受け身が A is convinced of B だ。☞ p.182

7 「〜について」関連の of

1046 (be) **true** of A	A について当てはまる ☞ p.277
1047 (be) **guilty** of A	A(罪)について有罪である
1048 **accuse** A of B	B のことで A を非難[告訴]する ☞ p.107
1049 **suspect** A of B	B のことで A を疑う

This is also true of other cases.
(これはほかの場合**にも当てはまる**。)

He is guilty of murder.
(彼は殺人**について有罪だ**。)

The coach accused us of not doing our best.
(コーチは私達がベストをつくさないこと**を非難した**。)

◀ 関連表現 ▶

1050 (be) **typical** of A	A に特有である，A の特徴だ
1051 (be) **characteristic** of A	A に特有である，A の特徴だ
1052 speak **ill** of A	A について悪口を言う ☞ p.91
1053 speak **well** of A	A をほめる ☞ p.91
1054 **not to speak** of A	A は言うまでもなく ☞ p.90 = not to mention A
1055 **hear** of A	A のことを耳にする ☞ p.87
1056 **think** of A	① A のことを考える = think about A ② A を思いつく
1057 think **much** [**highly**] of A*	A を重んじる，A を高く評価する
1058 think **nothing** of A*	A を何とも思わない

＊その他の think 〜 of のパターンは ☞ p.251

This value is typical of American society.
（この価値観はアメリカ社会に**特有だ**。）

8 of を用いるその他のイディオム

1059 ask a favor of A	A に頼み事をする

May I ask a favor of you?
（一つ**お願いして**もいいですか。）

◀関連表現▶

1060 dispose of A	A を処分する
1061 approve of A	A に賛成する，A が気に入る

It is hard to dispose of radioactive waste.
（放射性廃棄物**を処分する**のはむずかしい。）

She doesn't approve of her son staying out late at night.
（彼女は息子が夜おそく出歩くの**が気に入ら**ない。）

1062 (be) of importance	重要である＝(be) important
1063 (be) of use	役に立つ＝(be) useful
1064 (be) of interest	興味を引く，おもしろい＝(be) interesting

★ of ＋名＝形 とみなせる。

Masks are of great importance in Japanese theater.
（日本の演劇では仮面は非常に**重要である**。）

It is of no use to try to persuade him.
（彼を説得しようとしても**むだだ**。）

I want to see as many places of interest as I can.
（私はできるだけ多くの**おもしろい**場所を見たい。）

Chapter 7

from でつかむイディオム 31

◆ from のイメージ

A from B

from の基本義は「〜から離れて遠ざかる」だ。ただ分離するというのではなく，距離のイメージがあることに注意しよう。

a) The boy is <u>from</u> China.
b) My house is about 100 meters <u>from</u> the station.

a)「その少年は中国出身だ」のように，「〜から離れて」の部分が意識されると起点や起源を指す用法になる。(☞ **4**)
b)「私の家は駅から 100 メートルくらいだ」では「遠ざかる」の部分に重点がある。このように距離の意味が認識されているのが **1**, **2**, **3** などの用法である。

1「〜から離れて」 分離の from

1065 <u>keep</u> away from A	A に近づかない，A を避ける ☞ p.35
1066 <u>stay</u> away from A	A に近づかない，A を欠席する
1067 (be) <u>absent</u> from A	A を欠席している

You had better <u>keep</u> <u>away</u> <u>from</u> that sort of man.
（あんな男**とはつきあわない**ほうがよい。）

186 ● Part 2. 前置詞でつかむイディオム

You had better stay away from this town.
(この町に**近づかない**ほうが身のためだぞ。)

He has been absent from school since last Monday.
(彼はこの前の月曜以来学校**を休んでいる**。)

◀関連表現▶

1068 **keep** A (**away**) **from** B	A を B に近づけない
1069 **apart from** A	① A から離れて　② A は別として
1070 **aside from** A	① A から離れて　② A は別として
1071 **far from** A	A からほど遠い，決して A でない
1072 (be) **free from** A	A(悪い物)がない ☞ p.178, 272
1073 **recover from** A	A(病気など)から回復する = get over A

Apart from that, I see nothing remarkable about the man.
(それ**以外には**その男に目立ったところは見当たらない。)

He is far from honest.
(彼が正直だなんて**とんでもない**。)

The operation is quite free from danger.
(その操作はまったく危険**がない**。)

Some patients recover from an operation quickly.
(手術後すぐ**回復する**患者もいる。)

2 区別の from

1074 **can tell** A **from** B	A と B とを区別できる ☞ p.93
1075 **know** A **from** B	A と B とを区別できる
1076 **distinguish** A **from** B	A と B とを区別する

★よく似たものを「分離」することがすなわち「区別」だ。

I can't tell good music from bad.
（私は良い音楽と悪い音楽が**区別できない**。）

It is difficult to know right from wrong.
（善と悪**を区別する**のは難しい。）

Can a child of her age distinguish good from bad?
（彼女くらいの年の子に善悪**の区別ができる**のか。）

◀関連表現▶

1077 differ from A	A と異なる
1078 (be) different from A	A と違っている

3 禁止と妨害の from

1079 prevent A from Ving	A が V するのを妨げる，防ぐ
1080 keep A from Ving	A に V させないでおく ☞ p.34
1081 prohibit A from Ving	A が V するのを禁止する

★「～から離れる」⇒「～できない」。禁煙の第一歩はたばこを手近に置かないことだ。

You can't prevent me from going to the party.
（私がパーティーに行くのは**とめられ**ないよ。）

He ignored her efforts to keep him from having his way.
（彼は勝手なまね**をさせまいとする**彼女の努力を無視した。）

Trucks are prohibited from using residential streets.
（トラックは住宅地の街路の使用**を禁じられている**。）

◀ 関連表現 ▶

1082 **stop** A **from** V**ing**	A が V するのをやめさせる
1083 **ban** A **from** V**ing**	A が V するのを禁止する = **prohibit**
1084 **bar** A **from** V**ing**	A が V するのを禁止する，妨げる
1085 **refrain from** V**ing**	V するのを慎む
1086 **keep from** V**ing**	V しないでおく ☞ p.34

How can I stop him from leaving?
(どうすれば彼が出て行く**のをやめさせ**られるのか。)

The nurse asked me to refrain from smoking.
(看護師は私にたばこ**を控える**ように言った。)

4 起源・原因の from

1087 **derive from** A	A に由来する
1088 **date from** A	A (時代)にさかのぼる
(同熟?)	= **date back to** A
1089 (be) **tired from** A	A で疲れている ☞ p.276
1090 **suffer from** A	A (病気など)で苦しむ

☞ p.4　come from

The word derives from French.
= The word is derived from French.
(その語はフランス語**に由来する**。)

This custom dates from the 1400s.
(この習慣は 1400 年代**にさかのぼる**。)

I am tired from working too hard.
(私は働き過ぎ**で疲れている**。)

London is now <u>suffering from</u> an unusually cold winter.
（ロンドンは今非常に寒い冬**に悩まされている**。）

◀関連表現▶

1091 A <u>result</u> from B	A（結果）が B（原因）から起こる☞ p.102 = B result in A 「B が A（結果）に終わる」
1092 <u>die</u> from A	A が原因で死ぬ　cf. die of A ☞ p.180
1093 <u>spring</u> from A	A に由来する

The Arabic concept of zero <u>sprang from</u> Hindu culture.
（アラビアのゼロの概念はヒンドゥー文化**に由来する**。）

5 from を用いるその他のイディオム

1094 <u>judging</u> from A	A から判断すると

<u>Judging from</u> his parting words, we won't see him again.
（彼の別れの言葉**から判断すると**，もう二度と彼には会えないだろう。）

◀関連表現▶

1095 <u>hear</u> from A	A から便り［手紙・E メール・電話など］をもらう☞ p.87

Chapter 8
with でつかむイディオム 66

◆ with のイメージ

```
A with B
   ┌─────┐
   │ A  B │
   │共通の場│
   └─────┘
```

　ちょっと意外かもしれないが，with の本来の意味は「～に対抗して」であった。**1**，**2** などの用法にはそのなごりが感じられる。しかし現在の with の意味の中核は「～とともにある」，すなわち共存のイメージだ。この二つは一見，相反するように思えるが，そうでもない。
　政治の世界で考えてみよう。

a) America may fight <u>with</u> Russia.
　（アメリカはロシアと戦うかもしれない。）

　冷戦の時代が終わったとはいえ，このような事態にならぬという保証はないが，すわ戦争！ というときに，強力な異星人が攻めてきたらどうなるか。きっと，

b) America will fight <u>with</u> Russia against the aliens.
　（エイリアンに対抗してアメリカはロシアとともに戦う。）

ということになるだろう。昨日の敵は今日の友。そして a) と b) に共通するのは，両国が戦争という場にともに加わっている，つまり共存しているということなのである。

◆ with の入試での活躍ぶりをいくつか見てみよう。

a) I have almost no money <u>with</u> me.
b) Tom is sick in bed <u>with</u> the flu.
c) I'm not quite <u>with</u> you. What are you getting at?

a) は直訳すると「自分とともに金をほとんど持っていない」だから，「今手元にあまり金がない」の意味。
b) 「トムはインフルエンザを伴って寝ている」とは「インフルエンザで寝ている」の意味。Tom <u>has</u> the flu. の意味を表している。

c) 「私は君と一緒にいない」なんて目の前の相手に言われたら驚くだろうが，これは「話についていけない，よくわからない」の意味。つまり，物理的な場所ではなく「話の場」が問題なのだ。(後半は「君は何を言おうとしているのだ」)

1 「〜に対抗して」 敵対・衝突の with

1096 **compete** with A	A と競争する
1097 **fight** with A	A と戦う
1098 **interfere** with A	A を妨害する

★ compete against A, fight against A も可。

That store <u>competes</u> <u>with</u> ours for customers.
(その店はうちと客を**取りあっている**。)

The children are always fighting with each other.
（その子たちはしょっちゅう**けんかしている**。）

The traffic noise interfered with my sleep.
（車の騒音が私の眠り**をじゃました**。）

◀関連表現▶

1099 **argue** with A	Aと口論する，論争する
1100 **contend** with A	Aと論争する
1101 (be) **faced** with A	A(障害など)に直面している
1102 (be) **confronted** with A	A(障害など)に直面している

Mr. and Mrs. Hudson are always arguing with each other.
（ハドソン夫妻はいつも**けんかしている**。）

We are faced with a serious problem.
（私たちは深刻な問題**に直面している**。）

2 対処・処理の with

1103 what ... **do** with A	Aをどう扱うか，Aをどう処理するか ☞ p.78
1104 do **away** with A	Aを取り除く，廃止する ☞ p.78　同単？　= **abolish** A
1105 **deal** with A *	Aを処理する，扱う ☞ p.104
1106 **cope** with A	Aにうまく対処する

＊ deal with A には「Aと取引する」の意味もある。　cf. deal in A ☞ p.104

What should we do with that naughty boy?
（そのいたずらっ子をどう**扱う**べきだろう。）★直訳：「〜に対して何をすべきだろう」

We should do away with zoos.
（動物園は**廃止するべき**だ。）

The matter was dealt with as quickly as possible.
（その問題はできるだけ早く**処理された**。）

They coped with the difficulty.
（彼らはその困難にうまく**対処した**。）

◀関連表現▶

1107 **part** with A *	A を手放す
1108 **break** with A	A と絶交する
1109 **dispense** with A 〈同熟？〉	A なしですます　= do without A

* part from A は「A(人)と別れる」

He has parted with his house.
（彼は家**を手放した**。）

I can dispense with his help.
（私は彼の助け**なしでやる**ことができる。）

3 一致・同一の with

1110 **agree** with A	A と一致する，(体質に)合う
1111 **correspond** with A *	A と一致する

* correspond with A には「A と文通する」の意味もある。また，correspond to A は「A に相当する，つりあう」の意味。☞ p.172

I totally agree with what she said over the phone.
（私は彼女が電話で言ったことにまったく**賛成だ**。）

Fried food usually doesn't agree with me.
（揚げ物は私**の体質に合わ**ない。）

His actions do not always correspond with his words.
（彼の行動は彼の言葉と必ずしも**一致し**ない。）

◀関連表現▶

1112 coincide with A	A と同時に起こる, A と一致する ☞ p.105
1113 go with A	(服装などが) A と調和する ☞ p.19 [同単？] = match A
1114 comply with A	A(要求, 規則など)に従う
1115 sympathize with A	① A に同情する ② A に共感する
1116 identify with A	A に共感する
1117 get along with A	A と仲良くする, やっていく ☞ p.17

His birthday coincides with mine.
(彼の誕生日は私の**と一致している**。)

This shirt doesn't go with that tie at all.
(このシャツはあのタイとまるで**似合わ**ない。)

It is easy to sympathize with people in need.
(困っている人**に同情する**のはたやすい。)

She was the sort of girl he could get along with.
(彼女は彼**とうまくやっていけ**そうな女性だった。)

4 「〜に関して」 関係・関連の with

1118 (be) the case with A	A について当てはまる
1119 What's the matter with A?	A はどうしたのか

That is also the case with the Japanese.
(それは日本人**にも当てはまる**。)

What's the matter with you?
(**いったいどうしたんだね？**) ★「君おかしいんじゃないの？」ととがめる意味にもなる。

◀ 関連表現 ▶

1120 find **fault** with A 〔同単？〕	A に文句を言う	= **criticize** A
1121 (be) the **trouble** with A	A について問題である	
1122 (be) **wrong** with A	A がおかしい	

He is always finding fault with his secretary's work.
（彼はいつも秘書の仕事に**けちをつけている**。）

There is something wrong with my car.
（私の車はどこか**おかしい**。）

〔応用〕

How are things with you?　★この things は「状況」の意味。
（ご機嫌いかがですか。）

1123 A (be) **familiar** with B	A(人) が B をよく知っている ☞ p.276 = B be familiar to A
1124 (be) **acquainted** with A	① A(物事)に精通している ② A(人)と知り合いである ☞ p.276

He is familiar with European culture.
（彼はヨーロッパ文化に**くわしい**。）

1125 (be) **concerned** with A＊	① A と関係がある ② A に関心がある ☞ p.273
1126 (be) **associated** with A	A と関係づけられる，A を連想させる
1127 (be) **connected** with A	A と関係がある
1128 **have** something to do with A	A に関係がある ☞ p.70, 79, 250

＊ be concerned about A は「A を心配している」☞ p.213, 273

You are not concerned with this project, nor am I.
（君はこの計画**に関心が**ない。私もそうだ。）

Cholesterol is associated with heart disease.
（コレステロールは心臓病に関係があると言われる。）

5 感情の対象・原因を示す with

1129 (be) **pleased** with A	A に満足している
1130 (be) **satisfied** with A	A に満足している
1131 (be) **content** with A	A に満足している
1132 (be) **angry** with A *	A(人)に腹を立てている ☞ p.277

＊物事には be angry about A を用いる。at は人・物事両方可。

Was your mother pleased with your birthday present?
（おかあさんは誕生日のプレゼント**を気に入って**くれたかい。）

Not all of us are satisfied with our jobs.
（みんなが仕事**に満足している**わけではない。）

He was angry with Mary for behaving like a child.
（彼はメアリが子供みたいな振舞いをしたこと**に腹を立てた**。）

◀関連表現▶

1133 (be) **beside** oneself with A	A(感情)で我を忘れている ☞ p.269
1134 (be) **fed up** with A	A にうんざりしている
〔同熟？〕	＝(be) **tired of** A
1135 (be) **bored** with A	A にうんざりしている

Mary was beside herself with joy when she heard the good news.
（メアリはよい知らせを聞き，うれしさ**に我を忘れた**。）

I am fed up with hamburgers.
（ハンバーガーはもう**うんざりだ**。）

★ be fed up with A の直訳は「A を腹いっぱい（＝ up）食わされている」だ。
（☞ p.199　feed A with B)

6 副詞句を作る with

1136 with care	注意深く = carefully
1137 with ease	容易に = easily
1138 with pleasure *	喜んで

★「注意を伴って」⇒「注意深く」
* cf. for pleasure「娯楽として，楽しみで」☞ p.154

These dresses must be packed with great care.
(このドレスは非常に**注意深く**包装せねばならない。)

He performed the trick with ease.
(彼はその手品を**難なく**やって見せた。)

"Will you help me with this problem?" "With pleasure."
(「この問題を解くのを手伝ってくれますか」「**喜んで**」)

◀関連表現▶

1139 with difficulty	苦労して
1140 with interest	①興味を持って　②利子をつけて

7 「与える」の with —— provide のグループ

1141 provide A with B	A に B を与える，供給する
1142 supply A with B	A に B を与える，供給する
1143 present A with B	① A に B(難問・機会など)を与える ② A に B を贈呈する

★すべて「動詞＋ A(受け手・場所)＋ with B(与えられるもの)」という構造になっている。

He provided us with everything we needed.
(彼は私達に必要なものをすべて**そろえてくれた**。)

The river supplies the city with water.
(その川はその都市に水を**供給している**。)

The Internet presents us with huge opportunities.
(インターネットは私達にものすごい機会**を与える**。)

★書き換えに注意
provide A with B = provide B for [to] A
supply A with B = supply B for [to] A
present A with B = present B to A

◀関連表現▶

1144 A (be) equipped with B	A が B(装置など)を備えている
1145 A (be) blessed with B	A が B に恵まれている
1146 feed A with B	A に B(えさなど)を与える
1147 endow A with B *	① A に B を寄付する ② A(人)に B(才能など)を与える
1148 furnish A with B	A に B を備えつける，与える

＊②は A be endowed with B「A は B に恵まれている」の形が多い。

This car is equipped with four airbags.
(この車には4つのエアバッグ**が装備されている**。)

To produce art you must be endowed with genius.
(芸術を生み出すには天才**に恵まれて**いなければならない。)

1149 load A with B	A に B を積む，載せる
1150 be charged with A *	① A(罪)で告訴される ② A(責任など)を課される

＊受身形がほとんど☞ p.107

★次のような表現も構造は同じだ。

◆「～でいっぱい」の with

1151 fill A with B	A を B で満たす
1152 A be filled with B	A が B で満たされている
1153 cover A with B	A を B でおおう
1154 A be covered with B	A が B でおおわれている
1155 A be crowded with B	A が B (人など)でいっぱいだ

The department store was crowded with customers.
(そのデパートは客でいっぱいだった。)

8 with を用いるその他のイディオム

1156 help A with B	A が B をするのを助ける

I don't see why you won't help me with my homework.
(どうして宿題を手伝ってくれないの。)

★ help my homework は×。

◀関連表現▶

1157 compare A with [to] B	A と B を比べる
1158 compared with [to] A	A に比べると

★ with の代わりに to を用いることもある。ただし compare A to B には「A を B にたとえる」という意味もあるから注意！ ☞ p.172

Compared with dogs, cats are certainly selfish.
(イヌに比べるとネコは確かにわがままだ。)

1159 with <u>regard</u> to A	A に関して

Do you have anything to say <u>with regard to</u> this matter?
(この問題**に関して**言いたいことがありますか。)

1160 with a <u>view</u> to Ving	V する目的で

He bought the land <u>with a view to</u> building a house.
(彼は家を建てる**目的で**その土地を買った。)

1161 to <u>begin</u> with	①まずはじめに＝ firstly ②最初は＝ at first

<u>To begin with</u>, I'd like to talk about my dream.
(**まずはじめに**私の夢について話したいと思う。)

ミニ・レクチャー

◆ **agree with** と **agree to** はどう違うか？

agree with A が単に意見の一致という状態を表すのに対し，agree to A は「A に同意する，A を承認する」という意志的行為を表す。したがって，
★一致不一致のみが問題となる意見，理論，事実などを意味する語句には with

ex. { opinion, view, theory, idea, etc.
　　　人を表す名詞代名詞*

（*英語では，人を指す名詞代名詞に「その人の意見」という意味があることに注意。）

★行動決定にかかわり，同意を必要とする提案，計画，要求などを意味する語句には to

　ex. proposal, suggestion, plan, request

を用いるのが原則。

Chapter 9

by でつかむイディオム 20

◆ by のイメージ

by には多彩な用法があるが,「～によって」と訳せるものが多い。「よって」は漢字で「寄って」と書くとわかるように,「近接」の意味だ。by のさまざまな用法の中にもこの「近接」のイメージがひそんでいる。

■ 「～ずつ」「～だけ」 くぎり・単位の by

1162 by the A	A 単位で	
1163 day by day	日一日と	
1164 little by little	〔同単?〕 少しずつ	= gradually

★単位はものを計るときの「よりどころ」だ。

I am paid by the hour.
(私は時給**で**働いている。)

My mother's health is improving little by little.
(母の健康状態は**少しずつ**よくなっている。)

◀関連表現▶

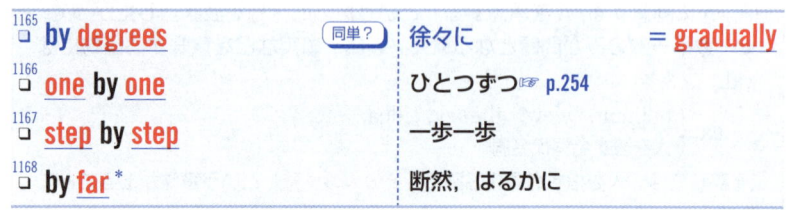

1165 by degrees	〔同単?〕 徐々に	= gradually
1166 one by one	ひとつずつ ☞ p.254	
1167 step by step	一歩一歩	
1168 by far *	断然, はるかに	

＊ by far は最上級や比較級を強める。

It's by far the best book I've ever read.
(それは私が読んだ中で**断然**最高の本だ。)

> 応用
>
> 次のような「差」を表す by もこのグループに入る。
>
> She missed the train by two minutes.
> (彼女は**2分差で**電車に乗り遅れた。)
>
> He is older than her by three years.
> (彼は彼女より**3歳**年上だ。)

2 「~によって」 手段・原因の by

1169 by chance	同単？	偶然に = accidentally, unexpectedly
1170 by mistake		まちがって
1171 learn A by heart	同単？	A を暗記する(動作) ☞ p.261 = memorize A
1172 know A by heart		A を暗記している(状態)

I met Mr. Tanaka by chance.
(私は**偶然**田中さんに会った。)

He opened my mail by mistake.
(彼は**まちがって**私の郵便物を開けた。)

We must learn this poem by heart.
(私達はこの詩**を暗記せ**ねばならない。)

◀関連表現▶

1173 by accident	同熟？	偶然に = by chance
1174 by air [car, bus]		飛行機で [車で, バスで]
1175 by means of A		A を用いて
1176 by virtue of A		A を用いて, A のおかげで

Thoughts are expressed by means of words.
（思考は言葉で表現される。）

He became the Prime Minister by virtue of his political background.
（彼は政治的経歴を利用して首相になった。）

3 by を用いるその他のイディオム

1177 by all means	①（申し出に対し）ぜひどうぞ ②ぜひ，必ず（⇐すべての手段で） ☞ p.247
1178 by no means	決して〜ない＝ not at all

The plan must be carried out by all means.
（その計画は何としても実行せねばならぬ。）

◀関連表現▶

1179 by nature	生まれつき，本来は

Ann is very kind by nature.
（アンは生まれつきとても親切だ。）

1180 stand by A	A を支持する（⇐ A のそばに立つ）

I'll stand by you when you are in trouble.
（困った時は味方になってあげよう。）

★目的語のない stand by は，「傍観する」「待機する」などの意。

1181 by turns	交代で，かわるがわる ＝ alternately

Chapter 10

as でつかむイディオム 25

◆ as のイメージ

辞書で as を引くと，接続詞，副詞，前置詞などに細かく分けられているが，基本義は「〜とならんで」である。例文で見てみよう。

a) <u>As</u> it grew darker, it became colder.
   （暗くなるにつれて寒くなってきた。）
b) <u>As</u> it was cold yesterday, she caught a cold.
   （昨日は寒かったので彼女はかぜをひいた。）
c) He is <u>as</u> busy <u>as</u> a bee.
   （彼はハチのように忙しい。）
d) The artist regarded himself <u>as</u> a genius.
   （その芸術家は自分を天才だと思っていた。）

a) では「暗くなる」という出来事と**ならんで**「寒くなる」という出来事が起きたのである。b) では昨日の寒さと彼女のかぜが原因と結果として**ならんで**いる。c) では忙しさの点で彼がハチと**ならんで**いる。d) では自分を天才と**ならべ**ているわけだ。（☞ **2**）

1 「〜として」の as

1182 **as a** <u>rule</u>	たいてい（⇐原則としては） = usually
1183 **as a** <u>whole</u>	全体として
1184 **as a** <u>result</u>	結果として，その結果

★ as は＝だ。「x ＝ 3」とは「x を 3 <u>として</u>考える」ということ。

<u>As a rule</u>, Japanese people hesitate to speak to strangers.
（**たいてい**日本人は知らない人に話しかけるのをためらう。）

You should consider the earth <u>as a whole</u>.
（地球を**全体として**考えるべきだ。）

I started cycling to school, and as a result I lost a lot of weight.
（私は自転車で学校に通いはじめ，**その結果**体重がすごく減った。）

◀関連表現▶

1185 □ as a matter of course	当然のこととして
1186 □ as a matter of fact	実を言うと
1187 □ as such	①そういうものとして　②〜自体

When I go out of the house, I lock the door as a matter of course.
（家を出るとき私は**当然**鍵をかける。）

She is still a child and should be treated as such.
（彼女はまだ子供だから**そのように**扱うべきだ。）

Science as such is not at all dangerous.
（科学**そのもの**はまったく危険ではない。）

2 「AをBとみなす」の as

1188 □ regard A as B	AをBとみなす
1189 □ see A as B	AをBとみなす ☞ p.85
1190 □ view A as B	AをBとみなす
1191 □ define A as B	AをBと定義する，みなす
1192 □ refer to A as B	AをBと呼ぶ = call A B

★ AとBはA＝B，つまり主語と述語の関係にある。SVOCの構文の一種と思えばいい。asの後には例文のように形容詞も来る。このグループは受け身になることが多い。

Animation is often regarded as childish.
（アニメは子供っぽい**とみなされる**ことが多い。）

Old people tend to view the past as an ideal time.
（老人は昔を理想の時代**とみなす**傾向がある。）

It is common to define a human being as a thinking animal.
（人間を考える動物**と定義する**のは普通だ。）

Non-verbal communication is sometimes referred to as body language.
（非言語コミュニケーションはボディーランゲージ**と呼ばれる**ことがある。）

◀関連表現▶

1193 accept A as B	A を B として受け入れる
1194 look upon [on] A as B	A を B とみなす ☞ p.85
1195 speak of A as B	A は B だと言う
1196 identify A as B	A を B と同一視する，みなす
1197 A strike B as C *	A が B に C という印象を与える

＊この熟語では A ＝ C であることに注意。

She struck me as more beautiful than before.
（彼女は前よりきれいになったように**思われた**。）

3 as を用いるその他のイディオム

1198 as for A		A については（普通，文頭に用いる）
1199 as to A	同単？	A について ＝ about A
1200 as yet	同熟？	今までのところ ＝ so far

As for me, I have nothing to complain of.
（私**に関するかぎり**，何も文句はない。）

She was at a loss as to what to do.
（彼女は何をすべきか**について**まったくわからなかった。）

No snow has fallen as yet this winter.
（この冬は**今までのところ**雪が降っていない。）

◀関連表現▶

★以下は接続詞の as を含むイディオム。

1201 as it were (同熟?)	いわば	= so to speak
1202 as well as ～	～と同様	
1203 as [so] long as S V (同単?)	① S が V しさえすれば ② S が V する間は	= if S V
1204 as [so] far as S V	S が V する範囲では	
1205 as soon as ～	～したとたん	

I won't be afraid as long as you stand by me.
(君がそばにいてくれ**さえすれば**こわくはない。)

As far as she was concerned, things were going well.
(彼女**に関するかぎり**, 状況はうまく進んでいた。)

★ as far as は次の3つがほとんど。

as far as A is concerned	「A に関する範囲では」
as far as I know	「私が知る範囲では」
as far as I can tell	「私が言える[わかる]範囲では」

1206 as if [though] ～	まるで～のように

★原則として as if 節の動詞は仮定法過去形・過去完了形だが, 主節の動詞が現在形のときは as if 節の動詞に現在形を使う人も多い。入試のデータでは as if 節の be 動詞の約 17% が現在形。

She talks as if she knew everything.
(彼女は何でも知っている**かのように**しゃべる。)

Chapter 11
その他の前置詞でつかむイディオム 60

1 状態の変化を表す into

1207 burst [break] into tears	急に泣き出す
1208 get into trouble	めんどうなことになる, (警察などと)問題を起こす ☞ p.22
1209 A change into B	A が B に変わる
1210 change A into B	A を B に変える

★ 「~の中にはいる」⇒「~の状態になる」 get into trouble の結果が be in trouble だ。(☞ p.127)

The boy burst into tears when he saw the big dog.
(その子は大きな犬を見て**泣き出した**。)

He got into trouble with the gang again.
(彼はそのグループとまた**もめごとを起こした**。)

The caterpillar changed into a beautiful butterfly.
(いも虫は美しいチョウに**なった**。)

Solar cells change sunlight into electricity.
(太陽電池は日光を電気に**変える**。)

◀関連表現▶

1211 burst into laughter	わっと笑い出す
1212 enter into A	A を始める ★ enter A は「A(場所・学校)に入る」。
1213 come into being [existence]	出現する ☞ p.5

When they heard the story, they burst into laughter.
(その話を聞いて彼らは**爆笑した**。)

その他の前置詞でつかむイディオム

When did life come into being?
(生物はいつ**出現した**のですか？)

1214 transform A into B	A を B に変える，変形する
1215 convert A into B	A を B に変える，転換する
1216 translate A into B	A を B に翻訳する
1217 divide A into B	A を B に分割する

Plants transform carbon dioxide into oxygen.
(植物は二酸化炭素を酸素**に変える**。)

Solar cells convert solar energy into electricity.
(太陽電池は太陽エネルギーを電気**に変える**。)

Will you translate this book into English?
(この本を英語**に訳して**くれないか。)

1218 make A into B	A(原材料)を B(製品)にする ☞ p.59
1219 break A into [to] pieces	A を粉々にする
1220 put A into B	A を B に訳す = translate A into B
1221 put A into practice	A を実行に移す ☞ p.52
1222 talk A into Ving	A を説得して V させる ☞ p.92

She's going to talk her father into buying a new car.
(彼女は父**を説得して**新車を買わ**せる**つもりだ。)

2 into を用いるその他のイディオム

1223 take A into account [consideration]	A を考慮に入れる ☞ p.46

All things taken into consideration, her life is a happy one.
(すべて**を考慮すると**，彼女の人生は幸福だ。)

◀関連表現▶

1224 **break** into A	① A(家・ネットワークなど)に侵入する ② 突然 A(行為)をし始める ☞ p.101
1225 **run** into A	① A(問題・状況など)にぶつかる ② A に偶然出会う ☞ p.98

3 受け身状態の under

1226 (be) under **control**	(病気などが)制圧されている，正常である
1227 (be) under **pressure**	圧力[プレッシャー]を受けている
1228 (be) under **stress**	ストレスを受けている
1229 (be) under the **influence** of A	A の影響を受けている

★ [under ＋動詞の名詞形] で「～されている」という受け身的な意味を表すものが多い。

Inflation in the country is under control now.
(その国のインフレはもう**おさえられている**。)

I work best when I'm under pressure.
(私は**プレッシャーを受けている**とき最もいい仕事をする。)

I've been under a lot of stress lately.
(最近私は多くの**ストレスを受けている**。)

Japan developed under the influence of Chinese culture.
(日本は中国文化**の影響を受けながら**発展した。)

◀関連表現▶

1230 (be) under **construction**	建設[工事]中である
1231 (be) under **repair**	修理中である
1232 (be) under **attack**	攻撃されている

その他の前置詞でつかむイディオム ● 211

4 「～を受け継いで」 継承の after

1233 **name** A B after C	C にちなんで A を B と名づける
1234 **take** after A （同単?）	A(肉親)に似ている☞ p.43 = **resemble** A

★ 「～のあとに」⇒「～の名前，性質などを受け継いで」

例 This picture is after Chirico.
（この絵はキリコ**風だ**。）

He was named David after his uncle.
（彼はおじさん**の名をもらって**デヴィッド**と名づけられた**。）
★ name A B for C とも言う。

Anne takes after her grandmother.
（アンは彼女のおばあさん**に似ている**。）

5 経験・完了の through

1235 **get** through (with) A	（同単?）	A を終える☞ p.25 = **finish** A
1236 (**be**) through (with) A		A を終えている
1237 **go** through A	（同単?）	① A を経験する = **experience** A ② A を調べる(少数)☞ p.23

★ 「～を通り抜ける」⇒「～を終える，経験する」

At last we got through the hard work.
（やっと私達はそのつらい仕事**を終えた**。）

She was halfway through her homework when her friend called.
（彼女が宿題を半分**終えた**とき，友達から電話がかかった。）

The widowed mother had to go through a lot of hardships.
（夫に死なれた母親は多くの苦難**を経験せ**ねばならなかった。）

6 関心・心配の about

1238 worry about A	A を心配する
1239 (be) worried about A	A を心配している
1240 (be) concerned about A *	A を心配している ☞ p.273

* cf. be concerned with A ☞ p.196

Benjamin is a little worried about his future.
(ベンジャミンは将来に少し**不安を抱いている**。)

He is concerned about his parents' health.
(彼は両親の健康**を気づかっている**。)

◀ 関連表現 ▶

1241 (be) anxious about A	A を心配している ☞ p.273

cf. be anxious for A「A を切望している」 ☞ p.154, 273

1242 (be) particular about A	A について好みがうるさい

His brother seems to be particular about what he eats.
(彼の弟は食べ物**に好き嫌いがある**ようだ。)

7 否定の out of

1243 (be) out of order	乱れている,こわれている
1244 (be) out of the question 〔同単?〕	不可能である = **impossible**
1245 (be) out of date 〔反熟?〕	時代おくれである ⇔ (be) up to date

★ in, into の反対語で, 不足, 消滅, 不在, 不可能など否定的な意味を表す。
☞ p.127《状態の in》

The door will not open; the lock must be out of order.
(そのドアはどうしても開けられない。鍵が**壊れている**にちがいない。)

Peace was out of the question at that time.
(当時は平和など**考えられなかった**。)

Your computer is out of date.
(君のコンピュータは**時代おくれだ**。)

◀関連表現▶

1246 (be) out of fashion	流行おくれである
1247 (be) out of control	制御不可能である
1248 (be) out of one's mind	気が狂っている
1249 (be) out of sight	見えなくなっている
1250 (be) out of place	場違いである
1251 (be) out of breath	息が切れている
1252 (be) out of work	失業している

Our child is out of control.
(うちの子は**手がつけられない**。)

Are you out of your mind?
(**頭がおかしく**なったの？)

We watched the car go out of sight.
(私たちは車が**見えなく**なるのをじっと見守った。)

Your clothes are out of place here.
(君の服装はここでは**場違いだ**。)

8 「〜をのぞいて」 除外の but

1253 nothing but A	同単?	A にすぎない，A だけ	= only A
1254 anything but A	同熟?	決して A ではない	= not A at all

214 ● Part 2. 前置詞でつかむイディオム

★ nothing but A は原義「A 以外の何物でもない」⇒ only A, anything but A は原義「A 以外なら何でも」⇒「A だけは never」と考えればわかる。

<u>Nothing</u> <u>but</u> a miracle can save her.
(彼女を救えるのは奇蹟**だけ**だ。)

He is <u>anything</u> <u>but</u> a teacher.
(彼はとても先生**なんかではない**。)

◀関連表現▶

1255 have no choice but to V	V する以外に道がない ☞ p.73
1256 do nothing but V	V ばかりする (⇐ V 以外何もしない)
1257 cannot but V	V せずにいられない ☞ p.278

When I missed the last bus, I <u>had</u> <u>no</u> <u>choice</u> <u>but</u> <u>to</u> take a taxi.
(最終バスにおくれて、タクシーで行く**しかなかった**。)

She <u>couldn't</u> <u>but</u> burst into laughter.
(彼女は爆笑**せずにいられなかった**。)

9 その他の否定的前置詞

1258 without fail	まちがいなく、かならず
1259 never [cannot] V₁ without V₂ing	V₁ するとかならず V₂ する
1260 beyond doubt	疑いなく = without doubt
1261 (be) beyond description	言葉では表せない(ほどすばらしい・ひどい)
1262 (be) behind schedule	予定よりおくれて
1263 behind A's back	A のいないところで、A にかくれて ☞ p.261

Bring the book to me tomorrow <u>without fail</u>.
(明日**かならず**その本を持って来てくれ。)

I can never hear this song without laughing.
（この歌を聞くといつも笑ってしまう。）

He proved beyond doubt that Mr. Pollock was the murderer.
（彼はポラック氏が殺人犯だとはっきり証明した。）

The beauty of the Taj Mahal is beyond description.
（タージ・マハルの美しさは言葉では表せない。）

10 between のイディオム

1264 between you and me	あなたと私だけの(秘密で)
1265 between ourselves	私達だけの(秘密で)

This is a secret between you and me.
（これは君と僕の間だけの秘密だ。）

◀関連表現▶

1266 read between the lines	行間の意味を読み取る

If you read between the lines, this letter is a request for money.
（意味をくみ取れば、この手紙は金の催促だとわかる。）

副詞でつかむ
イディオム

Part 3

Chapter 1

out でつかむイディオム 35

◆ out のイメージ

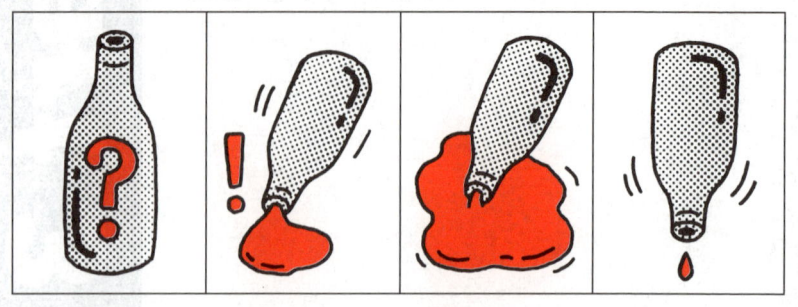

中身は何だろう？　　出せばわかる。　　出せばなくなる。　　終わり。

outの基本義は「外に出て」。何かが入ったビンがあるとしよう。中身を出せば何だか「わかる」。どんどん出せば「なくなる」。なくなれば「終わり」だ。

1 「外に出す・出る」の out

1267 pick A out	A を選び出す
1268 leave A out	A を抜かす (= omit)，のけ者にする
1269 stand out	目立つ (←外に立つ)

★ pick up に「選ぶ」の意味はない。注意。☞ p.229

I want to pick out a present for my friend.
(私は友達にあげるプレゼント**を選び**たい。)

When you were planning the meal, you left out the cheese.
(献立を考えていたとき君はチーズ**を抜かした**。)

Tom is so intelligent that he stands out in class.
(トムはとても利口なので授業中に**目立つ**。)

Part 3. 副詞でつかむイディオム

◀関連表現▶

1270 point A out	A を指摘する
1271 single A out	A を選び出す
1272 rule A out	A(可能性など)を否定する,除外する
1273 drop out (of A)	(Aを)途中でやめる

I had my mistake pointed out by my teacher.
(私は先生に誤り**を指摘**された。)

The politician ruled out the possibility of war.
(その政治家は戦争の可能性**を否定した**。)

The girl dropped out of school and went to work.
(その女の子は学校**をやめて**勤め始めた。)

1274 come out	明らかになる,出版される☞ p.5 =(be) published
1275 bring A out	A を明らかにする,出版する☞ p.5 = publish A

Time will bring out the truth.
(時がたてば真実は**明らかになる**だろう。)

1276 ask A out	A を外出に誘う

2 開始の out

1277 set out (to V)	自 出発する 他 V し始める☞ p.56
1278 break out	(火事・戦争などが)急に起こる ☞ p.101, 105
1279 burst out Ving	急に V し始める

out でつかむイディオム ● 219

★ 「戸口を出る」⇒「旅が始まる」

He set out for Tokyo last night.
(彼は夕べ東京に向かって**出発した**。)

World War Ⅱ broke out in 1939.
(第二次大戦は 1939 年に**起こった**。)

When they heard the story, they burst out laughing.
(その話を聞いて彼らは**どっと笑いだした**。)

3 「わかる」の out

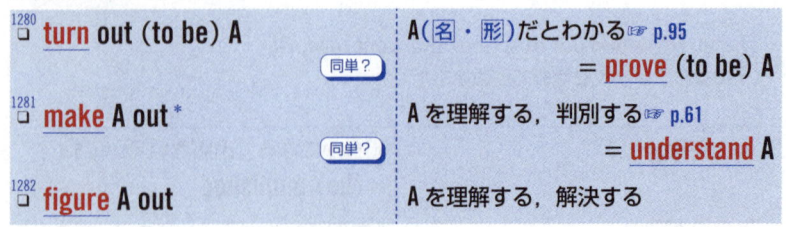

1280 **turn** out (to be) A 〔同単?〕	A(名・形)だとわかる☞ p.95 = **prove** (to be) A
1281 **make** A out * 〔同単?〕	A を理解する，判別する☞ p.61 = **understand** A
1282 **figure** A out	A を理解する，解決する

* make A out には「A(書類など)を作成する」の意味もある。

The rumor turned out to be true.
(そのうわさは本当**とわかった**。)

I can't make out what he is saying.
(彼の言うことが**理解**できない。)

I can't figure out why he did that.
(なぜ彼がそんなことをしたのか**理解**できない。)

◀関連表現▶

1283 find A out	A(事実など)をつきとめる
1284 find out (about A)	(Aについて)情報を得る
1285 work (A) out	他①A(理論・方法など)を考え出す ②Aを解く 自③(work out)うまくいく
1286 think A out	Aを考え出す，Aを考えて解決する

I tried to find out what was going on.
(私は何が起きているのかつきとめようとした。)

She worked out the problem with no difficulty.
(彼女は苦もなくその問題を解いた。)

4 「なくなる」の out

1287 put A out (同単?)	A(火・明かり)を消す ☞ p.55 = extinguish A
1288 go out	(火・明かりが)消える ☞ p.17
1289 die out	絶滅する，死に絶える
1290 run out	(時間・燃料などが)なくなる ☞ p.97

Put that cigarette out.
(たばこの火を消しなさい。)

The light suddenly went out.
(明かりが突然消えた。)

Dinosaurs died out some 60 million years ago.
(恐竜は6000万年ほど前に絶滅した。)

Our time is running out.
(我々の時間はなくなりかけている。)

◀関連表現▶

1291 turn A out	Aを消す ☞ p.94
1292 blow A out	Aを吹き消す
1293 wipe A out	Aを全滅させる
1294 (be) sold out	売り切れている

★ out of も参照せよ。☞ p.213

5 「終わりまで」 完了の out

1295 wear A out	Aをすり減らす，疲れ果てさせる
1296 (be) worn out	疲れ果てている
〔同単?〕	=(be) exhausted
〔同熟?〕	=(be) tired out
1297 carry A out	Aを果たす，実行する

★ 「どんどん出す」⇒ 「出つくして終わる」

Bill wore out his shoes walking to school every day.
(ビルは毎日学校まで歩いて靴**をすり減らせた**。)

I am quite worn out from the work.
(私はその仕事で**疲れ果てている**。)

You must carry out the plan as soon as possible.
(君はすぐに計画**を実行する**必要がある。)

◀関連表現▶

1298 burn out	燃えつきる

6 out を含むその他のイディオム

1299 lay A out
① A を広げる，並べる
② A を設計する

★この out は「広がって」の意味。

I laid out my clothes for the next morning.
（私は次の朝着る服を並べた。）

◀関連表現▶

1300 hand A out
A を配布する，分配する
[反熟？]
⇔ hand A in, turn A in
「A を提出する」

The professor was handing out test papers.
（教授がテスト用紙を配っていた。）

1301 fill A out
A(書類)に必要事項を書き込む
= fill A in

Please fill out this form.
（この用紙に記入してください。）

Chapter 2

up でつかむイディオム 39

◆ up のイメージ

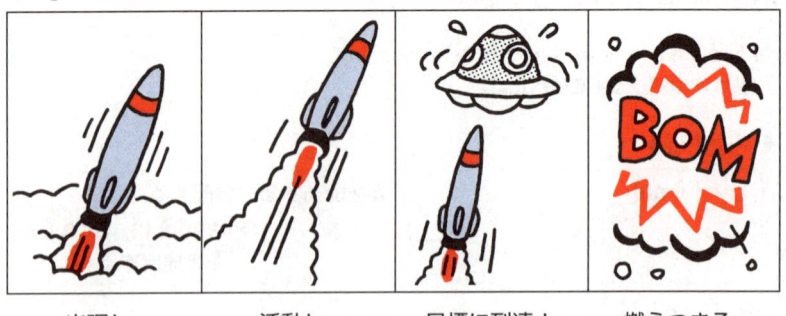

出現し，　　　活動し，　　　目標に到達！　　　燃えつきる。

　upには，上がって出てくる「出現」のイメージ，立ち上がって「活動する」イメージ，ある点に向かって上がり「到達」するイメージ，そして，上がるところまで上がる，つまり「〜しつくす」のイメージなどがある。

1 「出てくる」 出現の up

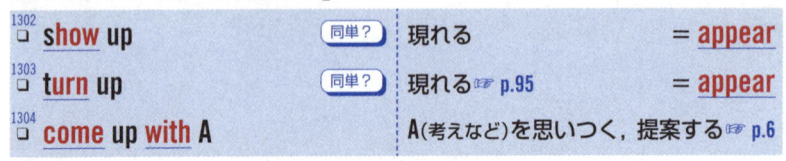

1302 show up	同単？	現れる	= appear
1303 turn up	同単？	現れる☞ p.95	= appear
1304 come up with A		A(考えなど)を思いつく，提案する☞ p.6	

We had agreed to meet at the station but he didn't show up.
(駅で会う約束をしたのに彼は**現れ**なかった。)

He promised to come but hasn't turned up yet.
(彼は来ると約束したのにまだ**現れ**ない。)

I wish I could come up with a good excuse.
(うまい言い訳**を思いつけ**ばいいんだが。)

Part 3. 副詞でつかむイディオム

(応用)

What's up? (何が起こったんだ。)

◀関連表現▶ 「呼び出す，見つけ出す」のグループ

1305 call A up 《米》	A を電話で呼び出す，A に電話する ☞ p.98
1306 ring A up 《英》	A を電話で呼び出す，A に電話する
1307 look A up (in B)	(B で)A を検索する，調べる ☞ p.83 ★ B は辞書・リストなど。
1308 think A up　同熟?	A(口実・方法など)を考え出す = **make A up**

He looked up the word in the dictionary.
(彼はその単語を辞書で**調べた**。)

I thought up an excuse for being late.
(私は遅刻の言いわけ**を考え出した**。)

2 活動の up

1309 wake (A) up	⾃ 目覚める　他 A を目覚めさせる
1310 stay up (late)	(おそくまで)起きている
1311 keep A up	A を維持する，続ける ☞ p.31

★ 「起き上がる」⇒ 「活動状態になる」　get up もこのグループ。

I woke up to discover that she had already left.
(**目覚める**と彼女はもう行ってしまっていた。)

In my youth I would stay up all night reading.
(若いときはよく一晩中**起きて**読書した。)

up でつかむイディオム　● 225

Walking is a simple way to keep up your strength.
(歩くのは体力**を維持する**簡単な方法だ。)

◀関連表現▶

1312 sit up (late)	(おそくまで)起きている
1313 cheer (A) up	自 元気を出す　★命令文が多い。 他 A を励ます
1314 hurry up	急ぐ　★命令文が多い。
1315 turn A up　　　反熟?	A の音・出力を上げる ☞ p.94 ⇔ turn A down

Cheer up! You still have lots of time.
(**元気を出せよ**。時間はまだたっぷりあるから。)

Hurry up, or you will be late.
(**急ぎなさい**，そうでないと遅刻するよ。)

Could you turn the radio up?
(ラジオの音**を上げて**くれませんか。)

3 到達の up

1316 catch up with A	A に追いつく
1317 keep up with A	A に遅れずついていく ☞ p.31

He caught up with his friend at the corner.
(彼はその角で友人**に追いついた**。)

It is very expensive to keep up with the latest fashion.
(最新の流行**についていく**のは金がかかる。)

◀関連表現▶

1318 (be) up to date　　反熟?	時代に合った，最新である ⇔ (be) out of date

★名詞につくとき，very などの副詞がつくときは up-to-date という形になる。

The book has been revised and brought up to date.
(その本は改訂されて**時代に合った**ものにされた。)

| 1319 live up to A | A(期待など)に添う，A を満たす ☞ p.166 |

We hope our child lives up to our expectations.
(私達は子供が期待**に応えてくれる**よう望む。)

4 完了・終結の up

1320 grow up	成人する，成長する
1321 bring A up *	A を育てる ☞ p.6
1322 hang up	電話を切る ⇔ hang on, hold on
1323 break up	ばらばらになる， (恋人・夫婦などが)別れる ☞ p.102
1324 break A up	A をばらばらにする， A(関係など)を終わらせる

＊「A(問題など)を持ち出す」の意味もある。これは「出現の up」と考えよう。
★「上がる」⇒「上限に達する」＝「完了する」。日本語の「仕上げる」,「書き上げる」が完了を表すのに似ている。Time is up. は「時間切れです」という意味だ。

What are you going to be when you grow up?
(**大人になったら**何になるつもり？)

She brought up four children.
(彼女は 4 人の子供**を育てた**。)

He was very angry and he hung up.
(彼はひどく腹を立てて**電話を切った**。)

up でつかむイディオム ● 227

I broke up with my boyfriend last month.
（私は先月恋人と**けんか別れした**。）

Newton broke the light up into the spectrum.
（ニュートンは光をスペクトルに**分解した**。）

◀関連表現▶

1325 **give** (A) up	①(Aを)やめる　②Aをゆずる☞ p.37 ★ give up + Ving はよいが，to V は不可。
1326 **give** up on A	A に見切りをつける
1327 **shut** up	黙る　★命令文が多い。
1328 **fill** A up	A をいっぱいに満たす
1329 **use** A up	A を使い果たす
1330 **eat** A up	A を食べつくす
1331 **dry** up	干上がる
1332 **pull** up	(車が)止まる，(車を)止める

He gave up smoking on his doctor's advice.
（医者の忠告で彼はタバコ**をやめた**。）

She has used up all her energy.
（彼女はエネルギー**を使い果たした**。）

1333 **clear** (A) up	(Aを)かたづける　★Aは物・場所。
1334 **clear** up	(天気が)回復する，晴れる
1335 **make** up one's **mind** (to V)	V する決心をする☞ p.60
1336 **end** up ～	(+ Ving)ついにはVすることになる，最後には～になる ★～にはwith A などの前置詞句が多い。

She was clearing up after the meal.
（彼女は食後の**かたづけをしていた**。）

I hope the weather will clear up soon.
（すぐに**晴れる**といいのだが。）

We'll end up destroying the whole planet.
（私達は**ついには**地球全部を破壊**することになる**だろう。）

5 up を用いるその他のイディオム

1337 pick A up	多義	① A を(迎えに行って)車に乗せる ② A を(店で)買う ③ A(言葉・習慣など)を(自然に)身につける，聞き覚える ★「〜を選ぶ」の意味はないから注意しよう。

Can I pick you up at your house at about ten?
（10時ごろ家に君**を車で迎えに行こう**か。）

Children can pick up a foreign language quicker than adults.
（子どもは大人より早く外国語**を聞き覚える**ことができる。）

◀関連表現▶

1338 blow (A) up	爆発する，A を爆破する
同単？	= explode (A)
1339 sum (A) up	(A を)要約する，まとめる

The soldiers blew up the bridge.
（兵士たちはその橋**を爆破した**。）

Would you sum up this article?
（この記事**を要約してくれませんか**。）

1340 brush A up	A(外国語など)を勉強しなおす ★ brush up on A とも言う。

I have to brush up my French before going to Paris.
（パリに行く前にフランス語**を勉強しなおさ**なくちゃ。）

Chapter 3
その他の副詞のイディオム 61

1 「身に着けて」 着用の on

1341 **put A on** (反熟?)	A を身に着ける(動作) ☞ p.54 ⇔ **take A off**	
1342 **try A on**	A を試着する	

★ on の基本義,「接触して」から発展。体にものを接触させるのがすなわち着用だ。

He put his jacket on and left.
(彼は上着**を着て**出ていった。)

Before buying new clothes, it's best to try them on.
(服を買う前には**試着する**のが一番よい。)

◀関連表現▶

1343 **have A on**	A を身に着けている(状態) = **be in A**
1344 **with A on**	A を身に着けて = **in A**
1345 **take A on** * (多義)	① A(責任・仕事など)を引き受ける ② A(意味など)を帯びる ③ A を雇う ☞ p.42
1346 **put on airs**	気どる, いばる (airs は「気どり」の意)
1347 **put on weight** (同熟?)	体重が増える = **gain weight**

＊②の意味では take on A の順のみ可。

She was sitting with her hat on.
(彼女は帽子**をかぶった**まま座っていた。)

When we want more freedom, we take on more responsibility.
（自由を多く求めると，より多くの責任**を引き受ける**ことになる。）

2 継続の on

1348 **go** on Ving	V し続ける☞ p.18
1349 **keep** on Ving	V し続ける☞ p.31
1350 **carry** on Ving [A]	V [A] し続ける

★ off が中断を表す（☞ p.233）から on は活動の継続というわけ。

He went on talking as if nothing had happened.
（彼は何事もなかったようにしゃべり**続けた**。）

We'll keep on fighting till the end.
（我々は最後まで戦い**続ける**。）

They carried on a conversation in English.
（彼らは英語で会話**を続けた**。）

★これらは Ving なしでも用いられる。
　例　How long will this cold weather go on?
　　（この寒さはどれくらい**続く**のだろう。）

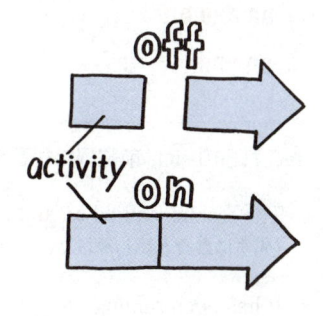

◀関連表現▶

1351 **go** on to V	次に続けて V する☞ p.18 ★ go on Ving と区別せよ。
1352 **pass** A on to B	A(情報など)を B に伝える，回す
1353 **go** on with A	A を続ける☞ p.18
1354 get on with A	① A を続ける　② A と仲良くする
〔同熟?〕	☞ p.18　　　= get along with A

Then she went on to explain another concept.
（そのあと**続けて**彼女は別の概念を説明した。）

その他の副詞のイディオム ● 231

Let's stop wasting time and get on with this work.
(時間を無駄にするのをやめてこの仕事**を続け**よう。)

1355 **hold** on *	電話を切らずに待つ ☞ p.32 **cf. hold** on to A ☞ p.32, 167
1356 **hang** on	①続ける　②電話を切らずに待つ
1357 **look** on	見物する，傍観する（⇐見続ける）☞ p.82

Hold on a minute. I'll find Tom.
(ちょっと**待って**。トムをさがすから。)

1358 **on and** on	どんどん続けて
1359 **on and off**	断続的に＝ **off and on**
1360 **on end** *	①連続して　★時間・距離の後に置く ②**(stand on end)** 直立する

＊これらの on は前置詞だが意味上ここに置く。

The teacher talked on and on.
(先生は**長々と**話し続けた。)

It has been raining on and off.
(雨が**断続的に**降っている。)

He was forced to work more than twenty hours on end.
(彼は 20 時間以上も**続けて**働かされた。)

1361 **from now** on	今後は（ずっと）
1362 **later** on	のちになって，あとから
1363 **early** on	早い時期に
1364 **A, B, and so** on	A や B などなど ＝ **and so forth, etc.**

I'll be more careful from now on.
（**これからは**もっと気をつけます。）

3 「～をやめて」 中止・休止の off

1365 call A off		A を中止する，取り消す ☞ p.98
1366 put A off	同単？	A を延期する ☞ p.51　= postpone A
1367 turn A off		A(電灯・ガスなど)を消す ☞ p.94

★ off の基本義「分離」⇒「中断・休止」 on の反対だ。

Mr. Smith's class was called off because he was sick.
（スミス先生の授業は先生の病気で**休講になった**。）

George put off painting the kitchen wall till next month.
（ジョージは台所の壁を塗るのを来月まで**延期した**。）

Be sure to turn off the light when you leave.
（出るときには必ず明かり**を消し**なさい。）

◀関連表現▶

1368 break (A) off		A(会話など)を打ち切る， A(関係など)を断つ ☞ p.102
1369 leave A off		A をやめる = stop A
1370 lay A off		A を(一時)解雇する
1371 take (A) off	多義	他① A を脱ぐ 　② A(期間)を休暇としてとる 自 離陸する ☞ p.54

I don't know how to break off the relationship.
（どうやってその関係**を断つ**べきかわからない。）

My company is going to lay off many workers.
（我が社は多くの労働者**を一時解雇する**予定だ。）

4 off を用いるその他のイディオム

1372 keep (A) off	① (Aに)近づかない ② A を寄せつけない

The notice in the park said "Keep off the grass."
(公園の掲示には「芝生**に入るな**」と書いてあった。)

◀ 関連表現 ▶

1373 (be) well off	暮らしむきがよい

★ be better off「暮らしが楽になる・豊かになる」の形が多い。反対は be worse off。

Do you think I'd be better off quitting my present job?
(今の仕事をやめたほうが**楽になる**だろうか。)

1374 show A off	A を見せびらかす

He showed off his new car to his friends.
(彼は友達に新しい車**を見せびらかした**。)

5 否定的な down

1375 break down	(車などが)故障して止まる
1376 let A down 〔同単?〕	A を失望させる☞ p.101 = **disappoint** A
1377 turn A down 〔同単?〕	① A(提案・人)を拒絶する = **reject** A ② A の音・出力を下げる☞ p.94

★ down のイメージは「下がる・倒れる」の発展で、減少、停止、病気、失望、破壊など、さまざまな否定的意味へと広がる。

Our car broke down in the desert.
(私達の車は砂漠で**故障した**。)

Hey Jude, don't let me down.
（おいジュード，僕**をがっかりさせる**なよ。）

I immediately turned down his proposal.
（私は即座に彼の提案**を拒絶した**。）

◀関連表現▶

1378 **burn** (A) **down**	全焼する，A を全焼させる
1379 **come down with** A	A(病気)にかかる ☞ p.10
1380 **slow** (A) **down**	(A の)スピードを落とす
1381 **cut** A **down**	① A(木)を切り倒す ② A を削減する＝ **cut** A **back** ★②の意味では **cut down on** A の形が多い。
1382 **get** A **down**	A の気分をめいらせる

His house burned down.
（彼の家は**全焼した**。）

Mary came down with the flu.
（メアリはインフルエンザ**にかかった**。）

You must cut down on your smoking.
（タバコ**を減らす**べきだ。）

1383 **settle down**	定住する，落ち着く
1384 **calm** (A) **down**	自(気持ちが)落ち着く 他 A(人)を落ち着かせる

★この down は活動の up(☞ p.225)の逆。

Agriculture enabled people to settle down in one place.
（農業が人間が一つの場所に**定住する**ことを可能にした。）

Calm down. Everything will be all right.
（**落ち着きなさい**。だいじょうぶだから。）

その他の副詞のイディオム

6 「書き留める」 記録の down

1385 write A down	A を書き留める
1386 put A down	A を書き留める ☞ p.51

★ 停止の down から発展。「紙に書き留める」⇒「記録する」

Write down any details of the accident that you can remember.
（事故について覚えていることを何でも**書き留めて**ください。）

◀ 関連表現 ▶

1387 take A down	A を書き留める
1388 set A down	A（規則・制限など）を取り決める

7 down を用いるその他のイディオム

1389 hand A down	A を子孫に伝える

★「系図の下の方へ」⇒「子孫に」

The custom has been handed down since 15th century.
（その習慣は 15 世紀から**受け継がれてきた**。）

8 「くわしく」の over

1390 think A over	A を熟考する＝ consider A
1391 look A over	A（書類など）に目を通す ☞ p.83
1392 talk A over	A についてくわしく話し合う ☞ p.92

★ over の基本義「全体をおおって」⇒「すっかり，くわしく」

Give me some time to think it over.
（**考える**時間を少しください。）

I always look over my paper before I turn it in.
（私はいつも提出する前にレポート**をくわしく調べる**。）

I have something to talk over with you.
（君と**じっくり話し**たいことがあるんだ。）

9 over を用いるその他のイディオム

| 1393 turn A over | ① A をひっくり返す　② A をゆずる |
| 1394 take A over | A を受け継ぐ☞ p.38 |

He was turning over the pages quickly.
（彼はどんどんページ**をめくって**いた。）

10 「消える」の away

| 1395 pass away | 同単？ | 人が亡くなる（←過ぎ去る） | = die |
| 1396 fade away | | （音・光などが）消えてゆく，薄れる | |

★ 「離れて・遠くへ」⇒「消える・なくなる」と発展。

My grandfather passed away last Wednesday.
（私の祖父はこの前の水曜に**亡くなった**。）

The voice gradually faded away.
（その声はしだいに**消えていった**。）

11 away を用いるその他のイディオム

| 1397 right away | すぐ，ただちに
= immediately, at once |

12 「過ぎる」の by

| 1398 pass by | 通り過ぎる，（時が）過ぎる |
| 1399 go by | （時が）過ぎる，
（車などが）通り過ぎる☞ p.17 |

その他の副詞のイディオム　237

★ by の「そばを」の意味から「通り過ぎて」へ発展。

As time goes by, they change their mind.
（時が**たつ**につれ，彼らの気も変わる。）

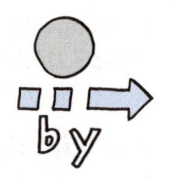

◀関連表現▶

1400 by and by	やがて，そのうちに

13 by を用いるその他のイディオム

1401 by and large	大体，一般に＝ on the whole

By and large, the summers here are hot and dry.
（ここの夏は**大体**暑くて乾燥している。）

ミニ・レクチャー

◆どこが違う？　前置詞と副詞
Q：形が同じなのにどうして前置詞と副詞を区別するのですか。
A：次の文を考えてみよう。
　a) He has a hat on his head.
　b) He has a hat on.
　c) He has on a hat.
　a)は「帽子を頭に接触させて持っている」，つまり「かぶっている」の意味である。しかし帽子をお尻にかぶるはずはないので his head を省略すると b)，つまり have A on のパターンになる。この on は，形は前置詞と同じでも，後に名詞がないので，副詞と呼ばれる。ところが副詞は c)のように目的語の前にも置くことができる。こうなると見た目では前置詞と区別しにくいが，
「動詞＋Ｘ＋名詞」の意味が「動詞＋名詞＋Ｘ」と同じなら，Ｘ＝副詞
と覚えておこう。
（ただし，目的語が代名詞の場合は，He has it on. つまり b)のパターンしかないから注意。また，「動詞＋副詞」であっても，b)か c)のどちらか一方のタイプしかないイディオムもある。たとえば，see A off「A を見送る」では，see off A という形はあまり使われない。）

- ***Part 4*** 数と量のイディオム
- ***Part 5*** 名詞でまとめるイディオム
- ***Part 6*** 形容詞の文型とイディオム
- ***Part 7*** 助動詞のイディオム

Part 4~7

Part 4

数と量のイディオム107

◆どう違う，Ⓒ と Ⓤ

英語の名詞には数えられるもの Ⓒ (= Countable) とそうでないもの Ⓤ (= Uncountable) がある。Ⓒ と Ⓤ には次の違いがある。

Ⓒ (可算名詞)：a(an), many, every, few, 数詞などを直接つけられる。
単数形を (冠詞や this などを付けないで)「裸」で使えない。
複数形あり。

Ⓤ (不可算名詞)：a(an), many, every, few, 数詞などを直接つけられない。
much, little はつけられる。「裸」でも使える。複数形なし。

頭ではわかっていても，日本人はこの区別が苦手だ。日本人の感覚でも見当がつくものもある。(たとえば pen や boy が Ⓒ で air や peace が Ⓤ というのにあまり抵抗はないだろう。)
首をかしげたくなるのは次のような例だ。

{ (×) Can you give me an advice?
{ (○) Can you give me a piece of advice?
{ (×) There are many furnitures in her room.
{ (○) There is much furniture in her room.

なぜ「アドバイス」や「家具」が数えられないのか。これはもう英語の習慣というほかない。他に Ⓒ と間違えやすい名詞には knowledge, information, news, progress, money, luggage などがある。

もう一つ重要なのは，次のように同じ形の語で Ⓒ と Ⓤ の両方の使い方があり，しかも意味が違ってくる場合だ。(非常に多い。)

beauty { Ⓒ：美人，美しいもの
         { Ⓤ：美，美しさ

room { Ⓒ：部屋
       { Ⓤ：余地，空間

paper { Ⓒ：新聞，レポート
        { Ⓤ：紙

school { Ⓒ：学校
         { Ⓤ：授業

work { Ⓒ：作品
       { Ⓤ：仕事

chicken { Ⓒ：ニワトリ
          { Ⓤ：鶏肉

We played baseball before school.

この英文では，建物としての学校の前で野球をしたわけではない。school は「裸」つまり無冠詞単数形で使われているから，ここでは不可算名詞 U である。だから「**授業**前に野球をした」という意味になる。

さて，「私は犬が好きだ」というつもりで I like dog. というと大変な誤解をされかねない。どうしてか考えてみよう。（ヒント：p.240 の chicken を見よ。）

1 「たくさんの」数と量

1402 a great [good] deal of A	多くの A(U) = much A
1403 a great [good] deal	副おおいに 名たくさんのこと
1404 a lot of A	たくさんの A(C, U) = lots of A
1405 a lot	副おおいに 名たくさんのこと = lots
1406 plenty of A	たくさんの A(C, U)

★数えられる名詞 C と数えられない名詞 U を区別すること。

He experienced a great deal of stress.
（彼は**多くの**ストレスを経験した。）

The situation has changed a great deal since then.
（その時以来，状況は**おおいに**変化した。）

He needed a lot of money.
（彼は**たくさんの**お金を必要とした。）

They talked a lot about equality.
（彼らは，平等について，**おおいに**話をした。）

She certainly has plenty of charm.
（彼女には確かに**たくさんの**魅力がある。）

◀関連表現▶
◆不可算名詞Uにつくもの

1407 a large [small] <u>amount</u> of A	多[少]量のA
1408 the <u>amount</u> of A	Aの量
1409 a large [small] <u>sum</u> of A	多[少]額のA
1410 <u>quite a little</u> A *	かなりたくさんのA

★ amount は, money, fat「脂肪」, information, time, water などとよく使う。sum はたいてい, money に使い, 普通 sum の前に形容詞を伴う。
* quite a bit「かなり」という用法もある。

The river has <u>a large amount of</u> water.
(その川には，**大量の**水がある。)

The cost is <u>the amount of</u> money that the producer must pay in order to make the goods.
(コストとは，商品を製造するために製造者が支払わなければならないお金**の量**のことである。)

It will cost you <u>a large sum of</u> money.
(それは**多額の**お金がかかるだろう。)

◆可算名詞Cにつくもの

1411 <u>a number of</u> A	多数[いくつか]のA　★複数扱い。
1412 a large [great] <u>number of</u> A	多数のA
1413 <u>the number of</u> A	Aの数　★Aは複数形の名詞だが単数扱い。

★ a small number of A「少数のA」, a growing number of A「ますます多くのA」など，さまざまな形容詞を number に付けられる。
★ the number of A の A には, 普通 the を付けない。

I had made <u>a number of</u> Chinese friends.
(私は**たくさんの**中国人の友人をつくった。)

A great number of poor children in India have to work every day.
（インドの**多数の**貧しい子供は，毎日働かねばならない。）

The number of overseas travelers steadily rose.
（海外旅行者**の数**は，ずっと増えてきた。）

1414 **dozens** of A	多数の A, 何ダースもの A
1415 **quite a few** A	かなり多くの A
1416 a **crowd** of A	多数の A = crowds of A
1417 a **host** of A	多数の A = hosts of A
1418 **many a** A(単数名詞)	多数の A ★単数扱い。
1419 **scores** of A	多数の A, 何十もの A ★ score は「20」の意味。

★上の表現では，A には複数形の可算名詞がくる。（many a A は別）

I have heard the explanation dozens of times before.
（私は以前にその説明を**何十**回も聞いたことがある。）

There are quite a few mistakes in this composition.
（この作文には**かなりの**間違いがある。）

A crowd of people rushed to help her.
（**多数の**人々が彼女を助けに駆けつけた。）

You'll face a host of problems.
（君は**多くの**問題に直面するだろう。）

Many a good man is trying to please his wife.
（**多くの**良き男性が妻を喜ばそうとしている。）

Scores of people have been killed there.
（そこでは**多数の**人々が殺された。）

数と量

1420 as many [much] as A	A(数字)ほども多くの

★ A の数字が大きいということを強調する表現で，後の名詞が可算名詞なら many を，不可算名詞なら much を使う。

We took as many as 600 photos.
（我々は，600 枚**も**写真を撮った。）

He paid as much as a million dollars for the painting.
（彼はその絵に百万ドル**も**支払った。）

1421 so many A （多義）	①そんなに多くの A　②同数の A

They lined up *like* so many birds on a wire.
（彼らは，電線の鳥**のように**一列にならんだ。）

★このような like so many A「(同数の)A のように」という形に注意。

2 部分を表す表現

1422 a bit of A	少しの A(U) = a little A
1423 (a) part of A*	A(U, C)の一部
1424 a piece of A*	一つの A(U)，A の一部

＊これらの数を数えるときは two parts of A, three pieces of A のようになる。a piece of A は a part of A と異なり，一個の独立したものも表せる。

例　a piece of furniture [advice, news, information]

She is having a bit of trouble.
（彼女は**少し**困ったことがある。）

Sports have become a part of the culture.
（スポーツは，文化**の一部**になった。）

He wrote a few words on a piece of paper.
(彼は**一枚の**紙に数語書いた。)

◀関連表現▶
◆可算名詞©につくもの

1425 a couple of A	二つのA，二，三のA
1426 a pair of A	一対のA

例 a pair of scissors「はさみ」 a pair of shoes「靴」
a pair of trousers「ズボン」 a pair of glasses「眼鏡」

I bought a couple of bottles of wine.
(私はワインを**二本**買った。)

She picked out a pair of jeans.
(彼女は**一本の**ジーンズを選んだ。)

◆不可算名詞Uにつくもの

1427 a sheet of A	一枚のA(U／紙・氷など)
1428 a touch of A	少量のA

It was simply a blank sheet of paper.
(それは，何も書かれていない**一枚の**紙だった。)

Skiing contains a touch of risk.
(スキーには，**少し**危険な所がある。)

◆可算名詞・不可算名詞どちらにもつくもの

1429 a body of A	大量［多数］のA(のかたまり)
1430 a handful of A	少数のA，少量のA

Science is often conceived of as a body of knowledge.
(科学はしばしば**大量の知識のかたまり**だと考えられる。)

数と量

A handful of people were invited to the party.
（**ひと握りの**人々が，そのパーティーに招かれた。）

> 応用
> Her sister bought three (　) of stockings yesterday.
> ① cakes　② pairs　③ pieces　④ sheets
>
> 解答　②　「彼女の姉は昨日ストッキングを3つ買った」
> 　　　　　ストッキングはズボン同様左右両足でひとつのまとまり。

3 all を含むイディオム

| 1431 after all | 多義 | ①だって〜(だから)
②(通例文末で)結局，やはり，にもかかわらず |
| 1432 for all A | | A にもかかわらず |

★ after all の①は，すでに述べたことを補足するときに使う。②は予想・意図などに反して「結局」という意味で使う。

He abandoned his dream. After all, people can't eat dreams.
（彼は夢を捨てた。**だって**，夢を食べることはできないから。）

The plane took off an hour late but landed on time after all.
（飛行機は1時間遅れで離陸したが，**結局**，定刻に着陸した。）

The UN, for all its shortcomings, will be called on again and again.
（国連は，欠点がある**にもかかわらず**，何度も必要とされるだろう。）

> 発展　★ for all A は，「にもかかわらず」と訳せないこともある。
>
> New ID cards are required for all new students.
> （全新入生に新しい身分証が必要となる。）

◀関連表現▶

◆ 「ずっと，すべて」の all

1433 all but	同単？	ほとんど　　　　　　　　　　= **almost** ★動詞・形容詞などを修飾。
1434 all but A		A(名)以外すべてのもの (but = except)
1435 all the way		(途中)ずっと；はるばる
1436 all day (long)		一日中
1437 all over (A)		①(Aの)いたるところで ②すべて終わった(補語として使う)

The hikers were all but frozen when they were found.
(発見されたときハイカー達は**ほとんど**凍死寸前だった。)

He visited all but seven of Africa's 53 nations.
(アフリカの 53 ヵ国のうち 7 国**を除いてすべての**国を彼は訪問した。)

They walked all the way home.
(彼らは，家まで**ずっと**歩いた。)

It was cloudy all day long on Sunday.
(日曜日は**一日中**曇っていた。)

The company is known all over the world.
(その会社は世界**中に**知られている。)

1438 most of all		何よりも，とりわけ
1439 above all		とりわけ，何よりもまず
1440 by all means	多義	①ぜひどうぞ(許可・承認)= **yes** ②ぜひ，必ず☞ p.204
1441 once (and) for all		きっぱりと，完全に
1442 all in all		全体から見て

1443 at all events とにかく，いずれにせよ

I like all kinds of music but most of all I love jazz.
= I like all kinds of music but above all I love jazz.
(私はあらゆる音楽が好きだが，**とりわけ**ジャズが好きだ。)

"May I call tonight?" "By all means, call me whenever you have a problem."
(「今晩，電話をかけてもいいですか」「**もちろん**。問題があれば，いつでも電話をください」)

By all means, do come to dinner with us tonight.
(**ぜひ**今夜夕食に来てください。)

She told him once and for all that she wouldn't marry him.
(彼女は，**きっぱりと**，彼とは結婚しないと言った。)

All in all, the movie is a bore.
(**全体から見て**，その映画はつまらない。)

◆「まったく〜」 強意の all

1444 all too A	まったく A(形・副)すぎる = only too A(形・副)
1445 all the same	(副詞句)にもかかわらず，やはり = nevertheless

★ all the same には「まったく同じ」の意もある。

Outsiders all too often misunderstand it.
(部外者は，そのことを誤解することが，**まったく多すぎる**。)

The job doesn't pay very well, but I like it all the same.
(その仕事はあまりお金にはならないが，**にもかかわらず**，私は好きだ。)

1446 all the ＋比較級＋理由	(…だから)なおさら～ cf. ☞ p.156
1447 all of a sudden	突然＝ suddenly
1448 all at once	突然

We were all the more delighted because we had not expected it.
(我々はそれを期待していなかった**からなおさら**うれしかった。)

All of a sudden he began to laugh.
＝ All at once he began to laugh.
(彼は**突然**笑いはじめた。)

4 some, any のイディオム

1449 in any case	とにかく☞ p.267 ＝ anyway
1450 at any rate	①とにかく(前言はさておき) ②少なくとも☞ p.146 ★前言を正確に言おうとして用いる。

★ any を肯定の平叙文で使うと「どんな～でも」という意味になる。ex. in any case「どんな場合でも」⇒「とにかく」

In any case, I'll call you tonight.
(**とにかく**今夜電話するよ。)

We'll come, at any rate.
(**とにかく**我々は行きます。)

◀関連表現▶

1451 some day	(未来の)いつか，そのうち ＝ one day ☞ p.255
1452 if any *	①あるとしても ②もしあれば
1453 if anything	どちらかと言えば，むしろ ＝ rather

＊①の意味では few, little と共に使う。

Some day we'll find a new way of living.
(**いつか**, 私たちは新しい生き方を見つけるだろう。)

There is little, if any, hope of her recovery.
(彼女の回復の見込みは**あるとしても**ごくわずかだ。)

They are, if anything, nervous children.
(彼らは**どちらかと言えば**神経質な子供だ。)

5 動詞＋量の言葉

1454 have **something** to do with A	A と関係がある ☞ p.70, 79, 196
1455 have **little** to do with A	A と少ししか関係がない
1456 have **nothing** to do with A	A と関係がない

Don't have anything to do with the matter.
(その事とは**関係する**な。)

The solution has little to do with your problem.
(その解決法はあなたの問題と**ほとんど関係がない**。)

Politics should have nothing to do with religion.
(政治は宗教と**関係がない**ようにすべきだ。)

◀関連表現▶

★以下の表現でも動詞の後にさまざまな量を表す言葉がくるが，その中でも代表的なものを挙げる。

1457 be **something of** a A	ちょっとした A である

They say that he is something of a musician.
(彼は**ちょっとした**音楽家と言われている。)

★他に anything, little などを使うことができる。以下も同様。

1458 know something of A	A についていくぶん知っている
1459 know nothing of A	A についてまったく知らない
1460 see much of A*	A にしばしば会う☞ p.84 = often see A
1461 see something of A	A に時々会う= sometimes see A

I know nothing of what they plan to make.
(彼らが何を作ろうとしているのか私は**何も知らない**。)

1462 make much of A	①A を重んじる②A を理解する☞ p.61
1463 think much [highly] of A*	A を重んじる, A を高く評価する☞ p.184
1464 think nothing of A [Ving]	A[V すること]を苦にしない☞ p.184
1465 think better of A	A を考え直す

* much は普通，否定文で使う。

His sister makes too much of fashion.
(彼のお姉さんは流行**を重視し過ぎる**。)

He doesn't think much of literature.
(彼は文学**を重んじ**ない。)

Some people think nothing of rain.
(雨を**苦にしない**人もいる。)

6 no を使うイディオム

1466 it is no use Ving	V するのはむだだ
1467 there is no Ving	V することはできない = it is impossible to V

It is no use crying for help; no one will help you.
(助けを泣いて求める**のはむだだ**。誰もあなたを助けないだろう。)

There is no telling how long their quarrel will last.
(彼らのけんかがどれぐらい続く**かわからない**。)

◀関連表現▶

1468 It's none of A's **business**.	A が口出しすべきでない。
1469 (It is) no **wonder** (that)～	～ということに不思議はない
1470 no **longer**	もはや～ない
1471 (There is) no **doubt** (that)～	疑いなく，確かに

★ no wonder; no doubt は，文頭で副詞句として使うことも多い。

It's none of your business.
(**君が口出しすべきことではない。**)

A：She was born and brought up in New York.
B：Really?　No wonder she speaks English so well.
(A「彼女はニューヨークで生まれ育った」　B「へえ，**道理で**彼女は素晴らしい英語をしゃべれるわけだ」)

I no longer trust him.
(私は**もはや**彼を信じてい**ない**。)

No doubt you are right.
(**確かに**君は正しい。)

◆「差がない」　比較表現で使う no

1472 no **more** than A	同単?	わずか A	= **only** A
1473 no **less** than A	同熟?	A ほども多く	= **as many as** A
1474 no **more** ... than A	同熟?	A 同様…ではない	= **not** ... **any more than** A

1475 no less ... than A	A 同様…だ, A に劣らず…だ

★ no = not any であることに注意。
★比較級の前に量を表す言葉を置くと差を表す。I'm much taller than he is. とすると 2 人の身長差は大きいということだ。no を使うと「差がゼロ」つまり「同じ」という意味になる。

I have no more [less] than 1,000 yen.

上の例では, more, less どちらを使っても 1,000 円持っていることに違いはない。違うのは, 1,000 円という金額をはした金とみるか大金とみるかということで, no more than 1,000 yen は「わずか 1,000 円」, no less than 1,000 yen は「1,000 円も」という意味になる。

I am no more concerned than you about the case.
（私はあなた**同様**その事件に関心は**ない**。）

A home without love is no more a home than a body without a soul is a man.
= A home without love is not a home any more than a body without a soul is a man.
（魂のない肉体が人で**ないように**愛情のない家庭は家庭**ではない**。）

She is no less beautiful than her mother.
（彼女は母親**に劣らず**美しい。）

1476 nothing less than A	まさしく A
1477 nothing short of A	まさしく A

◆「時間の差がない」 = as soon as の表現

1478 no sooner ～ than ...	～するやいなや…
1479 hardly ～ when [before] ...	～するやいなや…, ～しないうちに…
1480 scarcely ～ before [when] ...	～するやいなや…, ～しないうちに…

数と量

★これらの構文では，普通，主節では過去完了形，when [before; than] 節中では過去形を使う。(ただし，まれに主節で過去形などが使われることもある。)
★上の３つの中では，no sooner 〜 than... が最も多く見られる。hardly や scarcely の構文は，TIME 誌を１年間読んでも数例出会う程度にすぎないが，入試問題ではかなり見られる。
★ No sooner ＋ had ＋ S ＋ Ved 〜 than ... という倒置形がほとんどだ。同様に，Hardly [Scarcely] ＋ had ＋ S ＋ Ved 〜 when [before] ... という形もある。

No sooner *had she* arrived there than she was on the phone.
(彼女はそこに着く**やいなや**，電話をかけていた。)

Hardly *had he* put the receiver down with a great sigh of relief when the telephone rang.
(彼が安心して大きなため息をついて受話器を置く**やいなや**電話が鳴り出した。)

He had scarcely walked a mile before he met her.
(１マイルと歩か**ないうちに**，彼は彼女と出会った。)

7 one などを使うイディオム

1481	one another	お互い　★主語には用いない。
1482	one after another	次々と，続々と
1483	one by one	ひとつずつ☞ p.202

★ one another は代名詞なので，たとえば communicate with one another の with は省略できない。

They didn't look at one another.
(彼らは**お互い**を見なかった。)

He read one book after another.
(彼は**次々と**本を読んだ。)

One by one, our old friends are gone.
(**ひとりずつ**，私達の古い友人はいなくなっている。)

◀関連表現▶

1484 one day	①（未来の）いつか ②（過去の）ある日
1485 one of these days	近いうちに
1486 A be one thing. B be another.	A と B は別のものだ。
1487 for one thing	ひとつには☞ p.160 ★理由を述べるのに用いる。
1488 among other things	（数ある中で）とりわけ，なかでも = among others

She will see him <u>one day</u>.
(**いつか**彼女は彼に会うだろう。)

To read English <u>is one thing</u>; to speak it <u>is another</u>.
(英語を読むこと**と**英語を喋ること**は別である**。)

People have come to recognize the merits of the *furoshiki*. <u>For one thing</u>, it can be used repeatedly.
(フロシキの利点に人々は気づき始めた。**ひとつには**，くり返し使えるということもある。)

When I have free time, <u>among other things</u>, I love to travel.
(暇があるときには，**とりわけ**，旅行がしたいです。)

8 first, second, last のイディオム

1489 for the first time (in A)	初めて，A（時間）ぶりに
1490 at first	最初は☞ p.144 ★後で状況が変わることを意味する。
1491 the last A to V	①決して V しない A ②最後に V する A ★ to V の代わりに関係節も可。

He went to London for the first time in ten years.
（彼は 10 年**ぶりに**ロンドンに行った。）

He is the last man to trust with a secret.
（彼は秘密を打ち明けられるような人**ではない**。）

She was the last person I had expected to see here.
（彼女は私がここでは**決して会わない**と思っていた人だった。）

You're the last person I want to talk to before I go to sleep at night.
（君は僕が夜寝る前に**最後に**話をしたいと思っている人だ。）

◀ 関連表現 ▶

1492 **at first sight**	一目見て，一見すると ☞ p.148
1493 **in the first place**	最初に，そもそも，まず第一に
1494 **first of all**	まず第一に
1495 **be second to none (in A)**	(A において)誰にも劣らない

At first sight, the question seemed easy.
（**一見すると**，その問題は簡単そうに見える。）

It's better to avoid trouble in the first place.
（**そもそも**やっかいなことは避ける方が良い。）

First of all, it is important to understand the purpose of the project.
（**まず第一に**，計画の目的を理解することが重要です。）

Bill is second to none in French.
（ビルはフランス語**では誰にも負けない**。）

9 頻度を表すイディオム

1496 (every) now and then [again] 同単?	時々 = sometimes, occasionally
1497 from time to time 同単?	時々 = sometimes, occasionally
1498 at times 同単?	時々☞ p.143 = sometimes, occasionally

Cary and I go bowling now and then.
(ケリーと私は**時々**ボーリングに行く。)

The environment of the Earth has changed from time to time.
(地球の環境は**時々**変わってきた。)

I get very lonely at times.
(私は**時々**とても孤独になる。)

◀関連表現▶

1499 once in a while	時々☞ p.138
1500 at intervals	時々☞ p.143
1501 on occasion(s)	時々☞ p.125　★堅い言い方。
1502 again and again	何度も、くり返して
1503 more often than not	たいてい= usually　★頻度50%以上。
1504 as often as not	しばしば
1505 every other day	一日おきに cf. every six hours「6時間おきに」
1506 rarely, if ever,	(あるとしても)めったに ★ rarely 以外に hardly, seldom も可。

He comes to visit us once in a while.
= He comes to visit us at intervals.
= He comes to visit us on occasion.
(彼は**時々**私達を訪ねてくる。)

He tried to eat *natto* again and again.
(彼は**何度も**納豆を食べようとした。)

You can find him in his office more often than not.
(彼は**たいてい**事務所にいます。)

He watered the lawn every other day.
(彼は**一日おきに**芝生に水をやった。)

His children rarely, if ever, see him at his place of work.
(彼の子供達が職場にいる彼を見ることは，**あるとしてもめったにない**。)

10 数量表現を使った重要イディオム

1507 **more or less**	①およそ，だいたい ②多かれ少なかれ
1508 **not so much A as B**　〔同熟？〕	A というよりむしろ B = B rather than A

I think she's more or less finished the research paper.
(彼女は**だいたい**研究論文を書き終わったと思う。)

He is not so much a teacher as a scholar.
(彼は教師**というよりむしろ**学者だ。)

Part 5

名詞でまとめるイディオム 79

1 eye のイディオム

1509 look A in the eye	A の目をまともに見る☞ p.82, 113
1510 keep an [one's] eye on A	A から目を離さない☞ p.29, 121

Keep an eye on the baby while I am out.
(私がいない間この赤ちゃん**から目を離さない**で。)

◀関連表現▶

1511 keep one's eyes open	目を開けておく，油断なく警戒する☞ p.34
1512 see eye to eye with A	A(人)と意見が一致する
1513 have an eye for A	A を見る目がある☞ p.71

She has an eye for paintings.
(彼女は，絵**を見る目がある**。)

2 hand のイディオム

1514 hand A in	同単？ A を提出する	= submit A
1515 at hand *	(時間的・場所的に)近くに	
1516 (at) first hand	直接に，じかに	

＊ near, close と共に使うことが多い。

Please hand in your report by the end of this month.
(今月の終わりまでにレポート**を提出して**下さい。)

Christmas is at hand.
(クリスマスが**近い**。)

She knew Chinese people and their traditional ways <u>at first hand</u>.
（彼女は中国の人々とその伝統的なやり方を**直接**知っていた。）

◀関連表現▶

1517 **(at) second** hand	①間接に　②中古で
1518 **by** hand	手で，手書きで
1519 **shake** hands with A	Aと握手する
1520 **on** the one hand	一方では
1521 **on** the other hand	他方では，これに反して☞ p.125
1522 hand **in** hand (with A)	①(Aと)手をつないで ②(Aと)密接に関係して
1523 arm **in** arm (with A)	(Aと)腕を組んで
1524 **live from** hand **to** mouth	その日暮らしをする

All books had to be written <u>by hand</u>.
（全ての本は**手で**書かれなければならなかった。）

He refused to <u>shake hands with</u> me.
（彼は私**と握手する**のを拒んだ。）

<u>On the one hand</u>, I hate vegetables; <u>on the other hand</u>, they might be good for me.
（**一方では**私は野菜が嫌いだ。**他方では**野菜は私の体にいいかもしれない。）

Faith goes <u>hand in hand with</u> hope.
（信仰は希望**と密接に関係している**。）

They never saved a penny, always <u>living from hand to mouth</u>.
（彼らは一銭も貯金しないで，いつも**その日暮らしだった**。）

3 身体を表す名詞のイディオム

1525 **on** foot	歩いて ☞ p.118
1526 (be) **on** one's feet	立っている ★状態を表す。
1527 rise **to** one's feet *	立ち上がる ★動作を表す。

* rise の代わりに stand, jump などの動詞も使える。

You can travel on foot or by bicycle easily and safely.
(**徒歩で**, あるいは自転車で, 安全かつ容易に移動することができる。)

I've been on my feet all day.
(私は一日中**立っていた**。)

John jumped to his feet when the bell rang.
(ベルが鳴るとジョンは**飛んで立ち上がった**。)

◀関連表現▶
◆ heart のイディオム

1528 learn A **by** heart 〔同単?〕	A を暗記する ☞ p.203 = **memorize** A
1529 **at** heart	心の底では, 根は
1530 **to** one's heart's content	心ゆくまで, 存分に

They learned the poem by heart.
(彼らはその詩を**暗記した**。)

1531 **hold** one's tongue	黙る ☞ p.29
1532 **mother** tongue	母国語 ★native language の方がふつう。
1533 **behind** A's back	A のいないところで, A にかくれて ☞ p.215
1534 (be [lie]) **on** one's back	あおむけに(なって[寝て])
1535 (be [lie]) **on** one's stomach	腹ばいに, うつぶせに

Is French her mother tongue?
(フランス語は彼女の**母国語**ですか。)

My best friend thinks I have been saying bad things behind his back.
(私の一番の友達が，**彼のいないところで**私が悪口を言っていると思っている。)

I was lying on my back, watching clouds.
(私は**あおむけに寝て**，雲を見ていた。)

1536 pull A's leg	A(人)を(冗談で)だます，からかう ★「(じゃまをして)足をひっぱる」の意はない。
1537 be all ears [eyes]	非常に注意深く聞く[見る]
1538 turn a deaf ear to A	A に耳を貸さない，無視する

Tell me your story. I'm all ears.
(あなたの話をしてくれ。**ちゃんと聞くから**。)

He turned a deaf ear to their complaints.
(彼は彼らの不満**に耳を貸さなかった**。)

1539 in the face of A	① A にもかかわらず ② A に直面して ☞ p.133
1540 face to face	面と向かって，差し向かいで
1541 on the face of it	ちょっと見たところでは

He remained calm even in the face of such danger.
(彼はそんな危険**に直面しても**冷静なままだった。)

I came face to face with my ex-wife.
(私は前の妻と**差し向かい**になった。)

4 time のイディオム

1542 **It is (high) time that ～**	～する時間だ
1543 **for the time being**	当分の間 ☞ p.159

★ It is about time that ～とすると,「そろそろ～する頃だ」の意。

It's time that you went to bed.
(もう寝る**時間だ**。)

★上例のように, that 節の中は仮定法過去形を使う。もう寝てしまっている人に「寝る時間だよ」と言うことはないわけだから, 反事実を表す仮定法を使う。

We are living in a hotel for the time being.
(我々は**しばらくの間**ホテルに住んでいます。)

◀関連表現▶
◆前置詞＋time

1544 **in time (for A)**	①(A に)間に合って ②そのうち, やがて ☞ p.138
1545 **on time**	時間通りに ☞ p.124
1546 **(be) behind the times**＊	時流に遅れた, 時代遅れの

＊ times には「時代, 時勢」の意味がある。

1547 **once upon a time**	むかし
1548 **time after time**	何度も何度も
1549 **time and (time) again**	何度も何度も

Once upon a time there lived a poor prince.
(**むかし**かわいそうな王子がいました。)

Time after time I told him to stop smoking.
＝ Time and time again I told him to stop smoking.
(**何度も何度も**私は彼に禁煙するように言った。)

名詞

◆副詞句／接続詞の役割を果たす time のイディオム

1550 **next** time (～)	①次回に　②～する次のときに
1551 **any** time (～)	①いつでも　②～するたびに = whenever
1552 **each** [**every**] time (～)	①そのたびに　②～するたびに = whenever
1553 **all** the time (～)	①いつも，その間ずっと ②～している間中

★上の①は副詞句の際の意味で，②は接続詞のように節をまとめる際の意味。

①副詞句として

You may come any time.
(**いつでも**来てください。)

He is tired all the time.
(彼は**いつも**疲れている。)

②接続詞として

Next time you see him, you should apologize.
(**次に彼に会うときに**，あなたは謝るべきです。)

Every time my grandmother comes to visit, she brings us homemade cookies.
(祖母は訪ねて来る**たびに**自家製のクッキーを持って来る。)

1554 **by** the time ～	～する時までには
1555 **the last** time ～	～する最後の時に

By the time the tour ends, the football team will have played twenty matches in six countries.
(その遠征が終わる**までには**，そのフットボールのチームは6つの国で20試合戦うことになる。)

The last time I came here, that five-story building was being rebuilt.
(私がここに来た**最後の時には**, その 5 階建てのビルは改築されていた。)

5 way のイディオム

1556 the way ~*	①～のやり方　②～のように
1557 by way of A	A を通って

* the way は接続詞として働き, 名詞節をまとめると how の意味になり, 副詞節をまとめると as の意味になる。

①名詞節
　The way she is wearing her hair these days is attractive.
　(最近の彼女の**髪型は**すてきだ。)

②副詞節
　English words are not always spelled the way they sound.
　(英語の単語はいつも発音される**ように**綴られるわけではない。)

I went to London by way of Paris.
(私はパリ**経由で**ロンドンへ行った。)

◀関連表現▶
◆前置詞＋ way

1558 by the way	(話題を変える時に)ところで
1559 on the [one's] way (to A)	(A に行く)途中で☞ p.123
1560 in the [one's] way	じゃまになって
1561 in a way	ある意味では, いくぶん☞ p.134
1562 under way	進行中で

★ By the way は文頭が多く, 約 25％が後ろに疑問文がくる。

By the way, what are you doing tonight?
(**ところで**, 今晩何をするつもりですか？)

We can discuss it on the way home.
（我々は家へ帰る**途中で**それを議論できる。）

You're standing in the way.
（君は，**じゃまになっている**よ。）

In a way I feel sorry for you.
（**ある意味では**私は君に同情する。）

A wave of technological change is under way.
（科学技術の変化の波が**進行中**である。）

◆動詞＋ way

1563 **make** one's way	①進む　②出世する☞ p.62
1564 **find** one's way (to A)	(Aに)たどりつく
1565 **feel** one's way	手探りで進む☞ p.87
1566 **push** one's way	押し進む
1567 **lose** one's way	道に迷う＝ get lost

★ make one's way の make の代わりに様々な動詞を使って，「〜しながら進む」という意味で用いる。

We are lost and can't find our way home.
（我々は迷って，家へ**たどりつけ**ない。）

The cave was so dark that they had to feel their way.
（その洞穴は非常に暗かったので彼らは**手探りで進ま**なければならなかった。）

The man lost his way in the woods.
（その男は森の中で**道に迷った**。）

6 case のイディオム

1568 as is often the case (with A)	(Aには)よくあることだが
1569 (just) in case	万一の場合に備えて
1570 in case ~	①もし~ならば= if ②~の場合に備えて

Tom was late for class, as is often the case.
(**よくあることだが**，トムは授業に遅れた。)

Try to keep in touch with me, just in case.
(**万一に備えて**常に連絡を取るようにしてください。)

In case there is an accident, please report it to me.
(**もし**事故が**あれば**，私に報告してください。)

You had better take your umbrella, just in case it rains.
(雨**に備えて**傘を持って行ったほうがよい。)

◀関連表現▶

1571 in any case	同熟?	とにかく☞ p.249	= at any rate

7 what を使うイディオム

1572 What is A like?	A はどんなものか
1573 What ~ for?	何を求めて~か，なぜ~か☞ p.154 = Why ~ ?
1574 A be to B what [as] C be to D	A と B の関係は C と D の関係に等しい

What's Scotland like in summer?
(夏のスコットランドは**どんなふうですか**。)

The cherry blossom is to Japan just what the rose is to England.
(イギリス**にとっての**バラは日本**にとっての**桜の花**である**。)

名詞

267

◀ 関連表現 ▶

1575 **What about A [Ving]?**	① A はどうですか。　★勧誘の言葉。 ② A についてどう思いますか。 = **How about A?**
1576 **How about A [Ving]?**	① A はどうですか。 ② A についてどう思いますか。
1577 **What do you say to Ving?**	V してはどうですか。☞ p.90 ★ Ving の代わりに 名 も可。
1578 **what is 比較級**	さらに～なことには　★文を修飾。
1579 **what with A and B**	A やら B やらで

★ How about you?「あなたはどう思いますか」という用法もある。

"I have an appointment tomorrow." "What about Wednesday then?"
(「明日は約束がある」「じゃあ水曜**はどう**？」)

How about a glass of wine?
(ワイン**はいかがですか**？)

These shoes are expensive, and what is more they are too small.
(この靴は高いし，**そのうえ**，小さすぎる。)

What with the wind and the rain, the game had to be called off.
(風**やら**雨**やらで**そのゲームは中止にせざるをえなかった。)

8 前置詞 + oneself

1580 **for oneself**	独力で
1581 **by oneself**	ひとりで = **alone**
1582 **in itself [themselves]**	それ自身としては，本来は ☞ p.137

I am old enough to do it for myself.
(私は十分**独力で**それをできる年齢だ。)

I decided to live by myself in New York.
(私は**ひとりで**ニューヨークに住む決意をした。)

This is considered valuable in itself.
(これは，**それ自体で**価値があると考えられている。)

◀関連表現▶

1583 be beside oneself (with A)	（感情で）我を忘れている ☞ p.197
1584 have A to oneself	A をひとりじめにする

I was beside myself with pleasure, because I was invited to the party.
(パーティーに招かれたので，私は喜び**で我を忘れた**。)

She wanted to have her father's love to herself.
(彼女は父親の愛情**をひとりじめしたかった**。)

9 名詞 is (that)〜

1585 The fact is (that)〜	実は〜
1586 The point is (that)〜	要するに〜
1587 (The) chances are (that)〜	おそらく〜だろう

★これらは，文修飾の副詞句のように訳すのがふつうだ。

The fact is she has not finished the job yet.
(**実は**彼女はまだ仕事をやり終えていない。)

The point is that we need to have contact with those who are important to us.
(**要するに**，自分にとって大切な人たちと接触する必要があるということだ。)

The chances are that he'll be coming here.
(**おそらく**彼はここに来る**だろう**。)

Part 6

形容詞の文型とイディオム 48

◆形容詞にも文型がある！

たとえば「あなたは英語の勉強をする必要がある」という文を英語にするときに,

(×) <u>You</u> are necessary to <u>study</u> English.
　　(S)　　　　　　　　　　(V)

としてはならない。なぜなら, 文の主語である you と後の不定詞 study が意味上の主語と述語の関係にあるからだ。necessary という形容詞を使う場合, その後の不定詞(V)の意味上の主語(S)を文の主語にしてはならない。また,

(×) <u>English</u> is necessary to <u>study</u>.
　　(S)　　　　　　　　　　　(V)

という形もいけない。文の主語である English と不定詞 study が動詞と目的語の関係にあるからだ。次の二つは正しい例である。

(○) <u>It</u> is necessary to <u>study English</u>.
(○) <u>English</u> is necessary for us to pass the examination.

このように necessary, important などは形式主語の it, または後の不定詞と無関係なものを主語にする。形容詞も, それぞれのとることのできる文型が決まっているのである。

■ (S) be 形容詞 to (V) ⇔ It is 形容詞 that ～

1588 (S) be <u>certain</u> to (V)	必ず V する
同?	= It is <u>certain</u> that S V
1589 be <u>certain</u> of A	A を確信している ☞ p.182

★ここに挙げられた形容詞の後に不定詞が続く場合, 文の主語が不定詞の意味上の主語になる。また, このグループで sure 以外は形式主語の構文に書き換えられる。

He is certain to pass the examination.
= It is certain that he will pass the examination.
(彼は**必ず**試験に通る。)

I am certain of his success.
(私は彼の成功**を確信している**。)

◀関連表現▶

1590 be sure to V	必ず V する
1591 be sure of A	A を信じている ☞ p.181 = believe A
1592 to be sure	確かに

★ It is sure that ～という形式主語の構文は普通使われない。また，誰が確信しているのかに注意せよ。

He would be sure to succeed, with a little more patience.
= I am sure that he would succeed, with a little more patience.
(もう少し忍耐すると彼は**必ず**成功する。)

He is sure of his success. = He is sure that he will succeed.(☞ p.76)
(彼は自分の成功**を確信している**。)

The writer is famous, to be sure, but no one know what he's like.
(**確かに**その作家は有名だが，誰も彼がどんな人物か知らない。)

1593 be likely to V	V する可能性が高い，～しそうだ

He is likely to accept the offer. = It is likely that he will accept the offer.
(彼はその提案を受け入れ**そうだ**。)

2 形容詞＋ to 不定詞／形容詞＋前置詞

1594 (S) be free to (V)	自由に V できる
1595 feel free to V	遠慮なく V する ☞ p.87

1596	be free from A	A(悪い物)がない ☞ p.178, 187
1597	(S) be eager to (V)	V したがる
1598	be eager for A	A を切望している

★ここに挙げる表現では，文の主語が不定詞の意味上の主語となる。形式主語の構文には書き換えられない。

You are free to go anywhere.
(あなたはどこでも**自由に**行ける。)

Feel free to call me any time.
(いつでも**遠慮なく**電話をください。)

Nobody is free from faults.
(欠点**がない**人はいない。)

Most people are eager to get home before dark.
(たいていの人は暗くなる前に家に帰り**たがる**。)

Tourists are eager for adventure.
(旅行者は冒険**を切望している**。)

◀関連表現▶
★以下の表現もすべて文の主語が不定詞の意味上の主語になる。

1599	be apt to V	① V しがちだ　② V しそうだ
1600	be inclined to V	① V しがちだ　② V したがる
1601	be liable to V	V しがちだ

★これらは tend to V とほぼ同じ意味だ。

We are apt to be lazy.
＝ We are inclined to be lazy.
＝ We are liable to be lazy.
(我々は怠け**がち**だ。)

1602 be <u>ready</u> to V	①喜んで[進んで] V する ② V する用意ができている
1603 be <u>ready for</u> A	A の準備ができている☞ p.152
1604 be <u>willing</u> to V	喜んで V する
1605 be <u>unwilling</u> to V	V したがらない
1606 be <u>reluctant</u> to V	V したがらない

He <u>was ready to</u> help her.
= He <u>was willing to</u> help her.
(彼は**喜んで**彼女を助けた。)

They <u>are unwilling to</u> accept changes.
= They <u>are reluctant to</u> accept changes.
(彼らは変化を受け入れ**たがらない**。)

1607 be <u>anxious</u> to V	V したがる
1608 be <u>anxious for</u> A	A を熱望している☞ p.154
1609 be <u>anxious about</u> A	A を心配している☞ p.213

We <u>were anxious to</u> know if he was safe.
(彼が無事かどうか我々は知り**たかった**。)

We <u>are anxious for</u> his success.
(我々は彼の成功**を熱望している**。)

I'<u>m</u> very <u>anxious about</u> his health.
(彼の健康を私は**心配している**。)

1610 be <u>concerned about</u> A	A を心配している☞ p.213
1611 be <u>concerned with</u> A	① A と関係がある ② A に関心がある☞ p.196

形容詞の文型

Some Japanese are concerned about how their country looks to people from other countries.
(日本人の中には日本が外国人の目にどう写るか**心配する**人もいる。)

Geography is the science that is concerned with the earth and its climate, products, and inhabitants.
(地理学は土地とその気候，産物，住民**に関する**科学だ。)

1612 be afraid to V	こわくて V できない
1613 be afraid of A	A を恐れている ☞ p.181
1614 I'm afraid 〜	残念ながら〜

★ I'm afraid の後には that 節(that は省略)をおけるが，他にも I'm afraid so.「残念ながらそうです」, I'm afraid not.「残念ながらそうではありません」という使い方もある。

She was afraid to open the letter.
(彼女は**恐ろしくて**その手紙を開封**できなかった**。)

She is afraid of insects.
(彼女は虫**をこわがっている**。)

"Is it going to rain today?" "I'm afraid so."
(「今日は雨が降りそうですか」「**残念ながら**，そうです」)

1615 (O) be worth (Ving)	(V)する価値がある
1616 be worthy of A	A に値する
1617 (S) be worthy to (V)	(V)するにふさわしい
1618 be worth (A's) while*	価値がある

* while は「時間」という意味の名詞で，「時間をかける価値がある」が文字通りの意味。

If the report proves to be true, the plan is well worth trying. (⇔ try the plan)
(その報道が本当であることがわかれば，その計画はやってみる**価値が十分ある**。)

Your attitude is worthy of respect.
（君の態度は尊敬に値する。）

1619 be **bound** to V	①きっとVする ②Vする義務がある
1620 be **bound for** A	A行きである ☞ p.152

Your first day in New York is bound to be a big adventure.
（ニューヨークに初めて滞在する日は**きっと**大冒険になる。）

This ship is bound for San Francisco.
（この船はサンフランシスコ**行きである**。）

3 (O) be 形容詞 to (V) ⇔ it is 形容詞 to (V) (O)

1621 (O) be **easy** to (V)	(O)を(V)するのは簡単だ
1622 (O) be **impossible** to (V)	(O)を(V)するのは不可能だ

★ここに挙げる形容詞は，文の主語が不定詞の意味上の目的語になっている。また，形式主語の構文に書き換えられる。（possible は，この形は不可。形式主語は可。）

つぎの形容詞もこの文型をとる。
{ 難易の形容詞：hard, difficult, etc.
{ nice, convenient, pleasant, dangerous, etc.

The book is easy to read.
= It is easy to read the book.
（この本は，読みやすい。）

★ read と the book が他動詞と目的語の関係になっていることに注意。

The question is impossible to answer.
= It is impossible to answer the question.
（その質問は答えることが**不可能だ**。）

cf. This river is dangerous to swim in in July.
　= It is dangerous to swim in this river in July.
（七月にこの川で泳ぐ**のは危険だ**。）

★この例のように to V の位置に，自動詞＋前置詞（swim in）を使ってもよい。

4 形容詞・過去分詞＋前置詞の整理

1623 A be familiar to B	A が B(人)によく知られている☞ p.173
1624 B be familiar with A	B(人)が A をよく知っている☞ p.196
1625 A be known to B	A が B(人)に知られている☞ p.173
1626 be known for A	A で有名である☞ p.156
1627 be acquainted with A	① A(物事)に精通している ② A(人)と知り合いである☞ p.196

The subject is familiar to him.
= He is familiar with the subject.
（彼はその問題**をよく知っている**。）

The man is known to all Americans.
（その男は全てのアメリカ人**に知られている**。）

She is acquainted with a new technology.
（彼女は新しい技術**に精通している**。）

◀関連表現▶

1628 be tired of A	A に飽きている☞ p.180
1629 be tired from A	A で疲れている☞ p.189

We are tired of the professor's old jokes.
（我々はその教授のいつもの冗談**に飽きた**。）

1630 be true of A	（原則などが）A に当てはまる ☞ p.184
1631 be true to A	A に忠実だ ☞ p.168

He is true to his word.
（彼は約束**を守る**。）

1632 be angry about [at] A	A(物事)に腹を立てている ☞ p.148
1633 be angry with [at] A	A(人)に腹を立てている ☞ p.148, 197

John was angry about the news.
（ジョンはその知らせ**に腹を立てた**。）

He was very angry with me.
（彼は私**に対してとても腹を立てた**。）

1634 be busy with A	A(仕事など)で忙しい
1635 be busy Ving	V するのに忙しい

★ He is busy to study. という形は不可。

He was busy with a part-time job.
（彼はアルバイト**で忙しい**。）

England was busy fighting civil wars in the seventeenth century.
（イギリスは 17 世紀，内戦**に忙しかった**。）

形容詞の文型

Part 7
助動詞のイディオム 22

◆ might は「過去」を表すか？

may, must, can, ought to, などの助動詞には大きく分けると，二つの意味がある。ひとつは「〜してよい」「〜しなければならない」「〜できる」「〜すべきだ」という許可・能力・義務などの意味である。もうひとつは「〜だろう」「〜にちがいない」などの意味で，話し手がどの程度確信しているかを表す。

a) He <u>may</u> leave tomorrow.
①彼は明日出発**してもよい**。(許可)
②彼は明日出発**するかもしれない**。(確信度)

②の話し手の確信度を表す意味で使う場合，それぞれの助動詞は過去形 (might, could, would など) を使うと，話し手の確信度が低くなる。たとえば

b) He <u>might</u> leave tomorrow.

a) may を使う方が b) might を使うよりも，彼が出発することに対する確信が少し強い。(might と may をほとんど強さの差がなく用いることも多い。) 普通 b) might を使っても「彼は出発したかもしれない」という過去の意味にはならない。もし過去のことに対する推量を表したければ，次のように完了形を使わなければならない。

c) He <u>may have</u> left.
d) He <u>might have</u> left.

c), d) ともに「彼はすでに出発したかもしれない」という意味だ。

■ can のイディオム

1636 □ cannot <u>but</u> V	V せずにいられない ☞ p.215
1637 □ cannot <u>help Ving</u>	V せずにいられない
1638 □ cannot <u>help but</u> V	V せずにいられない

★ help = avoid「避ける」, but = except の意味があることから考えよう。
cannot help but V は上の二つが混じってできた形で主に米口語。

She couldn't but burst into laughter.
= She couldn't help bursting into laughter.
= She couldn't help but burst into laughter.
(彼女は笑いを**こらえられなかった**。)

◀関連表現▶

1639 cannot ... too ~	いくら~でも…しすぎることはない
1640 cannot help it	しかたがない

You cannot study too hard before an examination.
(試験前には勉強**しすぎるということはない**。)

2 may のイディオム

1641 may [might] well V	① V する可能性は十分ある ② V するのももっともだ
1642 may [might] as well V (as not)	V(しないより)するほうがよい
1643 might as well V₁ (as V₂)	(V₂ するのは)V₁ するようなものだ

★ might は仮定法で,非現実的内容や丁寧さを表す。

She may well be surprised at the news.
(彼女がその知らせを聞いて驚くのも**もっともだ**。)

You might as well apply for U.S. citizenship.
(君は合衆国の市民権を申請**する方がよいだろう**。)

You might as well call a horse a fish as call a whale a fish.
(馬を魚と言うことが**できないように**,鯨を魚と言う**こともできない**。)

助動詞

3 would のイディオム

1644 would <u>rather</u> V₁ (than V₂)	(V₂より)V₁したい ☞ p.106
1645 would <u>like</u> to V	Vしたい ★want to V より丁寧。
1646 would <u>like</u> A to V	AにVしてほしい

I would rather have a pink rose than a white one.
(白いバラ**より**ピンクのバラ**のほうが欲しい**。)

I would like to have a sandwich for lunch.
(昼食にはサンドイッチ**を食べたい**。)

I would like you to assist me with the job.
(あなたに仕事を手伝って**ほしい**。)

4 have のイディオム

1647 had <u>better</u> V *	Vするほうがよい，Vすべきだ
1648 have <u>only</u> to V₁ (to V₂)	(V₂するには)V₁しさえすればよい
1649 have <u>got</u> to V	① Vしなければならない ②(主に be の前で)〜にちがいない = have to V
1650 have <u>yet</u> to V	まだVしない

＊否定形は had better not V となる。had better は，You を主語にすると，警告や注意を与えることになり，ふつう，目下の人に対して使う。

You had better have your hair cut.
(あなたは髪を切った**ほうがよい**。)

You have only to ask him to know the truth.
(真実を知るためには，彼に聞き**さえすればよい**。)

Things have got to change.
(状況は変化**せざるをえない**。)

I have yet to find a perfect person.
（私は，**まだ**完璧な人に会ったことが**ない**。）

> 応用
>
> I'm sure I (　) tell you what she is like. You know her as well as I do.
> ① mustn't　② don't have to　③ am unable to
> ④ may not　④ can't
>
> 解答　②「彼女がどんな人かは，あなたに言う必要はないでしょう。あなたは私同様，彼女をよく知ってますから」
> ★ must not V は「〜してはならない」の意味になるが，do not have to V は「〜する必要はない」の意味になる。

5 助動詞の be to V

1651
□ **be to V**　　　多義
① V する予定だ
② V するべきだ（義務）
③ V できる（可能）
④ V するつもりだ（意志）　★ if 節中で。
⑤ V する運命だった ★過去時制で用いる。

The President is to deliver a speech tonight.
（今夜大統領が演説を**する予定だ**。）

What is to be done?
（何がなされる**べき**だろうか。）

Chinese restaurants are to be found all over the world.
（中華料理店は世界中に見つける**ことができる**。）

If you are to excel in any profession, you must love the activity for its own sake.
（どんな職業でも秀で**たければ**，その活動自体を好きでなければならない。）

He was never to see his wife again.
（彼は二度と妻に会えない**運命だった**。）

6 その他の助動詞的表現

1652 be **about** to V	(すぐに)V しようとしている
1653 **used** to V *	かつて V した　★過去の状態・習慣。
1654 be **supposed** to V	V することになっている = should V

* cf. be used to A [Ving]「A に慣れている」(☞ p.168)と混同しないこと。

The film was about to start.
(映画は始まろうとしていた。)

She is not what she used to be.
(彼女は**昔の**彼女ではない。)

Mary is supposed to visit me this afternoon.
(メアリーは今日の午後私を訪問する**はずだ**。)

◀関連表現▶

1655 be **forced** to V	V せざるをえない
1656 be **compelled** to V	V せざるをえない
1657 be **obliged** to V	V せざるをえない

★これらは形としては受動態だが,「～される」という受身の訳はつけない。
★ be obliged to A で「A(人)に感謝している」という用法もある。

The president was forced to resign.
= The president was compelled to resign.
= The president was obliged to resign.
(社長は辞任**せざるをえなかった**。)

Speed Check List

※ be で始まる熟語はすべて (be) として，be の次の単語の項に記載した。
　例 (be) sure of は，sure で検索。

A

☐ a bit of A	少しの A (Ⓤ) = a little A	244
☐ a body of A	大量 [多数] の A (のかたまり)	245
☐ a couple of A	二つの A，二, 三の A	245
☐ a crowd of A	多数の A = crowds of A	243
☐ A drowning man will catch at a straw.	溺れる者はわらをもつかもうとする (ことわざ)	145
☐ a great [good] deal	副おおいに　图たくさんのこと	241
☐ a great [good] deal of A	多くの A (Ⓤ) = much A	241
☐ a handful of A	少数の A, 少量の A	245
☐ a host of A	多数の A = hosts of A	243
☐ a large [great] number of A	多数の A	242
☐ a large [small] amount of A	多 [少] 量の A	242
☐ a large [small] sum of A	多 [少] 額の A	242
☐ a lot	副おおいに　图たくさんのこと = lots	241
☐ a lot of A	たくさんの A (Ⓒ, Ⓤ) = lots of A	241
☐ a number of A	多数 [いくつか] の A	242
☐ a pair of A	一対の A	245
☐ a piece of A	一つの A (Ⓤ)，A の一部	244
☐ a sheet of A	一枚の A (Ⓤ／紙・氷など)	245
☐ a touch of A	少量の A	245
☐ (be) about to V	(すぐに) V しようとしている	282
☐ above all	とりわけ, 何よりもまず	247
☐ (be) absent from A	A を欠席している	186
☐ (be) absorbed in A	A に熱中している	136
☐ accept A as B	A を B として受け入れる	207
☐ according to A	① A (情報源) によれば　② A にしたがって	168
☐ account for A	① A (割合) を占める　② A を説明する = explain A	160
☐ accuse A of B	B のことで A を非難 [告訴] する	107, 184
☐ (be) accustomed to A [Ving]	A に慣れている	168
☐ (be) acquainted with A	① A (物事) に精通している ② A (人) と知り合いである	196, 276
☐ act on A	① A に作用する　② A に基づいて行動する	119
☐ adapt A to B	A を B に適応させる, 合わせる	168
☐ adapt (oneself) to A	A に適応する	112, 167
☐ add A to B	A を B に加える (cf. add to A 「A を増やす」= increase A)	174
☐ add up to A	A (総計) に達する, 合わさって A になる	166
☐ (be) addicted to A	A に中毒になっている	167

項目	意味	ページ
☐ adhere to A	A にくっつく，固執する	167
☐ adjust to A	A に適応する	167
☐ (be) afraid of A	A を恐れている ＝ fear A	181, 274
☐ (be) afraid to V	こわくて V できない	274
☐ after all	①だって～（だから）②（通例文末で）結局，やはり，にもかかわらず	246
☐ again and again	何度も，くり返して	257
☐ agree with A	A と一致する，（体質に）合う	194
☐ aim at A	A をねらう	144
☐ (be) aimed at A	A 向けだ，A をめざしている	144
☐ all at once	突然	249
☐ all but	ほとんど ＝ almost	247
☐ all but A	A（图）以外すべてのもの（but ＝ except）	247
☐ all day (long)	一日中	247
☐ (be) all ears [eyes]	非常に注意深く聞く［見る］	262
☐ all in all	全体から見て	247
☐ all of a sudden	突然 ＝ suddenly	249
☐ all over (A)	①（A の）いたるところで ②すべて終わった	247
☐ all the same	にもかかわらず，やはり ＝ nevertheless	248
☐ all the time (～)	①いつも，その間ずっと ②～している間中	264
☐ all the way	（途中）ずっと；はるばる	247
☐ all the ＋比較級＋理由	（…だから）なおさら～	249
☐ all too A	まったく A（形・副）すぎる ＝ only too A（形・副）	248
☐ among other things	（数ある中で）とりわけ，なかでも ＝ among others	255
☐ amount to A	① A（総計）に達する ② A に等しい	165
☐ A, B, and so on	A や B などなど＝ and so forth, etc.	232
☐ (be) angry about [at] A	A（物事）に腹を立てている	277
☐ (be) angry at A	A（人・もの）に腹を立てる	148
☐ (be) angry with [at] A	A（人）に腹を立てている	197, 277
☐ (be) anxious about A	A を心配している	213, 273
☐ (be) anxious for A	A を熱望している	154, 273
☐ (be) anxious to V	V したがる	273
☐ any time (～)	①いつでも ②～するたびに ＝ whenever	264
☐ anything but A	決して A ではない ＝ not A at all	214
☐ apart from A	① A から離れて ② A は別として	187
☐ apologize (to A) for B	(A に) B（過失など）のことで謝る	155
☐ apply A to B	A を B に適用する，当てはめる	168
☐ apply for A	A に申し込む，A を求めて応募する	102, 154
☐ apply (oneself) to A	A に専念する	112, 167
☐ apply to A	① A に当てはまる ② A（会社・学校など）に応募・志願する	102, 167
☐ approve of A	A に賛成する，A が気に入る	185
☐ (be) apt to V	① V しがちだ ② V しそうだ	272
☐ argue with A	A と口論する，論争する	193
☐ arm in arm (with A)	(A と) 腕を組んで	260

☐ as a matter of course	当然のこととして	206
☐ as a matter of fact	実を言うと	206
☐ as a result	結果として，その結果	205
☐ as a rule	たいてい = usually	205
☐ as a whole	全体として	205
☐ as for A	A については	207
☐ as if [though] ~	まるで~のように	208
☐ as is often the case (with A)	(A には) よくあることだが	267
☐ as it were	いわば = so to speak	208
☐ as many [much] as A	A (数字) ほども多くの	244
☐ as often as not	しばしば	257
☐ as [so] far as S V	S が V する範囲では	208
☐ as [so] long as S V	① S が V しさえすれば = if S V　② S が V する間は	208
☐ as soon as ~	~したとたん	208
☐ as such	①そういうものとして　②~自体	206
☐ as to A	A について = about A	207
☐ as well as ~	~と同様	208
☐ as yet	今までのところ = so far	207
☐ ascribe A to B	A の原因［所属］は B だと考える	169
☐ (be) ashamed of A	A を恥じている	181
☐ aside from A	① A から離れて　② A は別として	187
☐ ask A for B	A に B を求める	154
☐ ask A out	A を外出に誘う	219
☐ ask a favor of A	A に頼み事をする	185
☐ (be) associated with A	A と関係づけられる，A を連想させる	196
☐ at a glance	ちらっと見て	148
☐ (be) at a loss	途方に暮れている	146
☐ at a time	一度に	143
☐ at all	① (否定を強めて) まったく，少しも　② (疑問を強めて) 一体，少しでも　③ (if 節で) いやしくも，仮に	149
☐ at all costs	何を犠牲にしても，ぜひとも	146
☐ at all events	とにかく，いずれにせよ	248
☐ at any cost	どんな犠牲をはらっても	146
☐ at any moment	いつなんどきでも	143
☐ at any rate	①とにかく　②少なくとも = in any case	146,249
☐ (be) at A's best	A の最盛期である	144
☐ (be) at A's disposal	A が自由にできる	147
☐ at best	いちばんよくても，せいぜい	143
☐ (be) at ease	くつろいでいる　cf. with ease	147
☐ at first	最初は	144,255
☐ at first glance	一目見て	148
☐ at first sight	一目見て，一見して	148,256
☐ at hand	(時間的・場所的に) 近くに	259
☐ at heart	心の底では，根は	261

☐ (be) at home (in A)	①くつろいでいる ②（A に）精通している	146
☐ at intervals	時々	143, 257
☐ at large	①一般の ＝ in general,（社会）全体の ②（犯人などが）逃走中で	149
☐ at last	ついに	144
☐ at least	少なくとも	144
☐ at length	①くわしく ②（文頭で）ついに ＝ at last	149
☐ at (the) most	いちばん多くても，せいぜい	143
☐ at once	①すぐに ＝ immediately ②同時に	142
☐ at one time	①かつて ②一度に	143
☐ (be) at peace	平和だ，仲良くしている	147
☐ (be) at play	遊んでいる	147
☐ at present	今のところは，現在は ＝ now	142
☐ at random	手当たりしだいに，無作為に	149
☐ (be) at rest	休んでいる	147
☐ (be) at risk	危機にさらされている	146
☐ (be) at school	在学中である，授業中である	147
☐ (be) at sea	航海に出ている	147
☐ (be) at stake	危険にさらされている	147
☐ (be) at (the) table	食事中である	147
☐ at the age of A	A 歳で	142
☐ at the cost of A	A を犠牲にして	145
☐ at the expense of A	A を犠牲にして	145
☐ (be) at the mercy of A	A のなすがままである	147
☐ at the moment	①今は ②その時点では	143
☐ at the risk of A	A の危険をおかして，A を覚悟で	146
☐ at the sight of A	A を見て	148
☐ at the thought of A	A のことを考えると	148
☐ at times	時々 ＝ sometimes, occasionally	143, 257
☐ (be) at war	戦争状態である	147
☐ at will	意のままに	147
☐ (be) at work	働いている ＝ be working	146
☐ at worst	最悪でも	143
☐ attach A to B	A を B にくっつける	167
☐ (be) attached to A	A に愛着を持っている	167
☐ attend to A	① A に注意・専念する ② A を世話する	163
☐ attribute A to B	A の原因［所属］は B だと考える	169
☐ avail oneself of A	A を利用する ＝ make use of A	112, 182
☐ (be) aware of A	A を意識している ＝ know A	181

B

☐ (be) bad at A	A が苦手である	149
☐ ban A from Ving	A が V するのを禁止する ＝ prohibit	189
☐ bar A from Ving	A が V するのを禁止する，妨げる	189
☐ (be) based on A	A に基づいている	118

☐ become of A	A に起こる ＝ happen to A	105
☐ beg for A	A を乞う	153
☐ behind A's back	A のいないところで，A にかくれて	215, 261
☐ (be) behind schedule	予定よりおくれて	215
☐ (be) behind the times	時流に遅れた，時代遅れの	263
☐ believe in A	① A の存在を信じる　② A の価値を信じる	139
☐ belong to A	A に属する，A の所有物である	168
☐ (be) bent on A [Ving]	A に熱心だ，V する決心だ	121
☐ (be) beside oneself with A	A（感情）で我を忘れている	197, 269
☐ between ourselves	私達だけの（秘密で）	216
☐ between you and me	あなたと私だけの（秘密で）	216
☐ beware of A	A に用心する	182
☐ (be) beyond description	言葉では表せない（ほどすばらしい・ひどい）	215
☐ beyond doubt	疑いなく ＝ without doubt	215
☐ blame A for B	B のことで A を責める，B を A のせいにする ＝ blame B on A	107, 155
☐ blame A on B	A を B のせいにする	120
☐ A (be) blessed with B	A が B に恵まれている	199
☐ blow A out	A を吹き消す	222
☐ blow (A) up	爆発する，A を爆破する ＝ explode (A)	229
☐ boast of [about] A	A を自慢する	107, 109, 182
☐ boast that ~	～だと自慢する	109
☐ (be) bored with A	A にうんざりしている	197
☐ (be) born of A	A から生まれる	180
☐ (be) bound for A	A 行きである	152, 275
☐ (be) bound to V	①きっと V する　② V する義務がある	275
☐ break A into [to] pieces	A を粉々にする	210
☐ break A up	A をばらばらにする，A（関係など）を終わらせる	227
☐ break down	（車などが）故障して止まる	234
☐ break in	横から口をはさむ，（盗みのため）押し入る	102
☐ break into A	① A（家・ネットワークなど）に侵入する　②突然 A（行為）をし始める	101, 211
☐ break (A) off	A（会話など）を打ち切る，A（関係など）を絶つ	102, 233
☐ break one's promise (to A)	(A との) 約束を破る	29
☐ break one's word	約束を破る	29
☐ break out	（火事・戦争などが）急に起こる	101, 105, 219
☐ break (one's) silence	沈黙を破る，口を開く	29
☐ break up	ばらばらになる，（恋人・夫婦などが）別れる	102, 227
☐ break with A	A と絶交する	194
☐ bring A about	A をもたらす，引き起こす ＝ cause A	4
☐ bring A back	A（記憶など）を思い出させる	7
☐ bring A home to B	A を B（人）に痛切に感じさせる	7
☐ bring A in	A（収入・収穫）をもたらす，稼ぐ，A を持ち込む	11
☐ bring A into existence [being]	A（物）を生み出す	5

項目	意味	ページ
☐ bring A out	① A を出版する，A（新製品など）を出す = publish A ② A（才能など）を引き出す，A を明らかにする	5,219
☐ bring A to an end	A を終わらせる = put an end to A	8
☐ bring A to life	A を生き返らせる，活気づかせる	9
☐ bring A to light	A を明るみに出す	6
☐ bring A to mind	（物事が）A を思い出させる，A を思い出す	5
☐ bring A up	① A を育てる　② A（問題など）を持ち出す， 　A を提起する = raise A	6,227
☐ bring oneself to V	V する気になる	9
☐ brush A up	A（外国語など）を勉強しなおす	229
☐ burn (A) down	全焼する，A を全焼させる	235
☐ burn out	燃えつきる	222
☐ burst [break] into tears	急に泣き出す	209
☐ burst into laughter	わっと笑い出す	209
☐ burst out Ving	急に V し始める	219
☐ (be) busy Ving	V するのに忙しい	277
☐ (be) busy with A	A（仕事など）で忙しい	277
☐ but for A	もし A がなければ = without A	160
☐ buy A for B	A を B（代金）で買う	157
☐ by accident	偶然に = by chance	203
☐ by air [car, bus]	飛行機で［車で，バスで］	203
☐ by all means	①（申し出に対し）ぜひどうぞ　②ぜひ，必ず	204,247
☐ by and by	やがて，そのうちに	238
☐ by and large	大体，一般に = on the whole	238
☐ by chance	偶然に = accidentally, unexpectedly	203
☐ by degrees	徐々に = gradually	202
☐ by far	断然，はるかに	202
☐ by hand	手で，手書きで	260
☐ by means of A	A を用いて	203
☐ by mistake	まちがって	203
☐ by nature	生まれつき，本来は	204
☐ by no means	決して〜ない = not at all	204
☐ by oneself	ひとりで = alone	268
☐ by the A	A 単位で	202
☐ by the time 〜	〜する時までには	264
☐ by the way	（話題を変える時に）ところで	265
☐ by turns	交代で，かわるがわる = alternately	204
☐ by virtue of A	A を用いて，A のおかげで	203
☐ by way of A	A を通って	265

C

項目	意味	ページ
☐ call A off	A を中止する，取り消す	98,233
☐ call A up	A を電話で呼び出す，A に電話する	98,225
☐ call at A	A（場所）を訪問する = visit A	99

☐ call for A	① A を要求する ＝ demand A	
	② A (人) を誘いに行く	98,153
☐ call on A	A (人) を訪問する ＝ visit A	99
☐ calm (A) down	圓 (気持ちが) 落ち着く　他 A (人) を落ち着かせる	235
☐ can tell A apart	A を区別できる	93
☐ can tell A from B	A と B とを区別できる	93,187
☐ cannot but V	V せずにいられない	215,278
☐ cannot help but V	V せずにいられない	278
☐ cannot help it	しかたがない	279
☐ cannot help Ving	V せずにいられない	278
☐ cannot ... too ～	いくら～でも…しすぎることはない	279
☐ care about A	① A (人・事) を心配する	
	② A を気にする，A に関心を持つ	103
☐ care for A	① A (人・もの) の世話をする ＝ take care of A	
	② A を好む	103
☐ carry A out	A を果たす，実行する	222
☐ carry on Ving [A]	V [A] し続ける	231
☐ catch A by the B	A の B (体の一部) をつかむ	113
☐ catch A Ving	A が V しているのを見つける	99
☐ catch fire	火がつく，燃え上がる	100
☐ catch sight of A	A を見つける ＝ see A, find A	99,182
☐ catch up with A	A に追いつく	99,226
☐ (be) caught in A	A (悪天候・災難) にあう	100,140
☐ (be) certain of A	A を確信している	182,270
☐ (S) be certain to (V)	必ず V する ＝ It is certain that S V	270
☐ (The) chances are (that) ～	おそらく～だろう	269
☐ change A into B	A を B に変える	209
☐ A change into B	A が B に変わる	209
☐ (be) characteristic of A	A に特有である，A の特徴だ	184
☐ (be) charged with A	① A (罪) で告訴される	
	② A (責任など) を課される	107,199
☐ cheer (A) up	圓 元気を出す　他 A を励ます	226
☐ clear A of B	A (場所) から B (不要物) を取り除く	178
☐ clear (A) up	(A を) かたづける	228
☐ clear up	(天気が) 回復する，晴れる	228
☐ cling to A	A にくっつく，A (信念など) を固く守る	166
☐ close to A	A のすぐ近くに	173
☐ coincide with A	A と同時に起こる，A と一致する	105,195
☐ come about	生じる，起こる ＝ happen	4,105
☐ come across A	A に偶然出くわす	4
☐ come alive	活気づく	10
☐ A come back	A (記憶など) が思い出される	7
☐ come by A	A を偶然手に入れる	4
☐ come close to Ving	V しそうになる	7
☐ come down with A	A (病気) にかかる	10,235

☐ come easy	やさしくなる	10
☐ come from A	Aの出身である，Aに由来する	4
☐ A come home to B	AがB（人）に痛切に感じられる	7
☐ come into being [existence]	出現する	5,209
☐ come into [in] contact with A	Aに接する，接触する	10
☐ A come into one's mind	A（考えなど）が人の心に浮かぶ	5
☐ come into view	見えてくる ＝ come in sight	7
☐ come near to Ving	Vしそうになる	7
☐ come of age	大人になる，成人する	10
☐ come off	①（取っ手・ボタンなどが）とれる，はがれる ②成功する	11
☐ Come on!	①よせよ　②はやくしろ　③まさか	10
☐ A come out	① Aが出版される ＝ A be published ② Aが明らかになる	5,219
☐ come right	うまくいく	10
☐ come to	意識を取り戻す	8
☐ A come to an end	Aが終わる	8
☐ A come to life	Aが生き返る，活気づく	9
☐ A come to light	Aが明るみに出る	6
☐ A come to mind	Aが思い出される	5
☐ come to one's senses	自制心［意識］を取り戻す	8
☐ come to terms with A	① A（不快な事実など）を受け入れる ② Aと合意に達する	8
☐ come to the conclusion that ～	～という結論に達する	8
☐ come to think of it	そう言えば，もう一度考えると	9
☐ A come to V	AがVするようになる	9
☐ come true	実現する	10
☐ A come up	A（問題など）が生じる	6
☐ come up with A	A（考えなど）を思いつく，Aを提案する	6,224
☐ (be) common to A	Aに共通している	170
☐ compare A to B	① AをBにたとえる　② AとBを比較する	172
☐ compare A with [to] B	AとBを比べる	200
☐ compared with [to] A	Aに比べると	200
☐ (be) compelled to V	Vせざるをえない	282
☐ compensate for A	Aを埋め合わせる，つぐなう	157
☐ compete with A	Aと競争する	192
☐ complain of [about] A	Aについて不平を言う	109
☐ complain that ～	～だと不平を言う	109
☐ comply with A	A（要求，規則など）に従う	195
☐ (be) composed of A	Aで構成されている	179
☐ concentrate on A	Aに集中する	121
☐ (be) concerned about A	Aを心配している	213,273
☐ (be) concerned with A	① Aと関係がある　② Aに関心がある	196,273
☐ confine A to B	AをBの範囲に限定する	173

☐ conform to A	A（習慣・規則など）にしたがう	168
☐ (be) confronted with A	A（障害など）に直面している	193
☐ (be) connected with A	Aと関係がある	196
☐ (be) conscious of A	Aを意識している ＝ know A	182
☐ consist in A	A（抽象名詞）に存在する ＝ lie in A	103,139
☐ consist of A	Aで構成されている	103,179
☐ contend with A	Aと論争する	193
☐ (be) content with A	Aに満足している	197
☐ (be) contrary to A	Aに反している，逆らっている	164
☐ contribute to A	① Aに貢献する　② Aの一因となる	174
☐ convert A into B	AをBに変える，転換する	210
☐ convince A of B	AにBを信じさせる	109,183
☐ convince A that ~	Aに~を信じさせる	109
☐ (be) convinced of A	Aを信じている ＝ believe A	182
☐ cope with A	Aにうまく対処する	193
☐ correspond to A	Aに相当する，一致する	172
☐ correspond with A	Aと一致する	194
☐ count for A	Aだけの価値がある	160
☐ count on A	Aに頼る，Aをあてにする	117
☐ cover A with B	AをBでおおう	200
☐ A be covered with B	AがBでおおわれている	200
☐ criticize A for B	BのことでAを批判する	155
☐ A be crowded with B	AがB（人など）でいっぱいだ	200
☐ (be) cruel to A	Aに残酷である	164
☐ cry for A	Aを求めて叫ぶ，泣く	153
☐ cure A of B	AのB（病気など）をなおす	178
☐ cut A down	① A（木）を切り倒す ② Aを削減する ＝ cut A back	235

D

☐ date from A	A（時代）にさかのぼる ＝ date back to A	189
☐ dawn on [upon] A	（物事が）A（人・心）にわかりはじめる	106
☐ day by day	日一日と	202
☐ deal in A	A（商品・問題）を扱う	104
☐ deal with A	A（事柄）を処理する，扱う	104,193
☐ define A as B	AをBと定義する，みなす	206
☐ depend on A	Aしだいだ	117
☐ depend on A for B	Aに頼ってBを求める	117,154
☐ (be) dependent on A	Aに依存している ⇔ be independent of A「Aから独立している」	118
☐ deprive A of B	AからBを奪う	178
☐ derive from A	Aに由来する	189
☐ (be) devoid of A	Aが欠けている	178
☐ devote oneself to A	A（仕事など）に身をささげる，専念する	112,167
☐ die from A	Aが原因で死ぬ	190

☐ die of A	A（病気・飢えなど）で死ぬ	180
☐ die out	絶滅する，死に絶える	221
☐ differ from A	Aと異なる	188
☐ (be) different from A	Aと違っている	188
☐ dispense with A	Aなしですます ＝ do without A	194
☐ dispose of A	Aを処分する	185
☐ distinguish A from B	AとBとを区別する	187
☐ divide A into B	AをBに分割する	210
☐ do A a favor	Aの頼みをきく	80
☐ do A damage	Aに害を与える ＝ do damage to A	79
☐ do A good	Aに利益をもたらす ＝ do good to A	79
☐ do A harm	Aに害を与える ＝ do harm to A	79
☐ do A justice	Aを公正に扱う，評価する	80
☐ do away with A	A（規則・制度など）を廃止する ＝ abolish A	78,193
☐ do (A) more harm than good	(Aの)益になるより害の方が大きい	79
☐ do nothing but V	Vばかりする	215
☐ do one's best	最善をつくす	78
☐ do one's duty	義務を果たす	78
☐ do the cooking	料理する	77
☐ do the dishes	食器［皿］を洗う ＝ wash the dishes	78
☐ do the shopping	買い物をする	77
☐ do the sights (of A)	(Aを) 見物する	78
☐ do without A	Aなしですます ＝ dispense with A	78
☐ dozens of A	多数のA，何ダースものA	243
☐ (be) dressed in A	Aを身に着けている	140
☐ drive at A	Aをほのめかす，言おうとする	145
☐ drop in at A	A（場所）に立ち寄る	99
☐ drop in on A	A（人）をちょっと訪れる	99
☐ drop out (of A)	(Aを) 途中でやめる	219
☐ dry up	干上がる	228
☐ (be) due to A	A（原因）のため（である）	169
☐ dwell on A	Aについて長々と述べる［考える］	121

E

☐ each [every] time (〜)	①そのたびに　②〜するたびに ＝ whenever	264
☐ (be) eager for A	Aを切望している	272
☐ (S) be eager to (V)	Vしたがる	272
☐ early on	早い時期に	232
☐ (O) be easy to (V)	(O) を (V) するのは簡単だ	275
☐ eat A up	Aを食べつくす	228
☐ end in A	Aという形で終わる，結局Aになる	139
☐ end up 〜	(＋ Ving) ついにはVすることになる，最後には〜になる	228
☐ endow A with B	① AにBを寄付する ② A（人）にB（才能など）を与える	199

☐ engage in A	A（活動・会話など）に参加する，従事する	136
☐ (be) engaged in A	A に従事している，没頭している	136
☐ enjoy oneself	楽しくすごす	111
☐ enter into A	A を始める	209
☐ (be) envious of A	A をうらやんでいる ＝ envy A	181
☐ (be) equal to A	① A に等しい　② A をする力がある	172
☐ A (be) equipped with B	A が B（装置など）を備えている	199
☐ (be) equivalent to A	A に等しい	172
☐ (be) essential to A	A にとって不可欠である	173
☐ every other day	一日おきに　cf. every six hours「6 時間おきに」	257
☐ except for A	A を除けば	160
☐ exchange A for B	A を B と交換する	156
☐ excuse A for B	B のことで A を許す	155

F

☐ face to face	面と向かって，差し向かいで	262
☐ (be) faced with A	A（障害など）に直面している	193
☐ fade away	（音・光などが）消えてゆく，薄れる	237
☐ fail in A	A に失敗する	137
☐ fall asleep	寝入る	96
☐ fall back on A	（いざというとき）A に頼る	118
☐ fall behind (A)	（A に）遅れる	97
☐ fall ill [sick]	病気になる	96
☐ fall in love with A	A に恋する，ほれる	96, 128
☐ fall on A	（記念日などが）A（曜日）にあたる	97
☐ fall short of A	A（目標など）に達しない	97, 179
☐ fall victim [prey] to A	A の犠牲［えじき］になる	97, 171
☐ A (be) familiar to B	A が B（人）によく知られている	173, 276
☐ B (be) familiar with A	B（人）が A をよく知っている	196, 276
☐ (be) famous for A	A で有名である	156
☐ far from A	A からほど遠い，決して A でない	187
☐ (be) fed up with A	A にうんざりしている ＝ (be) tired of A	197
☐ feed A with B	A に B（えさなど）を与える	199
☐ feed on A	（動物が）A を食べて生きる	118
☐ feel (sorry) for A	A に同情する	87
☐ feel free to V	遠慮せず V する，自由に V する	87, 271
☐ (be) [feel] ill at ease	落ち着かない，不安だ	147
☐ feel like Ving	V したい気がする	87
☐ feel one's way	手探りで進む	87, 266
☐ fight with A	A と戦う	192
☐ figure A out	A を理解する，解決する	220
☐ fill A out	A（書類）に必要事項を書き込む ＝ fill A in	223
☐ fill A up	A をいっぱいに満たす	228
☐ fill A with B	A を B で満たす	200
☐ A be filled with B	A が B で満たされている	200

☐ find A out	A（事実など）をつきとめる	221
☐ find fault with A	A に文句を言う ＝ criticize A	196
☐ find one's way (to A)	（A に）たどりつく	266
☐ find out (about A)	（A について）情報を得る	221
☐ (at) first hand	直接に，じかに	259
☐ first of all	まず第一に	256
☐ focus on A	A に集中する	121
☐ (be) fond of A	A を好む ＝ like A	106, 181
☐ for a rainy day	万一に備えて	153
☐ for a while	しばらくの間	159
☐ for ages	長い間	159
☐ for all A	A にもかかわらず	246
☐ for A's part	A の意見としては	160
☐ for ever	永遠に，ずっと ＝ forever	159
☐ for fear of A	A を恐れて	156
☐ for free	ただで	157
☐ for good	永遠に	159
☐ for lack of A	A がないために	156
☐ for life	生涯，死ぬまで	159
☐ for nothing	①ただで ②むだに（＝ in vain）	157
☐ for one thing	ひとつには	160, 255
☐ for oneself	独力で	268
☐ for pleasure	楽しみで	154
☐ for sale	販売用の	154
☐ for sure [certain]	確かに（は）	158
☐ for the first time (in A)	初めて，A（時間）ぶりに	255
☐ for the moment	当分の間，さしあたり	159
☐ for the most part	大部分は，大体は	160
☐ for the present	当分の間，さしあたり	159
☐ for the purpose of A	A が目的で	154
☐ for the sake of A	A のために	154
☐ for the time being	当分の間	159, 263
☐ for want of A	A がないために	156
☐ (be) forced to V	V せざるをえない	282
☐ forget to V	V し忘れる	111
☐ forget Ving	V したことを忘れる	111
☐ forgive A for B	B のことで A を許す	155
☐ (be) free from A	A（悪い物）がない	187, 272
☐ (be) free of charge	無料である	178
☐ (be) free of [from] A	A（悪い物）がない	178
☐ (S) be free to (V)	自由に V できる	271
☐ from now on	今後は（ずっと）	232
☐ from time to time	時々 ＝ sometimes, occasionally	257
☐ furnish A with B	A に B を備えつける，与える	199

G

gaze at A	Aをみつめる	145
generally speaking	一般的に言えば	91
get A across (to B)	(Bに) Aを理解させる	25
get A down	Aの気分をめいらせる	235
get A into trouble	Aをめんどうなことに巻き込む	23
get A to V	AにVさせる，してもらう	23
get along	暮らす，やって行く (= get on)	18
get along with A	Aと仲良くする，Aとやっていく = get on with A	17, 195
get angry	怒る= get mad	20
get at A	Aをほのめかす，言おうとする= mean A	26, 145
get away	立ち去る，逃げる	16
get away with A	Aのとがめを受けない	17
get down to A	A（仕事など）に取りかかる	14
get excited	興奮する，わくわくする	21
get hold of A	① Aを手に入れる，つかむ　② Aに連絡をとる	25
get in touch with A	Aと連絡を取る	22, 129
get into trouble	めんどうなことになる，問題を起こす	22, 209
get lost	道に迷う	22
get married to A	Aと結婚する = marry A	22
get nowhere	うまくいかない，成功しない	26
get off (A)	（バスなどから）降りる ⇔ get on (A)	14
get on A's nerves	Aの神経にさわる，Aをいらいらさせる = irritate A	25, 120
get on with A	① Aを続ける = continue A ② A（人）と仲良くする = get along with A	18, 231
get over A	Aを乗り越える，Aを克服する = recover from A	25
get ready (for A)	(Aの) 用意をする	21
get rid of A	A（不要物）を捨てる，取り除く	22, 178
get sick [ill]	病気になる= become sick	21
get the better of A	Aに打ち勝つ，勝る	26
get through (with) A	Aを終える= finish A	25, 212
get to A	① Aに達する　② Aを始める	26, 165
get to V	Vするようになる	22
get together (on A)	①集まる　②（Aについて）意見が一致する	19
get wet	濡れる	21
give A a call [ring]	Aに電話する	39
give A a hand (with B)	（Bのことで）Aに手を貸す = help A (with B)	38
give A a lift	A（人）を車に乗せる	39
give A a ride	Aを（車などに）乗せる ⇔ take a ride「乗る」	38
give A a try	Aを試す	39
give A away	① Aをただでやる ② A（秘密など）をばらす，Aの正体を思わず現す	37
give A credit for B	BをA（人）の功績と認める，Aをほめる	40
give A off	A（煙・臭いなど）を放つ	40

☐ give A out	① A（煙・臭いなど）を放つ　② A を配る	
	③ A を発表する	40
☐ give birth to A	A を生む，A の原因となる	39
☐ give in (to A)	(A に) 屈する，負ける	40, 171
☐ give one's best regards to A	A (人) によろしく伝える	39
☐ give rise to A	A を引き起こす ＝ cause A	39
☐ give thought to A	A を考える ＝ give A thought	39
☐ give (A) up	① (A を) やめる　② A をゆずる	37, 228
☐ give up on A	A に見切りをつける	228
☐ give way (to A)	(A に) 屈する，道をゆずる	40, 171
☐ glance at A	A をちらっと見る	145
☐ go a long way toward [to] Ving		
	V するのに大いに役立つ	19
☐ go about A	A (仕事など) に取りかかる	14
☐ go ahead	いいですよ，どうぞ	26
☐ go along with A	A に賛成する，A と協力する	17
☐ go astray	迷う	20
☐ go away	立ち去る，出かける	16
☐ go bad	腐る	21
☐ go bankrupt	倒産 [破産] する	20
☐ go blind	目が見えなくなる	20
☐ go by	(時などが) 過ぎる，通り過ぎる	17, 237
☐ go dead	(電話が) 切れる，(機械が) 動かなくなる	21
☐ go far	成功する	19
☐ go fishing	釣りに行く	15
☐ go for a drive	ドライブに出かける	15
☐ go for a walk	散歩に出かける	15
☐ go in for A	① A (趣味) を始める，(職業として) やる　② A を好む	24
☐ go into A	① A (状態) になる　② A を調べる ＝ investigate A	
	③ A をくわしく述べる　④ A (職業など) につく	23
☐ go mad	気が狂う	21
☐ go off	立ち去る，爆発する ＝ explode	14
☐ go on a diet	ダイエットをする	16
☐ go on a picnic	ピクニックに行く	16, 123
☐ go on a trip	旅に出る	16, 123
☐ go on to V	次に続けて V する	18, 231
☐ go on Ving	V し続ける ＝ continue to V [Ving]	18, 231
☐ go on with A	A を続ける ＝ continue A	18, 231
☐ go out	(火・明かりが) 消える	17, 221
☐ go out of business	倒産 [破産] する，廃業 [閉店] する	20
☐ go out of one's way to V	わざわざ V する	24
☐ go out with A	A (異性) と交際する，付き合う	18
☐ go over A	A をくわしく調べる ＝ examine A	23
☐ go shopping	買い物に行く	15
☐ go so far as to V	V しさえする	24

INDEX

☐ go through A	① A を経験する ＝ experience A	
	② A を調べる	23,212
☐ go through with A	A を成し遂げる,終える	24
☐ go to extremes	極端なことをする［言う］	24
☐ go to the trouble of Ving	V しようと骨を折る ＝ trouble to V	24
☐ go together	調和している	19
☐ go too far	度を超す,やりすぎる	19
☐ go with A	A と調和している ＝ match A	19,195
☐ go without A	A なしですます ＝ do without A	19
☐ go wrong	（事が）うまくいかない,失敗する	20
☐ (be) good at A	A が得意である	149
☐ (be) grateful to A (for B)	A に（B のことで）感謝している	164
☐ grow up	成人する,成長する	227
☐ (be) guilty of A	A（罪）について有罪である	184

H

☐ had better V	V するほうがよい,V すべきだ	280
☐ hand A down	A を子孫に伝える	236
☐ hand A in	A を提出する ＝ submit A	259
☐ hand A out	A を配布する,分配する	
	⇔ hand A in, turn A in「A を提出する」	223
☐ hand in hand (with A)	①（A と）手をつないで ②（A と）密接に関係して	260
☐ hang on	①続ける ②電話を切らずに待つ	232
☐ hang up	電話を切る ⇔ hang on, hold on	227
☐ happen to A	A に起こる,ふりかかる	105
☐ hardly ～ when [before] ...	～するやいなや…,～しないうちに…	253
☐ have A in common (with B)	(B と) A を共有している	69,130
☐ have A in mind	A のことを考えている	72
☐ have A on	A を身に着けている ＝ be in A	230
☐ have A on one's mind	A のことが気にかかっている	72
☐ have A to oneself	A をひとりじめにする	269
☐ have a bath	入浴する ＝ bathe, take a bath	75
☐ have a chat	雑談する ＝ chat	75
☐ have a discussion about A	A について議論する ＝ discuss A	74
☐ have a dream	夢を見る ＝ dream	75
☐ have a drink	（酒を）飲む ＝ drink	75
☐ have a good command of A	A を自由に使える	75
☐ have a good [great] time	楽しく過ごす	73
☐ have a hard time (in) Ving	V するのに苦労する	74
☐ have a headache	頭が痛い	71
☐ have a high opinion of A	A を高く評価する	73
☐ have a look (at A)	(A を) 見る ＝ look at A	74
☐ have a low opinion of A	A を低く評価する	73
☐ have a sweet tooth	甘いものが好きだ	71
☐ have a talk	話をする ＝ talk	75

☐ have a [the] mind to V	Vしたい気がする	71
☐ have a try	やってみる ＝ try	75
☐ have an accident	事故にあう	74
☐ have an adventure	冒険する	74
☐ have an eye for A	Aを見る目がある	71, 259
☐ have bearing on A	Aと関係がある	70
☐ have confidence in A	Aに自信がある，Aを信頼する	70, 139
☐ have difficulty (in) Ving	Vするのに苦労する［困る］	73
☐ have (an) effect on A	Aに影響［効果］を与える	76, 119
☐ have faith in A	Aを信頼する	71, 139
☐ have (a) good [every] reason to V	Vするのももっともだ	73
☐ have got to V	① Vしなければならない ＝ have to V	
	② (主にbeの前で) ～にちがいない	280
☐ have (an) impact on A	Aに強い影響［衝撃］を与える	120
☐ have (an) influence on A	Aに影響を与える	76, 120
☐ have little to do with A	Aと少ししか関係がない	250
☐ have no choice but to V	Vする以外に道がない	73, 215
☐ have no doubt + that ～	～を疑わない	72
☐ have no idea + wh ～	～がわからない ＝ do not know wh ～	72
☐ have no intention of Ving	Vするつもりはない	72
☐ have no objection to A	Aに反対しない	72
☐ have no sense of A	Aの感覚がない	71
☐ have nothing to do with A	Aと関係がない	250
☐ have one's own way	思い通りにする ＝ have everything [it] one's own way	70
☐ have one's share of A	Aの分け前［取り分］をもらう	70
☐ have only to V₁ (to V₂)	(V₂するには) V₁しさえすればよい	280
☐ have respect for A	Aを尊重［尊敬］する ＝ respect A	71
☐ have responsibility for A	Aの責任がある	70
☐ have (a) sleep	眠る ＝ sleep	75
☐ have something to do with A	Aと関係がある	70, 79, 196, 250
☐ have [take] pity on A	Aに同情する ＝ pity A	71
☐ have the kindness to V	親切にもVする	69
☐ have trouble (in) Ving	Vするのに困る［苦労する］	73
☐ have trouble with A	Aの調子が悪い	74
☐ have trust in A	Aを信頼する ＝ trust A	71
☐ have yet to V	まだVしない	280
☐ head for A	Aに向かって進む	152
☐ hear from A	Aから便り［手紙・電話］をもらう	87, 190
☐ hear of A	Aのことを耳にする	87, 184
☐ help A with B	AがBをするのを助ける	200
☐ help oneself to A	Aを自分で取って食べる	111
☐ hit A on the B	AのB (体の一部) をなぐる	113
☐ hit on [upon] A	(人が) Aを思いつく，偶然みつける	106
☐ hold A back	A (感情・病気など) を抑える，Aを止める	33

☐ hold good	有効である，当てはまる	33
☐ hold on	電話を切らずに待つ	32, 232
☐ hold one's breath	息を凝らす，かたずをのむ	30
☐ hold one's tongue	黙る	29, 261
☐ hold the line	電話を切らずに待つ ＝ hold on	30
☐ hold (on) to A	A に固執する，A にしがみつく	32, 167
☐ hold true	真実である，当てはまる	33
☐ hold (A) up	他① A を支える，持ち上げる ② A を遅らせる ＝ delay A 自 (理論などが) 真実である，持ちこたえる	32
☐ (be) hooked on A	A (人・もの) に夢中だ	121
☐ hope for A	A を望む	153
☐ How about A [Ving] ?	① A はどうですか。② A についてどう思いますか。	268
☐ How come 〜 ?	なぜ〜か，どうして〜か	11
☐ hurry up	急ぐ	226

I

☐ identify A as B	A を B と同一視する，みなす	207
☐ identify with A	A に共感する	195
☐ if any	①あるとしても ②もしあれば	249
☐ if anything	どちらかと言えば，むしろ ＝ rather	249
☐ (be) ignorant of A	A を知らない ＝ don't know A	182
☐ I'm afraid 〜	残念ながら〜	274
☐ I'm just looking.	見ているだけです。	82
☐ impose A on B	A (税・制限・罰など) を B に課する	119
☐ (O) be impossible to (V)	(O) を (V) するのは不可能だ	275
☐ (be) in a hurry	急いでいる，あわてている	129
☐ in a sense	ある意味では	134
☐ in a way	ある意味では，いくぶん	134, 265
☐ in a word	一言で言うと	134
☐ in accordance with A	A に従って	132
☐ in addition (to A)	(A に) 加えて	131
☐ in advance	前もって ＝ beforehand	130
☐ in all	全部で，合計で	140
☐ in anger	腹を立てて	128
☐ in any case	とにかく ＝ anyway	249, 267
☐ in A's opinion [view]	A の意見では	134
☐ in brief	手短かに言えば，要するに	134
☐ (just) in case	万一の場合に備えて	267
☐ in case 〜	①もし〜ならば ＝ if ②〜の場合に備えて	267
☐ (be) in charge (of A)	(A を) 担当している	130
☐ in comparison with A	A と比べて	132
☐ in conclusion	結論としては，つまり	134
☐ in connection with A	A に関連して	132
☐ in contrast (to A)	(A と) 対照的に	132
☐ (be) in control (of A)	(A を) 支配している	130

☐ (be) in danger (of Ving)	(V する) 危険にさらされている	127
☐ (be) in debt	借金をしている	127
☐ (be) in demand	需要がある	129
☐ in despair	絶望して	128
☐ in detail	くわしく，細かい点で	134
☐ (be) in difficulty	困っている	127
☐ in effect	①事実上は	
	② (be in effect) (法律などが) 有効である	134
☐ in exchange for A	A と交換に	157
☐ in fact	① (具体例の前で) 実際 ②いやそれどころか	
	③実は (= actually)	135
☐ (be) in fashion	流行している ⇔ out of fashion	130
☐ (be) in favor of A	A に有利だ，賛成だ = in A's favor	131
☐ in general	一般的に言って = generally	133
☐ (be) in good health	健康である	128
☐ in haste	急いで，あわてて	129
☐ in honor of A	A を祝って，A に敬意を表して	133
☐ in itself [themselves]	それ自身としては，本来は	137, 268
☐ in (the) light of A	A を考慮して	132
☐ (be) in love with A	A を恋している (状態)	128
☐ (be) in need	(金・食料などがなくて) 困っている	127
☐ (be) in need of A	A を必要としている	129
☐ in no time	すぐに = very soon	137
☐ (be) in order	整然としている，良い状態にある	127
☐ in other words	言い換えると	134
☐ (be) in pain	苦しんでいる	127
☐ in particular	特に，詳細に = particularly	133
☐ in person	(代理ではなく) 本人で，自ら	131
☐ in place of A	A のかわりに = in A's place	133
☐ in practice	実際上は，実用では	134
☐ in preparation for A	A に備えて	153
☐ in principle	原則的には	134
☐ in private	私的に，ひそかに = privately	130
☐ in proportion to A	A に比例して	132
☐ in public	公然と，人前で = publicly	130
☐ in pursuit of A	A を追及して	133
☐ in reality	事実上は	134
☐ in regard to A	A に関して	132
☐ in relation to A	A に関連して	132
☐ in respect to [of] A	A に関して	132
☐ in return (for A)	(A の) お返しに	131, 157
☐ in search of A	A を探し求めて　cf. search for A	133
☐ in secret	ひそかに = secretly	131
☐ (be) in (good) shape	健康である，いい状態である	128
☐ in short	手短かに言えば，要するに	134

見出し	意味	ページ
□ (be) in short supply	供給不足である	129
□ (be) in sight	見える，視野に入っている	130
□ in spite of A	A にもかかわらず = despite A	133
□ in store for A	A（人）を待ち構えて	153
□ in succession	連続して = one after another	131
□ in surprise	驚いて	128
□ in terms of A	A の視点から	132
□ in that ~	~という点で，~だから	137
□ in the absence of A	A がいないところで = in A's absence, A がないところで	129
□ in the company of A	A（人）といっしょにいて = in A's company	129
□ in the course of A	A の間に = during A	137
□ in the face of A	① A にもかかわらず　② A に直面して	133,262
□ in the first place	最初に，そもそも，まず第一に	256
□ in the future	将来，これから	138
□ (be) in the habit of Ving	V する習慣である	127
□ in the long run	長い目で見れば，結局	137
□ in the meantime	その間に	138
□ (be) in the mood for Ving [to V]	V したい気分である	128
□ in the [one's] way	じゃまになって	265
□ in the past	過去に，今まで	138
□ in the presence of A	A の面前で = in A's presence, A のあるところで	129
□ in theory	理論上は	134
□ in time (for A)	①（A に）間に合って　②そのうち，やがて	138,263
□ (be) in trouble	困っている，(警察などに) 問題を起こしている	127
□ in turn	順番に，次に (= next) cf. by turns「交代で」	130
□ (be) in use	使用されている	130
□ (be) in vain	むなしく，むだになる	131
□ in view of A	A を考慮して	132
□ in Ving	V しているときに	138
□ (be) inclined to V	① V しがちだ　② V したがる	272
□ (be) independent of A	A から独立している	179
□ (be) indifferent to A	A に無関心である	163
□ (be) indispensable to A	A にとって不可欠である	173
□ indulge in A	A（好きなこと）にふける，楽しむ，参加する	136
□ (be) inferior to A	A より劣っている	171
□ inform A of B	A に B を知らせる = tell A B	109,183
□ inform A that ~	A に~を知らせる	109
□ insist on A	A を主張する，要求する	109,121
□ insist that ~	~だと主張する	109
□ (be) intent on A	A に熱心である	121
□ interfere with A	A を妨害する	192
□ (be) involved in A	A（物事）に関係している，巻き込まれている，熱中している	136

☐ It goes without saying that ~	~は言うまでもない	90
☐ it is no use Ving	Vするのはむだだ	251
☐ It is not too much to say that ~	~と言っても言い過ぎではない	90
☐ It is (high) time that ~	~する時間だ	263
☐ It's none of A's business.	Aが口出しすべきでない。	252

J

☐ (be) jealous of A	Aをねたんでいる	181
☐ join in A	A（活動）に参加する	135
☐ judging from A	Aから判断すると	190
☐ (be) junior to A	Aより年下［後輩・下のランク］である	172

K

☐ (be) keen on A	Aに熱中している，Aが好きだ	121
☐ keep A back	A（涙・感情など）を抑える，A（もの・お金など）を取っておく	33
☐ keep A (away) from B	AをBに近づけない	187
☐ keep A from Ving	AにVさせないでおく	34, 188
☐ keep A in mind	Aを覚えている，心にとめておく	34
☐ keep A secret	Aを秘密にしておく	29
☐ keep A to oneself	Aを人に話さない，秘密にしておく	32
☐ keep A up	Aを維持する，続ける	31, 225
☐ keep a diary	日記をつける	30
☐ keep a secret	秘密を守る	29
☐ keep an [one's] eye on A	Aから目を離さない	29, 121, 259
☐ keep away from A	Aに近づかない，Aを避ける	35, 186
☐ keep company with A	Aと同行する，交際する ＝ keep A company	31
☐ keep early hours	早寝（早起き）する	30
☐ keep from Ving	Vしないでおく	34, 189
☐ keep in contact with A	Aと接触を保つ	31
☐ keep in touch with A	Aと連絡を保つ	31, 129
☐ keep (A) off	①（Aに）近づかない ②Aを寄せつけない	234
☐ keep off A	Aに立ち入らない	34
☐ keep on Ving	Vし続ける	31, 231
☐ keep one's eyes open	目を開けておく，油断なく警戒する	34, 259
☐ keep one's promise (to A)	（Aとの）約束を守る	29
☐ keep one's temper	怒りを抑える，平静を保つ	30
☐ keep one's word	約束を守る	29
☐ keep (A) out	自 中に入らない 他 Aを中に入れない	35
☐ keep out of A	A（いたずら・けんかなど）にかかわらない	35
☐ keep pace with A	A（進歩など）に遅れずについて行く	31
☐ keep (one's) silence	黙っている	29
☐ keep silent	黙っている	29
☐ keep to A	A（規則・約束など）を守る	32, 166

☐ keep to oneself	他人から離れる，人と交際しない	32,167
☐ keep track of A	A を見失わない，A の跡をたどる	31
☐ keep up with A	A に遅れずついていく	31,226
☐ keep Ving	V し続ける	31
☐ (be) kind to A	A に親切である ＝ (be) nice to A	164
☐ know A by heart	A を暗記している（状態）	203
☐ know A from B	A と B とを区別できる	187
☐ know nothing of A	A についてまったく知らない	251
☐ know something of A	A についていくぶん知っている	251
☐ (be) known for A	A で有名である	156,276
☐ (be) known to A	A（人）に知られている	173,276

L

☐ (be) lacking in A	A が欠けている ＝ lack A	137
☐ later on	のちになって，あとから	232
☐ laugh at A	A を笑う，あざ笑う	144
☐ lay A off	A を（一時）解雇する	233
☐ lay A out	① A を広げる，並べる　② A を設計する	223
☐ lead to A	① A をひきおこす　② A に通じる	165
☐ learn A by heart	A を暗記する ＝ memorize A	203,261
☐ leave A off	A をやめる ＝ stop A	233
☐ leave A out	A を抜かす（＝ omit），のけ者にする	218
☐ leave [let] A alone	A をそのままにしておく	100
☐ let A be	A をそのままにしておく	101
☐ let A down	A を失望させる ＝ disappoint A	101,234
☐ let alone A	ましてや A はない	100
☐ let go of A	A を放す，離す ＝ let A go, release A	17,65,101,183
☐ Let me see.	ええっと，そうですね	85
☐ (be) liable to V	V しがちだ	272
☐ lie in A	A（抽象名詞）に存在する	139
☐ (be) likely to V	V する可能性が高い，～しそうだ	271
☐ limit A to B	A を B に限定する	173
☐ listen for A	A が聞こえないかと耳をすます	154
☐ little by little	少しずつ ＝ gradually	202
☐ live from hand to mouth	その日暮らしをする	260
☐ live on A	A（食物・金など）に頼って生きる	118
☐ live up to A	A（期待など）に添う，A を満たす	166,227
☐ load A with B	A に B を積む，載せる	199
☐ long for A	A を熱望する，A にあこがれる	153
☐ look A in the eye	A の目をまともに見る	82,113,259
☐ look A over	A（書類など）に目を通す ＝ examine A	83,236
☐ look A up (in B)	(B で) A を検索する，調べる	83,225
☐ look after A	A のめんどうをみる ＝ take care of A	86
☐ look alike	似ている，そっくりに見える	84
☐ look as if [though] ~	まるで～かのようだ	84

☐ look back on [over] A	A を回想する	82,122
☐ look down on A	A を見下す,軽蔑する = despise A	82,119
☐ look for A	A を探す,求める	83
☐ look forward to A [Ving]	A [V するの] を楽しみに待つ	83,164
☐ look into A	A (問題など) を調べる = investigate A	83
☐ A look like B	A は B のように見える,似ている	84
☐ look on	見物する,傍観する	82,232
☐ look out (for A)	①(L～！)気をつけろ！ ② (A に)気をつける	86,152
☐ look through A	A (望遠鏡など) をのぞく, A に目を通す = examine A	83
☐ look to A	① A の方を向く,A に注意する ② A に頼る	165
☐ look to A for B	A に頼って B を求める	82,154
☐ look up to A	A を尊敬する = respect A	82,164
☐ look upon [on] A as B	A を B とみなす	85,207
☐ lose one's temper	腹を立てる	30
☐ lose one's way	道に迷う = get lost	266
☐ lose sight of A	A を見失う	182

M

☐ (be) made of A	A (材料) でできている	179
☐ (be) made up of A	A (部分) で構成されている	59,179
☐ major in A	A を専攻する	136
☐ make A from B	A を B (原料) から作る	59
☐ make A into B	A (原材料) を B にする	59,210
☐ make A (out) of B	A を B (材料) で作る	59
☐ make A out	A を理解する,A を判別する = understand A	61,220
☐ make A up	① A (割合など) を占める = account for A ② A (全体) を構成する ③ A (言い訳・話など) をでっち上げる = invent A ④ A を補う	60
☐ make a choice	選ぶ = choose	66
☐ make a difference	重要である	59
☐ make a fool of A	A を笑いものにする	60,183
☐ make a fool of oneself	ばかなことをする,もの笑いになる	60
☐ make a fuss about A	A に夢中になる,A で騒ぎ立てる = fuss about A	67
☐ make a living	生計を立てる = make [earn] one's living	67
☐ make a mistake	誤りを犯す	66
☐ make a point of Ving	V するのを重視する,必ず V する = make it a point to V	60
☐ make a reservation (for A)	(A の) 予約をする = reserve A, book (A)	66
☐ make allowance(s) for A	A を考慮する = allow for A	67
☐ make an attempt	試みる = attempt	66
☐ make an effort (to V)	(V しようと) 努力する	66
☐ make an error	誤りを犯す	66
☐ make an impression on A	A に [感動] 印象を与える	67,120

INDEX ● 305

☐ make believe (that) ～	～のふりをする ＝ pretend (that) ～	64
☐ make certain that ～	～を確かめる，～になるよう注意［手配］する ＝ make sure that ～	65
☐ make do with A	A で間に合わせる	65,79
☐ make (both) ends meet	収入内でやりくりする	64
☐ make for A	① A に向かって進む　② A に役立つ	62,152
☐ make friends with A	A と友達になる	59
☐ make fun of A	A を笑いものにする ＝ ridicule A	60,183
☐ make good	成功する	63
☐ make haste	急ぐ	66
☐ make it	①（人が）成功する　②たどり着く，間に合う	63
☐ make it a rule to V	V することにしている	60
☐ make much of A	① A を重んじる　② A を理解する	61,251
☐ make one's way	①進む　②出世する	62,266
☐ make oneself at home	くつろぐ	63
☐ make oneself heard	自分の言うことを聞いてもらう	64
☐ make oneself understood	自分の言いたいことをわからせる	63
☐ make progress	進歩する ＝ progress	66
☐ make ready (to V)	（V する）用意をする ＝ get ready (to V)	65
☐ make room for A	A のために場所をあける	61
☐ make sense (to A)	（人に）理解できる ＝ be understandable (to A)	62
☐ make sense of A	A を理解する ＝ understand A	62,183
☐ make sure (that) ～	～を確かめる ～になるよう注意［手配］する ＝ ensure (that) ～	64
☐ make sure [certain] of A	A を確かめる ＝ confirm A	65,183
☐ make tea	お茶を入れる	61
☐ make the best of A	A を何とかうまく切り抜ける，最大限利用する	63
☐ make the most of A	A を最大限利用する，重要視する	63
☐ make up	①仲直りする ＝ become reconciled　②化粧する	61
☐ make up for A	A を埋め合わせる，つぐなう ＝ compensate for A	60,157
☐ make up one's mind (to V)	（V する）決心をする ＝ decide (to V)	60,228
☐ make use of A	A を利用する ＝ use A	63,182
☐ many a A	多数の A	243
☐ marvel at A	A に驚く ＝ to be surprised at A	148
☐ may [might] as well V (as not)	V（しないより）するほうがよい	279
☐ may [might] well V	① V する可能性は十分ある　② V するのももっともだ	279
☐ might as well V_1 (as V_2)	（V_2するのは）V_1するようなものだ	279
☐ mistake A for B	A を B と取り違える	158
☐ more often than not	たいてい ＝ usually	257
☐ more or less	①およそ，だいたい　②多かれ少なかれ	258
☐ most of all	何よりも，とりわけ	247
☐ mother tongue	母国語	261

N

- [ ] name A B after C　　　　　　　Cにちなんで A を B と名づける ……………………212
- [ ] (be) native to A　　　　　　　A（土地）に特有だ，A 生まれである ………………169
- [ ] needless to say　　　　　　　言うまでもなく，もちろん……………………… 90
- [ ] never [cannot] V₁ without V₂ ing
　　　　　　　　　　　　　　　　V₁するとかならず V₂する ……………………………215
- [ ] next time (〜)　　　　　　　①次回に　② 〜する次のときに …………………264
- [ ] next to A　　　　　　　　　　① A の隣に　②ほとんど A = almost A …………173
- [ ] (There is) no doubt (that) 〜　疑いなく，確かに……………………………………252
- [ ] no less ... than A　　　　　　A 同様…だ，A に劣らず…だ ……………………253
- [ ] no less than A　　　　　　　　A ほども多く = as many as A ……………………252
- [ ] no longer　　　　　　　　　　もはや〜ない……………………………………………252
- [ ] no more ... than A　　　　　　A 同様…ではない = not ... any more than A…………252
- [ ] no more than A　　　　　　　わずか A = only A ……………………………………252
- [ ] no sooner 〜 than ...　　　　〜するやいなや…………………………………………253
- [ ] (It is) no wonder (that) 〜　　〜ということに不思議はない……………………252
- [ ] not 〜 in the least　　　　　　まったく〜ない…………………………………………140
- [ ] not so much A as B　　　　　A というよりむしろ B = B rather than A …………258
- [ ] not to mention A　　　　　　　A は言うまでもなく……………………………… 90
- [ ] not to speak of A　　　　　　　A は言うまでもなく = not to mention A ………… 90,184
- [ ] nothing but A　　　　　　　　A にすぎない，A だけ = only A ……………………214
- [ ] nothing less than A　　　　　まさしく A……………………………………………253
- [ ] nothing short of A　　　　　　まさしく A……………………………………………253
- [ ] (be) notorious for A　　　　　A で悪名高い…………………………………………156
- [ ] (every) now and then [again]　時々 = sometimes, occasionally ………………257

O

- [ ] object to A　　　　　　　　　A に反対する = oppose A …………………………164
- [ ] (be) obliged to V　　　　　　　V せざるをえない……………………………………282
- [ ] occur to A　　　　　　　　　　A に起こる，（考えなどが）ふと A（人）の頭に浮かぶ…106
- [ ] of A's own Ving　　　　　　　A が自分で V した ……………………………………180
- [ ] (be) of importance　　　　　　重要である = (be) important………………………185
- [ ] (be) of interest　　　　　　　　興味を引く，おもしろい = (be) interesting …………185
- [ ] of one's own accord　　　　　自分の意志から，自発的に…………………………180
- [ ] (be) of use　　　　　　　　　　役に立つ = (be) useful ……………………………185
- [ ] (be) on a diet　　　　　　　　　ダイエットをしている…………………………………122
- [ ] (be) on a trip　　　　　　　　　旅に出ている…………………………………………122
- [ ] on account of A　　　　　　　A により，A のために = because of A ………………119
- [ ] on and off　　　　　　　　　　断続的に = off and on ……………………………232
- [ ] on and on　　　　　　　　　　どんどん続けて……………………………………………232
- [ ] on (the) average　　　　　　　平均して…………………………………………………119
- [ ] on behalf of A　　　　　　　　A を代表して = on A's behalf………………………125
- [ ] (be) on board　　　　　　　　（乗り物に）乗っている ………………………………122
- [ ] (be) on business　　　　　　　仕事で出かけている…………………………………123
- [ ] on (the) condition that 〜　　　〜という条件で………………………………………118

☐ (be) on duty	勤務中である ⇔ off duty	122
☐ on earth	(疑問詞の後で) 一体全体 = in the world	125
☐ on end	①連続して ② (stand on end) 直立する	232
☐ on foot	徒歩で，歩いて	118, 261
☐ (be) on fire	火がついている = (be) burning cf. set A on fire「A に火をつける」	123
☐ (be) on good terms with A	A とよい関係にある	123
☐ (be) on leave	休暇中である	122
☐ on occasion(s)	時々 = once in a while	125, 257
☐ (be [lie]) on one's back	あおむけに (なって [寝て])	261
☐ (be) on one's feet	立っている	261
☐ (be) on one's guard	用心している ⇔ off one's guard	122
☐ on one's own	独立して，一人で= by oneself	118
☐ (be [lie]) on one's stomach	腹ばいに，うつぶせに	261
☐ on purpose	わざと ⇔ by accident「偶然に」	119
☐ (be) on sale	(特価で) 売られている	122
☐ on schedule	予定通りに，時刻表通りに	124
☐ on second thought	考え直して	119
☐ (be) on strike	ストライキ中である	122
☐ (be) on the air	放送されている	122
☐ on the contrary	それどころか，それと反対に	125
☐ (be) on the decline	衰退しつつある = (be) declining	123
☐ on the face of it	ちょっと見たところでは	262
☐ on the grounds of A	A を理由に，A を根拠に	118
☐ (be) on the increase	増加しつつある = (be) increasing	123
☐ (be) on the move	移動中である = (be) moving	123
☐ on the one hand	一方では	260
☐ on the [one's] way (to A)	(A に行く) 途中で	123, 265
☐ on the other hand	他方では，これに反して	125, 260
☐ on the part of A	A の側では，A 側の = on A's part	125
☐ (be) on the rise	上昇中である = (be) rising	123
☐ on the spot	その場で，直ちに	125
☐ (be) on the verge of A [Ving]	今にも A [V] しそうだ	124
☐ on the whole	一般に，概して = generally	125
☐ on time	時間通りに ⇔ behind time「おくれて」	124, 263
☐ (be) on vacation	休暇中で出かけている	122
☐ on Ving	V すると同時に，V した直後に = as soon as + S V	124
☐ once (and) for all	きっぱりと，完全に	247
☐ once in a while	時々 = on occasion	138, 257
☐ once upon a time	むかし	263
☐ one after another	次々と，続々と	254
☐ one another	お互い	254
☐ one by one	ひとつずつ	202, 254
☐ one day	① (未来の) いつか ② (過去の) ある日	255

☐ one of these days	近いうちに	255
☐ A be one thing. B be another.	AとBは別のものだ。	255
☐ (be) open to A	①A(人)に対して開かれている　②A(考えなど)を受け入れる　③A(影響など)を受けやすい	174
☐ operate on A	A(人・患部)を手術する	120
☐ (be) opposed to A	Aに反対している	164
☐ (be) out of breath	息が切れている	214
☐ (be) out of control	制御不可能である	214
☐ (be) out of date	時代おくれである ⇔ (be) up to date	213
☐ (be) out of fashion	流行おくれである	214
☐ (be) out of one's mind	気が狂っている	214
☐ (be) out of order	乱れている, こわれている	213
☐ (be) out of place	場違いである	214
☐ (be) out of sight	見えなくなっている	214
☐ (be) out of the question	不可能である = impossible	213
☐ (be) out of work	失業している	214
☐ owe A to B	AをBに借りている, AはBのおかげだ	169
☐ owing to A	A(原因)のために	169

P

☐ (a) part of A	A(Ⓤ, Ⓒ)の一部	244
☐ part with A	Aを手放す	194
☐ participate in A	Aに参加する	135
☐ (be) particular about A	Aについて好みがうるさい	213
☐ pass A on to B	A(情報など)をBに伝える, 回す	231
☐ pass away	人が亡くなる = die	237
☐ pass by	通り過ぎる,(時が)過ぎる	237
☐ pass for A	Aとして通る	158
☐ pat A on the B	AのB(体の一部)を軽くたたく	113
☐ pay attention to A	Aに注意を払う	163
☐ pay (A) for B	Bの代金(A)を支払う	156
☐ (be) peculiar to A	Aに特有である	169
☐ pick A out	Aを選び出す	218
☐ pick A up	①Aを(迎えに行って)車に乗せる　②Aを(店で)買う　③A(言葉・習慣など)を(自然に)身につける, 聞き覚える	229
☐ play a joke [trick] on A	Aをからかう, Aにいたずらする	120
☐ play a part in A	Aにおいて役割を演じる	135
☐ play a role in A	Aにおいて役割を演じる	135
☐ (be) pleased with A	Aに満足している	197
☐ plenty of A	たくさんのA(Ⓒ, Ⓤ)	241
☐ point A out	Aを指摘する	219
☐ point at A	Aを指す, ねらう	145
☐ (be) poor at A	Aが苦手である	149

☐ praise A for B	BのことでAをほめる	155
☐ prefer A to B	BよりAを好む	106, 171
☐ prefer to V₁ rather than V₂	V₂するよりV₁したい	106
☐ (be) preferable to A	Aより望ましい	172
☐ prepare for A	Aの準備をする	152
☐ present A with B	① AにB（難問・機会など）を与える	
	② AにBを贈呈する	198
☐ present oneself	現れる，出席する ＝ appear	112
☐ prevent A from Ving	AがVするのを妨げる，防ぐ	188
☐ pride oneself on A	Aを自慢する，誇る	107, 111
☐ prior to A	Aより前に，先に	171
☐ prohibit A from Ving	AがVするのを禁止する	188
☐ (be) proud of A	Aを自慢に思う	107, 181
☐ provide A with B	AにBを与える，供給する	198
☐ provide for A	① A（家族など）を養う ② Aに備える	153
☐ pull A's leg	A（人）を（冗談で）だます，からかう	262
☐ pull up	（車が）止まる，（車を）止める	228
☐ punish A for B	BのことでAを罰する	155
☐ push one's way	押し進む	266
☐ put A aside	① Aを蓄える ＝ save A	
	② A（仕事など）をおいておく，Aを考えるのを止める	50
☐ put A away	Aをかたづける	50
☐ put A down	Aを書き留める	51, 236
☐ put A into B	AをBに訳す ＝ translate A into B	210
☐ put A into action	Aを実行する，動かす	52
☐ put A into effect	A（法律など）を実施する	52
☐ put A into words	Aを言葉で表す	51
☐ put A off	Aを延期する ＝ postpone A	51, 233
☐ put A on	Aを身に着ける，着る ⇔ take A off	54, 230
☐ put A out	A（火・明かり）を消す ＝ extinguish A	55, 221
☐ put A to bed	A（子供など）を寝かす	53
☐ put A to death	Aを死刑にする，殺す	53
☐ put A to shame	Aを圧倒的にしのぐ，Aを恥入らせる	53
☐ put A to use	Aを用いる，利用する	52
☐ put A together	Aを組み立てる，まとめる	54
☐ put a question to A	Aに質問する ＝ ask A a question	53
☐ put a stop to A	Aを止める ＝ stop A	53
☐ put an end to A	Aを終える ＝ end A	53
☐ put [bring] A into practice	Aを実行に移す	52, 210
☐ put (an) emphasis on A	Aを強調する ＝ emphasize A	53
☐ put it another way	別の言い方をする	51
☐ put it simply	手短に言う	51
☐ put on airs	気どる，いばる	230
☐ put on weight	体重が増える ＝ gain weight	230
☐ put oneself in A's shoes	Aの立場になってみる	52

☐ put [set] A in order	Aを整頓する，かたづける	52
☐ put up with A	Aに耐える，我慢する = endure A, stand A, tolerate A	55

Q

☐ quite a few A	かなり多くのA	243
☐ quite a little A	かなりたくさんのA	242

R

☐ rarely, if ever,	（あるとしても）めったに	257
☐ reach for A	Aを取ろうと手をのばす	154
☐ read between the lines	行間の意味を読み取る	216
☐ (be) ready for A	Aの準備ができている	152, 273
☐ (be) ready to V	①喜んで[進んで] Vする ② Vする用意ができている	273
☐ recover from A	A（病気など）から回復する = get over A	187
☐ refer to A	Aに言及する	174
☐ refer to A as B	AをBと呼ぶ = call A B	206
☐ reflect on A	Aをよく考える，反省する	121
☐ refrain from Ving	Vするのを慎む	189
☐ regard A as B	AをBとみなす	206
☐ regret to V	残念ながらVする = be sorry to V	110
☐ regret Ving	Vしたことを後悔する	110
☐ relieve A of B	AからB（負担など）を取り去る	178
☐ (be) reluctant to V	Vしたがらない	273
☐ rely on A	Aに頼る，Aをあてにする	117
☐ remember A to B	AのことをBによろしく言う = give A's (best) regards to B	174
☐ remember to V	忘れずにVする	110
☐ remember Ving	Vしたことを覚えている	110
☐ remind A of B	AにBを思い出させる	183
☐ resort to A	A（手段）に訴える	165
☐ (be) responsible for A	Aに対して責任がある	159
☐ rest on A	① Aに頼る　② Aに基づく	118
☐ A result from B	A（結果）がB（原因）から起こる	102, 190
☐ result in A	結果としてAになる	102, 139
☐ (be) rich in A	Aが豊かだ	137
☐ right away	すぐ，ただちに = immediately, at once	237
☐ ring A up	Aを電話で呼び出す，Aに電話する	225
☐ rise to one's feet	立ち上がる	261
☐ rob A of B	A（人・場所）からBを強奪する	178
☐ rule A out	A（可能性など）を否定する，除外する	219
☐ run across A	A（人）に偶然出会う = come across A	98
☐ run into A	① A（問題・状況など）にぶつかる ② Aに偶然出会う	98, 211

☐ run out	(時間・燃料などが) なくなる	97,221
☐ run out of A	A を切らす	97
☐ run over A	(人・車が) A をひく	98
☐ A run short	A が不足する	97
☐ run short of A	A を切らす	97
☐ run the risk of Ving [名]	V する危険をおかす, V する覚悟でやる	98

S

☐ (be) satisfied with A	A に満足している	197
☐ scarcely ~ before [when] ...	~するやいなや…, ~しないうちに…	253
☐ scores of A	多数の A, 何十もの A	243
☐ search for A	A を探し求める	153
☐ seat oneself	座る	112
☐ (at) second hand	①間接に ②中古で	260
☐ (be) second to none (in A)	(A において) 誰にも劣らない	256
☐ see A as B	A を B とみなす	85,206
☐ see A off	A を見送る = send A off	84
☐ see eye to eye with A	A (人) と意見が一致する	259
☐ see much of A	A にしばしば会う = often see A	84,251
☐ see something of A	A に時々会う = sometimes see A	251
☐ see to A	A (人) の世話をする, A (仕事など) を取りはからう	86
☐ see to it that ~	~するように取りはからう, ~するよう気をつける	86
☐ See you (later).	じゃあまた, さようなら	84
☐ seeing that ~	~を考えると, ~だから	85
☐ sell A for B	A を B (代金) で売る	157
☐ send for A	A (人) を呼びにやる	154
☐ (be) senior to A	A より年上 [先輩・上のランク] である	172
☐ (be) sensitive to A	A に敏感である, A に弱い	164
☐ set A aside	① A (金など) を取っておく ② A を無視する	51
☐ set A down	A (規則・制限など) を取り決める	236
☐ set A free	A を解放する, 自由にする	57
☐ set A on fire	A に火をつける, 放火する	57
☐ set A up	A を設立する, 建設する, 設置する	57
☐ set about A	① A にとりかかる ② (Ving) し始める	56
☐ set in	(季節・天候が) 始まる = begin, start	56
☐ set off	出発する	57
☐ set out (to V)	自 出発する 他 V し始める	56,219
☐ set sail	出帆する	57
☐ settle down	定住する, 落ち着く	235
☐ shake hands with A	A と握手する	260
☐ (be) short of A	A が不足している	178
☐ show A off	A を見せびらかす	234
☐ show up	現れる = appear	224
☐ shut up	黙る	228
☐ (be) sick (and tired) of A	A にうんざりしている	180

☐ (be) similar to A	Aに似ている	172
☐ single A out	Aを選び出す	219
☐ sit up (late)	(おそくまで) 起きている	226
☐ slow (A) down	(Aの) スピードを落とす	235
☐ so many A	①そんなに多くのA ②同数のA	244
☐ so much for A	Aはこれで終わり	160
☐ so to say	言わば = as it were	91
☐ so to speak	言わば	91
☐ (be) sold out	売り切れている	222
☐ some day	(未来の) いつか, そのうち = one day	249
☐ (be) something of a A	ちょっとしたAである	250
☐ speak ill of A	Aについて悪口を言う	91,184
☐ speak of A	Aについて話す = mention A	91
☐ speak of A as B	AはBだと言う	207
☐ speak out	思い切って言う, はっきり言う	91
☐ speak well of A	Aをほめる = speak highly of A	91,184
☐ speaking of A	Aのことと言えば	91
☐ specialize in A	Aを専門とする, (店などが) Aを専門に扱う	136
☐ spend A on B	A (金・時) をBに費やす	120
☐ spring from A	Aに由来する	190
☐ stand by A	Aを支持する	204
☐ stand for A	①Aを表す = represent A ②Aを支持する	157
☐ stand out	目立つ	218
☐ stare at A	Aをみつめる	144
☐ stay away from A	Aに近づかない, Aを欠席する	186
☐ stay up (late)	(おそくまで) 起きている	225
☐ step by step	一歩一歩	202
☐ stick to A	Aにくっつく, A (信念など) を固く守る	166
☐ stop A from Ving	AがVするのをやめさせる	189
☐ A strike B as C	AがBにCという印象を与える	207
☐ strip A of B	AからBをはぎとる	178
☐ (be) subject to A	Aに支配される, A (の影響) を受ける	171
☐ submit to A	Aに屈する	171
☐ substitute A for B	Bの代わりにAを使う	156
☐ succeed in A	A (名・Ving) に成功する	137
☐ succumb to A	Aに屈する	171
☐ suffer from A	A (病気など) で苦しむ	189
☐ sum (A) up	(Aを) 要約する, まとめる	229
☐ (be) superior to A	Aより優れている	171
☐ supply A with B	AにBを与える, 供給する	198
☐ (be) supposed to V	Vすることになっている = should V	282
☐ (be) sure of A	Aを信じている = believe A	181,271
☐ (be) sure to V	必ずVする	271
☐ (be) surprised at A	Aに驚く	148
☐ surrender to A	Aに降伏する	171

☐ suspect A of B	B のことで A を疑う	184
☐ sympathize with A	① A に同情する　② A に共感する	195

T

☐ take A apart	A を分解する，ばらばらにする	54
☐ take A as B	A を B（图・形）と思う ＝ take A to be B	45
☐ take A away	A を持ち去る，奪い去る	37
☐ take A back	A（人）に昔のことを思い出させる	44
☐ take A by the B	A の B（体の一部）をつかむ	113
☐ take A down	A を書き留める	236
☐ take A for B	A を B（图・形）と思う	45,158
☐ take A for a drive	A をドライブに連れて行く	43
☐ take A for a walk	A を散歩に連れて行く	43
☐ take A for granted	A を当然と思う	45,158
☐ take A in	A をだます ＝ deceive A	43
☐ take A into account [consideration]	A を考慮に入れる	46,210
☐ take A on	① A を引き受ける　② A を帯びる　③ A を雇う	42,230
☐ take A out	① A を取り出す　② A（人）を（食事などに）連れ出す	44
☐ take A over	A を引き継ぐ ⇔ give A over「A を引き渡す」	38,237
☐ take A up	① A（趣味・仕事など）を始める ② A（考え・問題など）を取り上げる ③ A（空間・時間）を占める（take up A で）	37
☐ take a bath	入浴する ＝ have a bath	48
☐ take a break	休けいする	48
☐ take a chance [chances]	危険をおかす	44
☐ take a look at A	A を見る ＝ have a look at A	48
☐ take a nap	昼寝をする，居眠りする	48
☐ take a rest	休けいする ＝ rest	48
☐ take a ride	（車などに）乗る ＝ ride	48
☐ take a step	一歩進む	48
☐ take a trip	旅をする	47
☐ take a walk	散歩する	48
☐ take account of A	A を考慮する ＝ take A into account	46
☐ take advantage of A	A を利用する，A につけこむ	44,182
☐ take after A	A（肉親）に似ている ＝ resemble A	43,212
☐ take an opportunity	機会をとらえる	45
☐ take care of A	A を世話する，引き受ける ＝ look after A	47,182
☐ take charge of A	A（の管理・責任）を引き受ける	42,183
☐ take delight in A	A を楽しむ	45
☐ take hold of A	A をつかむ ＝ seize A, catch A	47
☐ take it for granted that ～	～を当然のことと思う	45
☐ take it [things] easy	ゆっくりやる，のんきに構える ⇔ take it seriously「真剣に考える」	46
☐ take (one's) leave	①休みを取る　②別れのあいさつをする	47

☐ take notice of A	Aに注意を払う = pay attention to A	47,183
☐ take (A) off	他① Aを脱ぐ　② A（期間）を休暇としてとる	
	自 離陸する	54,233
☐ take one's time (in) Ving	Vをゆっくりやる	44
☐ take pains to V	Vしようと骨を折る	42
☐ take part in A	Aに参加する = participate in A	42,135
☐ take pity on A	Aをあわれむ = have pity on A	45
☐ take place	行われる，起こる	105
☐ take pleasure in A	Aを楽しむ	45
☐ take pride in A	Aを誇りに思う	45,107
☐ take responsibility for A	Aの責任を取る	42
☐ take the place of A	Aに取って代わる = replace A	
	⇔ give place to A「Aに取って代わられる」	38
☐ take the trouble to V	わざわざVする	42
☐ take to A	Aを好きになる	167
☐ take turns Ving	かわるがわるVする	47
☐ talk A into Ving	Aを説得してVさせる	92,210
☐ talk A out of Ving	Aを説得してVをやめさせる	92
☐ talk A over	Aについてくわしく話し合う = discuss A	92,236
☐ talk to [with] A	Aと話をする	92
☐ tell a joke	冗談を言う	93
☐ tell a lie	うそをつく	93
☐ tell a story [a tale]	話をする	93
☐ thank A for B	BのことでAに感謝する	155
☐ thanks to A	Aのおかげで	169
☐ that is (to say)	すなわち，言い換えれば	90
☐ the amount of A	Aの量	242
☐ (all) the better for A	Aに比例していっそう良く	156
☐ (be) the case with A	Aについて当てはまる	195
☐ The fact is (that) ~	実は～	269
☐ the last A to V	①決してVしないA　②最後にVするA	255
☐ the last time ~	～する最後の時に	264
☐ the number of A	Aの数	242
☐ The point is (that) ~	要するに～	269
☐ (be) the trouble with A	Aについて問題である	196
☐ the way ~	①～のやり方　②～のように	265
☐ there is no Ving	Vすることはできない = It is impossible to V	251
☐ think A out	Aを考え出す，Aを考えて解決する	221
☐ think A over	Aを熟考する = consider A	236
☐ think A up	A（口実・方法など）を考え出す = make A up	225
☐ think better of A	Aを考え直す	251
☐ think much [highly] of A	Aを重んじる，Aを高く評価する	184,251
☐ think nothing of A	Aを何とも思わない，苦にしない	184,251
☐ think of A	① Aのことを考える = think about A	
	② Aを思いつく	184

項目	意味	ページ
□ (be) through (with) A	A を終えている	212
□ time after time	何度も何度も	263
□ time and (time) again	何度も何度も	263
□ (be) tired from A	A で疲れている	189,276
□ (be) tired of A	A に飽きている	180,276
□ to A's disappointment	A が失望したことに	170
□ to A's joy	A が喜んだことに	170
□ to A's regret	A が残念なことに	170
□ to A's relief	A がほっとしたことに	170
□ to A's surprise	(結果として) A が驚いたことに	170
□ A be to B what [as] C be to D	A と B の関係は C と D の関係に等しい	267
□ to be sure	確かに	271
□ to begin with	①まずはじめに ＝ firstly ②最初は ＝ at first	201
□ (be) to blame for A	A に対して責任がある，責めを負う	108,159
□ to go	持ち帰りの	27
□ to make matters worse	さらに悪いことには	64
□ to one's heart's content	心ゆくまで，存分に	261
□ to say nothing of A	A は言うまでもなく	90
□ to say the least (of it)	控え目に言っても	90
□ to some extent [degree]	ある程度まで	170
□ To tell the truth	実を言うと	93
□ to the full	十分に，心ゆくまで	170
□ (be) to the point	的を射ている	168
□ (be) to V	① V する予定だ ② V するべきだ (義務) ③ V できる (可能) ④ V するつもりだ (意志) ⑤ V する運命だった	281
□ transform A into B	A を B に変える，変形する	210
□ translate A into B	A を B に翻訳する	210
□ (be) true of A	A について当てはまる	184,277
□ (be) true to A	A に忠実だ	168,277
□ try A on	A を試着する	230
□ try to V	V しようとする	111
□ try Ving	試しに V してみる	111
□ turn A down	① A (提案・人) を拒絶する ＝ reject A ② A の音・出力を下げる	94,234
□ turn A in	A を提出する ＝ submit A	95
□ turn A inside out	A を裏返す	96
□ turn A into B	A を B に変える	94
□ turn A off	A (電灯・ガスなど) を消す	94,233
□ turn A on	A (ガス・明かりなど) をつける ⇔ turn A off, turn A out	94
□ turn A out	A を消す	94,222
□ turn A over	① A をひっくり返す ② A をゆずる	237
□ turn A up	A の音・出力を上げる ⇔ turn A down	94,226

☐ turn A upside down	A をひっくり返す	96
☐ turn a deaf ear to A	A に耳を貸さない，無視する	262
☐ A turn into B	A が B に変わる	94
☐ turn one's back on A	A にそっぽを向く	96
☐ turn out (to be) A	A（图・形）だとわかる ＝ prove (to be) A	95,220
☐ turn pale	青ざめる	94
☐ turn to A (for B)	①（B を求めて）A に頼る　② A の方を向く	96,165
☐ turn up	現れる ＝ appear	95,224
☐ (be) typical of A	A に特有である，A の特徴だ	184

U

☐ (be) under attack	攻撃されている	211
☐ (be) under construction	建設［工事］中である	211
☐ (be) under control	（病気などが）制圧されている，正常である	211
☐ (be) under pressure	圧力［プレッシャー］を受けている	211
☐ (be) under repair	修理中である	211
☐ (be) under stress	ストレスを受けている	211
☐ (be) under the influence of A	A の影響を受けている	211
☐ under way	進行中で	265
☐ (be) unique to A	A に特有である	169
☐ (be) unwilling to V	V したがらない	273
☐ (be) up to A	① A の責任だ，A の意思しだいだ ② A（主に what）をくわだてている	166
☐ (be) up to date	時代に合った，最新である ⇔ (be) out of date	226
☐ use A up	A を使い果たす	228
☐ (be) used to A [Ving]	A に慣れている	168
☐ used to V	かつて V した	282

V

☐ view A as B	A を B とみなす	206

W

☐ wait for A	A を待つ	104
☐ wait on A	A に仕える，給仕する	104
☐ wake (A) up	自 目覚める　他 A を目覚めさせる	225
☐ waste A on B	A（金・時）を B に浪費する	120
☐ watch one's step	足元に気をつける	86
☐ watch out (for A)	①（A を）警戒する ②（W ～ !）気をつけろ!	86,152
☐ wear A out	A をすり減らす，疲れ果てさせる	222
☐ (be) weary of A	A にうんざりしている	180
☐ well done	①（仕事などを）よくやった，でかした　②ウェルダン	79
☐ (be) well off	暮らしむきがよい	234
☐ What about A [Ving] ?	① A はどうですか。 ② A についてどう思いますか。＝ How about A?	268

☐ what ... do with A	A をどう扱うか，A をどう処理するか	78, 193
☐ What do you say to Ving?	V してはいかがですか。	90, 268
☐ What ～ for?	何を求めて～か，なぜ～か	154, 267
☐ What is A like?	A はどんなものか	267
☐ what is called A	いわゆる A	99
☐ what is 比較級	さらに～なことには	268
☐ what we [they, you] call A	いわゆる A	99
☐ what with A and B	A やら B やらで	268
☐ What's going on?	何が起こっているのか	26
☐ What's the matter with A?	A はどうしたのか	195
☐ when it comes to A	A のこととなると	10
☐ (be) willing to V	喜んで V する	273
☐ wipe A out	A を全滅させる	222
☐ wish for A	A を望む	153
☐ with A on	A を身に着けて ＝ in A	230
☐ with a view to Ving	V する目的で	201
☐ with care	注意深く ＝ carefully	198
☐ with difficulty	苦労して	198
☐ with ease	容易に ＝ easily	198
☐ with interest	①興味を持って　②利子をつけて	198
☐ with pleasure	喜んで	198
☐ with regard to A	A に関して	201
☐ (be) within A of B	B から A 以内である	179
☐ without fail	まちがいなく，かならず	215
☐ work on A	① A に取り組む　② A に作用する	120
☐ work (A) out	他 ① A（理論・方法など）を考え出す　② A を解く 自 ③（work out）うまくいく	221
☐ (be) worn out	疲れ果てている ＝ (be) exhausted, (be) tired out	222
☐ (be) worried about A	A を心配している	213
☐ worry about A	A を心配する	213
☐ (O) be worth (Ving)	(V) する価値がある	274
☐ (be) worth (A's) while	価値がある	274
☐ (be) worthy of A	A に値する	274
☐ (S) be worthy to (V)	(V) するにふさわしい	274
☐ would like A to V	A に V してほしい	280
☐ would like to V	V したい	280
☐ would rather V_1 (than V_2)	(V_2より) V_1したい	106, 280
☐ Would you care for A?	A が欲しいですか，A はいかがですか。	103
☐ write A down	A を書き留める	236
☐ (be) wrong with A	A がおかしい	196

Y

☐ yield to A	A に屈する	171
☐ you see	ご承知のとおり，いいですか	85

MEMO

MEMO

システム英熟語 改訂新版	
著　者	霜　　　康　司 刀祢　雅　彦
発　行　者	山﨑　良　子
印刷・製本	株式会社日本制作センター
発　行　所	駿台文庫株式会社

〒101-0062　東京都千代田区神田駿河台1-7-4
小畑ビル内
TEL. 編集　03(5259)3302
　　 販売　03(5259)3301
《改訂新版⑧ － 336pp.》

©Yasushi SHIMO and Masahiko Tone 2013
落丁・乱丁がございましたら，送料小社負担にてお取替えいたします。
ISBN978-4-7961-1097-6　　　　　Printed in Japan

http://www.sundaibunko.jp
携帯サイトはこちらです→
http://www.sundaibunko.jp/mobile